case3 ── 名誉毀損損害賠償請求事件

（株式会社日奈久の言い分） 当社は，福岡市内に主たる事務所をおく地元大手の建築業者です。不景気の影響で一時業績が悪かったものの，今期は2年ぶりに経営状態が上向きになっています。当社には従業員のための社宅が全国数か所にありますが，白骨社発行の週刊誌「噂の鬼が島」に"不良債権の株式会社日奈久，経営不振で社宅も廃止"という見出しで記事が掲載されたため，当社の名誉は著しく傷つけられました。取引銀行には順調に債務を返済していますし，経営不振でもありません。この記事は，当社松山支店の営業部係長である道後氏が，白骨社に情報を提供したということです。当社は，白骨社に対しては謝罪広告の掲載と損害賠償を，道後氏に対しては，損害賠償を求めます。

（白骨社の言い分） 当社は，東京の御茶ノ水に事務所をおいて出版業を営んでおります。週刊誌「噂の鬼が島」はとくに発行部数も多く力を入れている雑誌です。今回も，十分な調査を経た上で，事実を週刊誌「噂の鬼が島」に掲載しております。しかも，大手の株式会社日奈久についての情報ですから，公共性・公益性もあります。ですから，掲載記事については，株式会社日奈久の名誉を傷つけたとは言えないはずです。当然，謝罪広告など載せる必要もありません。

（道後さんの言い分） 私は，転勤で4年前の平成29年に松山市にきました。平成30年9月9日，自宅近所のスーパーに買い物に行った帰り，同じ株式会社日奈久の社宅に住む山陰さんが『最近会社が経営不振で，この社宅がなくなるかもしれない』と立ち話しているのを耳にしました。私は不安になり，社内の友人にも何人かに尋ねたところ，数人から『社宅制度は廃止されるようだ』と言うのを聞きました。ですから，これくらいでは株式会社日奈久の名誉を傷つけたとは言えないし，社宅廃止も事実なのだから名誉毀損ではありません。

case4 ── 離婚請求事件

（有馬桜子さんの言い分） 私は，夫の有馬梅助と5年前に結婚して，神戸にきました。夫は私よりも15歳年上で結婚当社はやさしくしてくれました。でも，娘の紅葉が2年前に生まれたころから，夫の態度が変わりました。仕事が忙しいという理由で家族一緒の時間をつくってくれないのです。また外泊も増えました。どうも，会社の若い女性と浮気をしているようなのです。もう夫と一緒に生活していけません。離婚を求めます。

（有馬梅助さんの言い分） たしかに桜子が言うように，私は育児のために時間をつくることができませんでした。けれども，育児をする気がまったくないというわけではないのです。私の仕事がどれほど忙しいのかは桜子もはじめから分かっていたはずです。ほんとうに忙しいのです。それよりも桜子は，紅葉を親に預けて，大学時代の友人に会うといって遅くまで留守にすることがしばしばあるのですが，どうもその友人というのは男性のようなのです。そんな桜子に離婚を口にする資格はありません。

ブリッジブック

民事訴訟法

〔第3版〕

Bridgebook

井上治典 編

安西明子　仁木恒夫　西川佳代
吉田純平　吉田直起

信山社

Shinzansha

第3版へのはしがき

　本書第2版が刊行されてから10年ぶりに，初版以来の仲間に新たな執筆者を迎えて，新版をお示しできることは，わたしたち執筆者にとって大きな喜びである。

　改版にあたっては執筆者で定期的に研究会を重ねてきた。ウェブ会議特有のもどかしさはあったものの，久しぶりに共通の立場・考え方に立つ仲間が集い，新参加者からの疑問や指摘によりあらためて考えたり，新鮮な視点を取り入れたりしながら，時間を忘れるような議論の楽しみを味わった。この感覚を，はじめて民事訴訟，民事手続を学ぶ人に伝えたい。

　第3版においても，対論のルールとしての紛争調整手続のありかた，当事者はじめ紛争関係者から見た実践的な民事手続を解説するという初版からの方針を維持した。編者である井上治典先生の執筆部分も法改正等の対応にとどめている。ただ，今回は執筆とは別の箇所につき補訂を担当することにより，忌憚なく意見を交わし，全体につき詳細に検討し直した。その際，井上先生のわかりやすい表現をさらに活かすようにし，表紙裏のモデルケースをはじめ具体例の本文における説明の仕方を全体通して確認し直した。また，先に出した具体例が後につながるようにすることにも注意を払った。この作業により，民事訴訟の部分はもちろん，訴訟とは接続のない一般的概説になりがちな執行・倒産手続に至るまで，共通の具体例を展開させ一貫した視点で解説している。

　なお，この間の新しい判例・文献には各所で対応しているほか，法改正への対応としてとくに note30「争点整理手続の IT 化」，

[note48]「債権者代位訴訟と参加」を新たに加えた。さらに，巻末の「民事訴訟を理解するために――内容確認問題集」では各Approach に対応させて問題を増やし，内容も見直しているので，ぜひ日々の勉強に役立てていただきたい。

　第3版が久しく本書から遠ざかっていた読者を取り戻し，民事手続法の入門書として，ひととおり勉強したが民訴を苦手としている人への再挑戦のきっかけとして，さらには裁判外とのつながり，法社会学や法哲学の視点も重視した民事手続法を目指すわたしたちの考えを伝える書として，これまで以上に広く活用されることを切に願っている。

　改訂に当たっては信山社の鳥本裕子さん，今井守さんに大変なご尽力をいただいた。心より感謝を申し上げる。

　　　2021 年 12 月

安西　明子
仁木　恒夫
西川　佳代
吉田　純平
吉田　直起

第2版へのはしがき

　本書初版が刊行されてから5年が過ぎた。それは，編者の井上治典先生が急逝されて5年が過ぎたということでもある。

　初版以来の時間の経過と，多くの研究者・実務家からフィードバックをいただいたことを鑑みると，これらを反映して本書をアップデートし前進させていくことは，残された執筆者が果たすべき課題であると思う。

　しかし，本書の改版作業は難航を極めた。それは，まさにわれわれの中心にあった編者を失ったことにもよるが，それ以上に，井上先生が目を通された初版にわれわれが手をくわえることにより，すべてが「蛇足」となるのではないかという恐れが常にあったためである。

　もちろん第2版においても，対論ルールを重視した紛争調整のあり方を意識し，当事者の目線から実践的に民事訴訟手続を解説する，という初版の方針には些かの変わりもない。また，井上先生の執筆部分についてはほぼそのまま維持し，最低限の修正（具体的には法改正への対応，送達に関する記述と二つの note の追加）にとどめている。他の執筆者の担当部分についても，初版に貫徹していた先生のご遺志が損なわれることのないよう，極力配慮したつもりである。それが実を結んだかどうかは，本書を実際に読み座右においていただいた方がたの評価に俟つしかない。

　改版作業は，執筆者間で初版刊行後から持続的に意見交換を重ねて進められたものである。井上先生ご担当部分以外にも新たにくわえた note がいくつかありその執筆者が多少入り組んでいるのも，長きにわたる議論の反映としてご寛恕いただければと思う。その他，新しい判例・文献をフォローしたことはもちろん，とくにこの間に施行された会社法などへの対応に注意を払った。また，読者の理解を助けるため，表現の平易化に務めた部分もある。

　ともかくも，こうして出来上がったこの第2版がこれまで以上に民事手続法の入門書として広く活用されることを望む。井上先生の最後のお仕事となった本書を1人でも多くの読者が手に取り，紛争調整における

手続保障のあり方に興味を持つ契機となるならば，われわれにとってこの上ない喜びである。

　なお，改版にあたっては信山社の渡辺左近さん，鳥本裕子さんに大変なご尽力をいただいた。深く感謝する。

　　　　2011 年 2 月

安西　明子

仁木　恒夫

西川　佳代

初版はしがき

　本書は，はじめて民事の紛争を処理する手続を学ぶ人に向けた入門書である。民事訴訟法を中心として解説しているが，それだけに限定せず，紛争やそれを処理する手続全体の中で訴訟をとらえ，さらに，緊急の暫定措置とも言うべき仮差押えや仮処分の民事保全の手続，強制執行や破産の手続にも言及している。裁判手続にはいる前，裁判手続から出た後の制度や手続にも配慮して，トータルに裁判手続を見ることができるように配慮したつもりである。

　民事訴訟法は，法分野の中でも難解であるというのが定説である。これには三つの理由があるように思われる。一つは，手続は，結果に到達するための単なる「手順」と思われがちであることである。この結果重視型の手続観によれば，民事裁判手続は判決という結果に至る手順であり，プロセスということになる。しかし，裁判はどちらの言い分が通るのか，判別しがたい状況の中で，当事者（代理人）が互いに裁判官を介して，第三者（証人など）を巻き込みながら，暗中模索しながら申立て，主張，立証などの活動をくりひろげる過程であり，結果は，そのプロセスを通じて導き出される。結果は，始めから決まっているものではなく，それぞれの当事者のかかわりのありようによって，いかようにも変わりうる。手続法は無味乾燥で興味が持てないという人には，まず手続に対する固定概念から解き放たれる必要がある。

　二つ目は，裁判が学ぶ人にとって体験のない別世界の手続であり，裁判官や弁護士などの法の専門家によって独占された領域の分野であるからである。

　三つ目は，それぞれの問題が鎖のようにつながっている手続法の一連の流れの中で，いま取り上げ，学んでいる問題がどういう位置と意味を持っているか，初学者には見通しにくいにもかかわらず，いきなり体系的な理論や個々の問題について学説の理論の分かれるところや判例の分析を講義されても，学ぶ側にはその議論がなぜ必要であるのかの実感がわからないので，学び問う意欲そのものがそがれてしまう，というところ

がある。そこで，民事手続法を真に理解し，自分のものにするためには，法専門家に向けられた手続と議論を，いま一度素人の日常感覚の眼で問い直し，手続の流れの中でその問題の意味を自分自身でたしかめながら学び進むことができるような配慮が求められる。

　本書は，できるだけ手続の流れに沿ってその仕組みを解説し，本書表紙うらに四つの[case]を設定して，適宜，本文に織り込みながら説明をくわえるなど，初学者にとって手続法を親しみやすくわかりやすく体得できるよう心掛けたつもりである。講義の進行を念頭に置いて，1回の講義分をテーマごとに適当な範囲に区切ったのも，そのためである。講義の冒頭に，[case]にもとづく設例を掲げたところもある。そうして，議論が分かれるところは，深入りすることなく，むしろあっさりと執筆者の考え方を示すにとどめた。学説の

引用は，一切しないことにした。ただし，各項目中，[note]を設けて，議論が分かれる問題や発展的な課題を解説して，メリハリをつけて読者が自ら学ぶための手助けとした。裁判例については，必要最小限のものを文中に引用した。

　本書の特徴は，二つある。一つは，これまでの民事訴訟法は，裁判官がどのように手続を進め，判断（判決）をするかを中心に理論が説かれてきた。それは，民事手続法は，裁判官が判決をするための手続であり，ルールであるという考え方に支えられている。しかし，手続法は当事者または代理人が手続の各局面でどのようにふるまい，相手方または関係者と，さらには裁判所といかなるかかわりを持つか，これこそが原点であり基本でなければならない。裁判官の認定や判断も，当事者・代理人・関係者の行動やかかわりの一つの帰結である。そこで，手続のルールや考え方も，まずは当事者サイドの目線からその概要を示し，根拠を説くことが必要である。一読すれば，本書が解説の目線を手続にかかわる当事者・利用者に置いていることを実感してもらえるものと思う。

　社会の激しい動きの中で，司法改革の必要が説かれ，それが徐々に進展している現在，訴訟手続も，「専門家による専門家のための理論や慣行」からの脱皮が求められている。

もう一つは，手続法は，手続に関与するさまざまな主体のかかわりとしての実践の学であるので，紛争処理，訴訟，民事保全，民事執行など全体を通じて，常に実践＝現場に足をおいた叙述を心がけた点である。実践に響かない，研究者の議論のための理論には言及しないか最小限にとどめた。たとえば，訴訟行為の性質論（訴訟上の和解の性質を含めて）には言及していないし，訴訟物論も必要最小限の記述とした。当事者の確定と言われる議論は，全面的に省略した。そのかわり，実践にとって重要な問題にはできる限り触れた。

　本書は，4人がそれぞれの担当の部分を執筆したが，それぞれ他の担当部分にも意見を述べ，原稿段階でも率直な意見交換を行った。したがって，実質的には全体が4人の合作であると言ってもよい。

　本書が大学の学部の民事手続法の教材として，あるいは法科大学院で法曹をこころざす人びとの入門書として，さらには自習用の書として，広く活用されることを願っている。

　本書が成るにあたっては信山社の渡辺左近さん，今井守さん，鳥本裕子さんに大変なご尽力をいただいた。心から御礼を申し上げる。

　2005 年 9 月

井上　治典

安西　明子

仁木　恒夫

西川　佳代

ブリッジブック民事訴訟法〔第3版〕　　Bridgebook

目　次

　I　　民事紛争と調整手続 ══════════ I

Approach　1　民事紛争の発生とその調整——紛争と裁判…………… 2

　1　民事紛争——法的に処理される「争い」（2）
　　民事の紛争（2）

　2　紛争調整手続の必要性と多様性（3）
　　紛争調整手続の必要性（3）　紛争調整手続の多様性（4）
　　ADR（6）

　3　裁判手続の役割（7）
　　これまでの目的論で足りなかった視点（7）　対論手続の保障（8）
　　note1　裁判外交渉と内容証明郵便（10）
　　note2　訴訟と非訟（11）

　II　　訴え提起前夜 ══════════ 15

Approach　2　手続にかかわる人びと——訴訟関係者……………… 16

　1　当事者間の水平関係の規律（16）
　　説得活動とその問題点（16）
　　相手の応答を引き出す行為責任（17）

　2　訴訟にかかわる人びと（18）
　　従来の三極構造の限界（18）　裁判所サイドの関与者（19）
　　当事者サイドの関与者（20）　第三者サイドの関与者（21）
　　関与者の役割の重層化・流動化（22）

Approach　3　簡易裁判所における紛争調整……………………… 23

　1　少額訴訟手続（23）
　　庶民のための裁判手続（23）　少額訴訟の訴えの提起（23）
　　少額訴訟の審理（24）　少額訴訟における和解的判決の根拠（25）

　　　不服申立制度（26）

　2　支払督促の選択（26）
　　　支払督促とは（26）　支払督促手続（27）　督促異議（28）

　3　訴え提起前の和解（28）
　　　(note3)　第一審手続としての簡易裁判所（29）
　　　(note4)　民事調停（30）

Approach　4　緊急の対応方法と手続──民事保全…………………31

　1　本訴提起前の紛争対応策──民事保全手続（31）
　　　緊急の救済方法（31）　仮差押え（32）　仮処分（33）

　2　手続の概要（34）
　　　保全命令（34）　保全執行（36）

Ⅲ　訴え提起 ━━━━━━━━━━━━━━━━━━━━━━━39

Approach　5　訴え提起前の資料収集──証拠収集と証拠保全………40

　1　弁護士会を通した情報の収集（40）
　　　弁護士法23条の2の照会（40）

　2　提訴予告通知と資料収集方法（41）
　　　訴え提起前の資料収集（41）　訴え提起前の照会（42）
　　　訴え提起前の証拠収集処分（43）

　3　当事者間での情報収集──当事者照会制度（44）
　　　当事者間での情報収集（44）

　4　証拠保全（46）
　　　証拠保全とは（46）　証拠保全の開示的機能（46）

Approach　6　訴訟当事者の資格と代理人の地位

　　　　　　　──当事者と代理人……………………………………48

　1　「当事者」とは何か（48）
　　　訴訟における当事者（48）
　　　(note5)　準当事者（49）

　2　当事者となることができる資格（49）
　　　三つの局面（49）
　　　訴訟で当事者として登場できる者──当事者能力（49）

　　　　法人でない社団・財団の場合（50）

　　　　その事件で当事者になることができる者——当事者適格（51）

　　　　第三者の訴訟担当（52）

　　　　note6　みんなの利益にかかわる紛争——だれが原告になれるか（54）

　　　　note7　当事者の選択（55）

　　3　自分で訴訟活動ができるか（56）

　　　　訴訟能力（56）　訴訟能力を欠く者と制限を受ける者（57）

　　4　訴訟における代理人（58）

　　　　ふつうの代理人——委任による代理（58）

　　　　note8　当事者の死亡と訴訟代理権（59）

　　　　特別の代理人（60）

　　5　法人，団体が当事者の場合（61）

　　　　代表者とその権限（61）

Approach 7　訴えによって求めるもの——訴訟上の請求 …………63

　　1　訴えの類型（63）

　　　　「訴え」とは何か（63）　訴えの類型（64）

　　　　note9　形式的形成訴訟（65）

　　2　訴えの利益（66）

　　　　司法審査に親しむかどうか——審判権の限界（66）

　　　　個々の訴えと訴えの利益（67）

　　　　note10　将来給付の訴えの利益（69）

　　3　何をどうするかは当事者の自由（70）

　　　　処分権主義（70）

　　4　「訴訟上の請求」のメニュー（72）

　　　　請求の態様（72）

　　　　note11　請求のメニューを増やすにはどうすればよいか（73）

　　　　訴訟物をめぐる議論（73）　一部請求（74）

Approach 8　どの裁判所に訴えを起こしたらよいか——管轄 ……76

　　1　管轄と第一審裁判所（76）

　　　　職務分担の仕組み——職分管轄（76）

　　　　地裁と簡裁のふり分け——事物管轄（78）

　　2　どの地の裁判所か——土地管轄（79）

　　　被告のもとへおもむくルール──普通裁判籍（79）

　　　事件内容から決まる管轄──特別裁判籍（80）

　　　note12　国際裁判管轄（82）

　　　note13　知的財産権関係訴訟の管轄（82）

　3　当事者の意向が尊重される場面（83）

　　　合意管轄（83）　応訴管轄（84）

　　　note14　指定管轄（84）

　　　note15　人事訴訟事件の場合（84）

　4　提訴された裁判所から他の裁判所へ──移送（85）

　　　note16　移送を分かつもの（87）

　　　note17　裁判官等の除斥・忌避・回避（88）

Approach　9　訴状の記載内容と提出手続──訴え提起の方法 ……89

　1　訴状の提出と審査（89）

　　　訴状の提出（89）　訴状の審査（90）

　　　note18　補正の促し（90）

　　　訴状の送達（90）　事件の「訴訟係属」（91）

　2　費用の予納（91）

　　　訴訟費用の取扱い（91）

　　　note19　訴訟援助と法律扶助（92）

　3　訴状に記載すべきこと──「請求の趣旨」と「請求の原因」（93）

　　　請求の特定から応訴の促しへ（93）

　　　note20　抽象的差止めにおける請求の特定（94）

　4　望ましい訴状と要件事実（95）

　　　訴状の記載の慣行──要件事実とは何か（95）

　　　要件事実の問題点と限界（96）

　5　重複訴訟の禁止（98）

　　　二重起訴禁止（98）　手続（訴訟）の重複禁止（98）

　　　note21　相殺の抗弁の場合（99）

IV　口頭弁論 ══════════════════════════ 103

Approach　10　口頭弁論はなぜ必要か──口頭弁論の諸原則 …… 104

　1　書面の役割とその限界──口頭主義（104）

　　　口頭主義（104）

　　　 note22 　口頭弁論をしなくてよい場合——決定手続（105）

　2　裁判はなぜ公開か（106）

　　　公開主義とその制限（106）

　　　 note23 　公開の実践的意義（107）

　3　直接主義とは何か（108）

　　　直接主義と集中審理主義（108）

　　　 note24 　当事者の視点から見た審理原則（109）

　4　当事者と裁判所の役割分担（110）

　　　当事者主義と職権主義（110）　職権進行主義（111）

　　　 note25 　当事者の手続関与（113）

Approach　11　第1回口頭弁論における当事者のやりとり

　　　　　　——被告の対応と審理の計画 ……………………… 116

　1　答弁書の提出と初回期日の弁論（116）

　　　答弁書の提出（116）

　　　初回期日の弁論——要件事実論から見た被告の応答（117）

　2　審理・判決の前提（118）

　　　訴訟要件とは何か（118）　訴訟要件の審理（119）

　　　 note26 　「訴え却下」と「請求棄却」のちがい（120）

　3　当事者が欠席するとどうなるか（121）

　　　当事者の一方の欠席（121）　当事者双方の欠席（122）

　　　 note27 　審理の現状にもとづく判決（122）

　4　今後の審理の見通し（123）

　　　審理の計画（123）

　　　 note28 　進行協議期日（124）

　　　攻撃防御方法の提出時期（125）

　　　 note29 　攻撃防御方法の提出を規律する視点（126）

Approach　12　争点と証拠を整理する手続——弁論準備手続 …… 128

　1　次回内容の予告——準備書面（128）

　2　争点および証拠の整理手続——三つのメニュー（129）

　　　三つのメニューとその選択（129）

　　　 note30 　争点整理手続のＩＴ化（130）

　　　争点整理手続の内容をまとめる仕組み（131）

　　　note31　専門委員（132）

　3　弁論準備手続の位置づけ（133）

　　　なぜ弁論準備手続はつくられたか（133）

　　　口頭弁論とどうちがうのか（133）

　　　弁論準備手続でできること（134）

　　　note32　運用の指針（135）

Approach　13　当事者の主張立証の原理──攻撃防御方法の提出‥137

　1　なぜ弁論主義がとられるか（137）

　　　弁論主義の三つの内容（137）　弁論主義の根拠（138）

　　　note33　釈明権（139）

　2　主張と証拠の区別とその相対化（140）

　　　主要事実と間接事実の区別（140）　主張と証拠の区別（142）

　　　note34　区別の相対化（143）

　3　自白とその撤回（144）

　　　当事者が争わない事実（自白）の取扱い（144）

　　　自白とは何か（145）　自白の撤回（146）

　　　note35　撤回要件の考え方（147）

Approach　14　当事者の立証活動の規律──立証の責任と負担‥‥150

　1　当事者の自由な立証活動のために──自由心証主義（150）

　2　証明の仕組み（151）

　　　証明と立証（151）　証明責任とは何か（152）

　　　note36　主観的証明責任，主張責任（153）

　　　証明責任の分配──要件事実論（154）

　　　note37　要件事実論の限界（155）

　3　証明責任を負わない当事者に立証を促す方法（156）

　　　証明責任による判決の回避（156）

　　　証明責任の転換と法律上の推定（157）

　　　事実認定のテクニック（158）

　　　note38　相当な損害額の認定（159）

　　　当事者の訴訟活動の観点──証明妨害（160）

　　　note39　証明責任を負わない当事者の事案解明義務（160）

note40 行為責任としての証明責任（161）

Approach 15　当事者による立証のプロセス——証拠調べ ……… 163

　1　立証活動は何のためにあるか（163）
　　　立証活動の意義（163）　証拠の種類と証拠調べの方法（164）

　2　人が証拠となる場合——人証（165）
　　　証人尋問，当事者尋問（165）　尋問の方法（166）　鑑定（167）
　　　note41　集中証拠調べの工夫（169）

　3　物，とくに文書が証拠となる場合——書証（170）
　　　書証の申出（170）
　　　note42　提出書証の処理（171）
　　　文書提出命令（172）
　　　note43　文書提出命令の手続（172）
　　　note44　文書提出義務の判断指標（174）

▋V▋　訴訟手続の終了 ══════════ 179

Approach 16　判決によらない訴訟の終了とその後の争い方
　　　　　　　　——訴えの取下げと和解 ………………………… 180

　1　判決によらない訴訟の終了（180）

　2　相手に降参する場合——請求の放棄・認諾（181）
　　　請求の放棄・認諾とは（181）　放棄・認諾調書の効力（181）

　3　訴えの取下げ（181）
　　　訴えの取下げとは（181）
　　　訴えが取り下げられるとどうなるか（182）
　　　note45　訴えの取下げと控訴の取下げ（183）
　　　訴え取下げ後の争い直し（184）

　4　解決案を自律的に作り出すプロセス——和解（185）
　　　和解の種類（185）　和解でできること——判決とのちがい（186）
　　　和解期日の実際（187）　和解後の争い直し（188）

Approach 17　「蒸し返し」は認められるか
　　　　　　　　——判決の効力(1) 既判力の客観的範囲 ………… 191

　1　判決——裁判所の判断による訴訟の終了（191）

2 既判力──「蒸し返し」を禁じる効力──とは （192）

なぜ蒸し返しが禁じられるのか （192）

伝統的理解──既判力の作用する三つの類型 （193）

3 既判力の時的限界と客観的範囲 （195）

既判力の基準時 （195）　基準時は絶対的なものか （197）

既判力の客観的範囲 （197）

4 蒸し返しが問題となる具体例 （200）

基準時後の形成権の行使 （200）　一部請求後の残部請求 （202）

後遺症にもとづく追加請求 （202）　限定承認の蒸し返し （203）

Approach 18 判決の効力が及ぶ人の範囲

──判決の効力(2) 既判力の主観的範囲とその他

の効力 ……………………………………………… 206

1 当事者間効力──相対効の原則 （206）

2 既判力はどのような人にまで広げられるか （207）

個別第三者への既判力の拡張 （207）

note46　なぜ口頭弁論終結後の承継人に既判力が及ぶのか （208）

一般第三者への既判力の拡張 （210）

3 そのほかの判決の効力──執行力と形成力，反射効 （211）

▊Ⅵ▊　複雑訴訟形態 ══════════════ 215

Approach 19 請求が複数ある訴訟──複数請求訴訟 …………… 216

1 請求の併合 （216）

一つの訴訟で複数の請求を審理する場合 （216）

はじめから複数の請求をまとめて出す場合 （217）

請求併合の形態 （218）　審理・判決のしかた （219）

2 訴えの変更 （220）

はじめの請求からの変更──追加的変更と交換的変更 （220）

訴えの変更が許されるかどうか──訴え変更の要件 （221）

3 反　　訴 （223）

被告からの反撃の訴え──単純な反訴と予備的反訴 （223）

反訴の要件 （224）

4 中間確認の訴え（225）

Approach 20 複数の当事者らがかかわる訴訟
　　　　　　　——多数当事者訴訟………………………………… 227

1 人的に大規模な訴訟への対策（227）
　　大規模訴訟の問題点（227）　いくつかの対応策（227）
　　大規模訴訟の特則（229）

2 複数の人が共同で訴えまたは訴えられる場合（229）
　　共同訴訟（229）　ふつうの共同訴訟（230）
　　特別の共同訴訟（231）

3 利害関係人が途中から関与する方法——訴訟参加（233）
　　途中からの関係者の参加（233）　補助参加（233）
　　独立当事者参加（235）　訴訟告知（235）
　　note47　共同訴訟参加と共同訴訟的補助参加（236）
　　note48　債権者代位訴訟と参加（236）
　　訴訟承継（237）

Ⅶ　裁判に対する不服申立て　　239

Approach 21 不服申立ての仕組み——上訴・再審 ……………… 240

1 不服申立ての仕組み（240）
　　上訴と再審（240）　上訴の効力と作用（240）　控訴と上告（241）

2 第一審判決に対する不服申立て——控訴（242）
　　なぜ控訴は認められるのか——控訴の利益（242）
　　note49　控訴の利益（243）
　　控訴審の仕組み（244）　控訴審の手続（244）
　　控訴の取下げ——訴えの取下げとのちがいに注意（246）
　　控訴審の判決（246）

3 法律審への上訴——上告（247）
　　上告とは（247）
　　上告と上告受理の申立て——最高裁への二つのルート（248）
　　上告の手続（249）

4 異議と抗告——決定・命令に対する不服申立て（250）

異議（250） 抗告（251） 最高裁判所への許可抗告（252）

抗告が許されない場合（253）

5 再審の訴え——判決確定後のリターンマッチ（254）

再審（254） 再審事由（254）

note50 送達と3号再審事由（255）

再審の手続（256）

note51 第三者による再審の訴え（256）

Ⅷ 執行手続と倒産手続 — 259

Approach 22 民事執行の手続——民事執行 ……………………… 260

1 判決後のプロセス——紛争再調整の場としての民事執行（260）

民事執行とは（261） 金銭執行（261）

note52 動産執行の機能（265）

債務者の財産状況の調査（265） 非金銭執行（268）

note53 請求の特定との関係（268）

note54 意思表示の擬制（270）

2 執行の根拠としての債務名義と執行文（271）

債務名義（271）

note55 執行の正当化根拠（273）

執行文付与をめぐる手続と不服申立手続（273）

note56 転換執行文（274）

執行をめぐる不服申立手続（276）

Approach 23 債務者の経済的破綻に対処する手続

——倒産処理制度 ……………………………… 279

1 倒産処理制度（279）

破産から再生へ（279） わが国の倒産法制（280）

2 債権者平等の原則と債権者間の調整（280）

3 倒産 ADR——裁判外での調整手続（283）

私的整理（283）

note57 事業再生 ADR（284）

特定調停——司法型 ADR（285）

クレジット・カウンセリング（285）

    4 支払超過・債務超過の清算——破産手続（286）
       破産手続とは（286）

    5 破産目前の債務者の再建手段——民事再生・会社更生（288）
       民事再生手続（288） 個人再生手続（289） 会社更生（292）

Approach 24 訴訟の役割は何か——民事訴訟の目的 ················ 293

    1 訴訟目的論のねらい（293）

    2 これまでの議論——原初三説とその限界（294）
       原初三説とその問題点（295） 法秩序維持説（295）
       権利保護説（296） 紛争解決説（297）

    3 近時の議論の展開（298）

    4 利用者の顔の見える民事訴訟を展望して（300）

民事訴訟を理解するために——内容確認問題集（303）

事項索引（307）

井上 治典 （いのうえ・はるのり）

　1963 年九州大学法学部卒業，九州大学大学院法学研究科修士課程修了。同大学助手，甲南大学教授，神戸大学教授，九州大学教授を経て，立教大学大学院法務研究科教授。2005 年 10 月逝去。

　著作に，『多数当事者の法理』（1981 年，弘文堂），『民事手続論』（1992 年，有斐閣），『多数当事者の訴訟』（1993 年，信山社），『民事手続の実践と理論』（2003 年，信山社），『アクチュアル民事の訴訟』（共著，2005 年，有斐閣）『設題民事訴訟法』（2005 年，信山社）など。

メッセージ

　本書によって，紛争状況のなかで，当事者が裁判という場でかかわりを持ち，手続がダイナミックに動いていくイメージが養われれば，それで十分に目的が達せられたと言えるでしょう。決して，用語や説明をおぼえこもうとしないで下さい。手続のフェアネスの感覚を身につけること，これが民事訴訟法を学ぶ目標点です。

（Approach 6・7・8・9・19・20・24〔執筆〕）

安西 明子 （あんざい・あきこ）

　九州大学法学部卒業，九州大学大学院法学研究科修士課程修了。中京大学法学部専任講師，福岡大学助教授，成蹊大学法学部教授を経て，現在，上智大学法学部教授。

　主著に，『民事訴訟における争点形成』（2016 年，有斐閣），共著に，『民事訴訟法〔第 2 版〕』（2018 年，有斐閣），『民事訴訟法 Visual Materials』（2010 年，有斐閣）など。

メッセージ

　民事訴訟法は，立場により，相手の応答により，自分で多様に展開させることのできる「対戦型ロールプレイング」。あなたも当事者になったつもりで，訴訟という話し合いの手続の進め方を具体的に考えてみましょう。

（Approach 10・11・12・13・14・15〔執筆〕，7・9・18・20〔補訂〕
note 9・17・21・50〔執筆〕）

仁木恒夫 (にき・つねお)

　1991 年九州大学法学部卒業。九州大学法学部助手，立教大学法学部助手，久留米大学法学部専任講師を経て，2004 年 4 月大阪大学大学院法学研究科准教授，現在，同教授。

　著書に『少額訴訟の対話過程』(2002 年，信山社)，共著に『リーガルコーディネーター』(2005 年，信山社) など。

メッセージ

　私が学生のころにはじめて学んだ裁判学（民事訴訟法）は，多面的で矛盾もある人間のリアルな姿を受け止め，そのリアルな利用者の観点から，紛争処理のフェアなプロセスのあり方を探求する学問でした。本書で，利用者である庶民を前面にたてた民事手続のイメージを，読者の皆さんにお伝えできればと願っております。

(Approach 1・2・3・4・5〔執筆〕，6・24〔補訂〕)

西川佳代 (にしかわ・かよ)

　1990 年九州大学法学部卒業，九州大学大学院法学研究科博士課程単位取得退学。國學院大學法学部・國學院大學法科大学院教授を経て，現在，横浜国立大学大学院国際社会科学府国際経済法学専攻教授。

　主論文に，「民事紛争処理過程における執行制度の機能(1)(2・完)」民商法雑誌 109 巻 3 号，4・5 号 (1993・94 年)，「執行 ADR の可能性」判タ 1043 号 (2000 年)，「民事紛争処理手続からみた諫早湾干拓紛争」法学セミナー 766 号 (2018 年) など。

メッセージ

　学部生の頃，大学のキャンパスの中で，1 人のおじいさんによび止められました。「誰かこの判決の内容を説明してくれる教授を知りませんか？　何が書いてあるのかわからない，なんで負けたかわからんのです」と。手には判決書を握りしめていました。はじめて出会った「訴訟当事者」は，私に当事者に視点をおいた訴訟理論を学ぶきっかけを与えてくれました。

(Approach 16・17・18・21・22・23〔執筆〕，8・19〔補訂〕)

吉田純平（よしだ・じゅんぺい）

岡山大学法学部卒業，名古屋大学大学院法学研究科博士後期課程単位取得退学。駒澤大学法学部専任講師，新潟大学大学院実務法学研究科専任講師を経て，現在，日本大学法学部准教授。

主論文に，「第三債務者の陳述義務に関する一考察(1) (2・完)」名古屋大学法政論集 226 号，228 号（2008 年）。共著に『民事執行法・民事保全法』（2014 年，弘文堂）など。

メッセージ

　もし自身が民事紛争のなかの当事者となった場合にどのようにして乗り越えていけるかを考えると，民事手続制度を利用することがひとつの手段としてありうるでしょう。そこではどのように行動する必要があるかを理解すること，また，それはどのようなルールで進められていくべきかを考えておくことは社会人として大事なことだとおもいます。

　　　　　　　　　（Approach 10・11・12・13・14・15・17・20〔補訂〕，note 30・48〔執筆〕）

吉田直起（よしだ・なおき）

関西学院大学法学部卒業，大阪大学大学院法学研究科博士後期課程単位取得満期退学。現在，清和大学法学部専任講師。

主論文に，「司法ソーシャルワークにおける支援対象者の自律性 (1) (2・完)」阪大法学 67 巻 6 号，68 巻 1 号(2018 年)，「ネットワーク型多職種協働の二つの展開可能性」阪大法学 69 巻 2 号（2019 年）など。

メッセージ

　民事訴訟の主役は当事者です。お互いの話し合いだけではうまくいかなかったトラブルについて，行き届いた法的ルールの下で納得いくまで当事者が対話を積み重ねていく，そういう機能を民事訴訟は有しています。民事訴訟法の学習は一筋縄ではいきませんが，この「当事者の視点」を持って根気よく学習してください。

　　　　　　　　　　　　　　　　　　　　　　（Approach 4・5・16〔補訂〕）

略 語 一 覧

一般法人	一般法人及び一般財団法人に関する法律	**特許**	特許法
会	会社法	**破**	破産法
家事	家事事件手続法	**非訟**	非訟事件手続法
規	民事訴訟規則	**不登**	不動産登記法
行訴	行政事件訴訟法	**弁護**	弁護士法
憲	日本国憲法	**民**	民法
裁	裁判所法	**民再**	民事再生法
司書	司法書士法	**民執**	民事執行法
借地借家	借地借家法	**民訴費**	民事訴訟費用等に関する法律
商	商法	**民調**	民事調停法
人訴	人事訴訟法	**民保**	民事保全法
税徴	国税徴収法	**民保規**	民事保全規則
仲裁	仲裁法	**労基**	労働基準法

　＊民事訴訟法の条文については原則として条名のみ表示し，その他法令略語は一般の例による。

最大判（決）	最高裁大法廷判決（決定）	**民雑**	民事訴訟雑誌
最判（決）	最高裁判決（決定）	**法教**	法学教室
高判（決）	高等裁判所判決（決定）	**ジュリ**	ジュリスト
地判（決）	地方裁判所判決（決定）	**判タ**	判例タイムズ
民集	最高裁判所（大審院）民事判例集	**判時**	判例時報

井上＝伊藤＝佐上・これからの民訴　　井上治典＝伊藤眞＝佐上善和・これからの民事訴訟法（1984 年，日本評論社）

井上・手続論　　井上治典・民事手続論（1993 年，有斐閣）

井上・実践と理論　　井上治典・民事手続の実践と理論（2003 年，信山社）

新堂・新民訴　　新堂幸司・新民事訴訟法〔第 6 版〕（2019 年，弘文堂）

高橋・重点講義(上)(下)　　高橋宏志・重点講義民事訴訟法（上）（下）〔第 2 版補訂版〕（2013・2014 年，有斐閣）

中野・論点Ⅰ・Ⅱ	中野貞一郎・民事訴訟法の論点Ⅰ・Ⅱ（1994・2001年，判例タイムズ社）
講座民訴1〜7	新堂幸司編集代表・講座民事訴訟1〜7（1984〜1985年，弘文堂）
百選（5版）	高橋宏志＝高田裕成＝畑瑞穂編・民事訴訟法判例百選〔第5版〕（2015年，有斐閣）
百選（3版）	伊藤眞＝高橋宏志＝高田裕成編・民事訴訟法判例百選〔第3版〕（2003年，有斐閣）
百選Ⅰ・Ⅱ	新堂幸司＝青山善充＝高橋宏志編・民事訴訟法判例百選Ⅰ・Ⅱ〔新法対応補正版〕（1998年，有斐閣）
新・争点	伊藤眞＝山本和彦編・民事訴訟法の争点（2009年，有斐閣）
争点（新版）	三ヶ月章＝青山善充編・民事訴訟法の争点〔新版〕（1988年，有斐閣）

I　民事紛争と調整手続

Approach 1 │ 民事紛争の発生とその調整——紛争と裁判

民事紛争の発生とその調整

1　民事紛争——法的に処理される「争い」

民事の紛争

　紛争は，何か不愉快な出来事から生じることもあるし，長きにわたる特定の人物に対する反発から生じることもある。それは人の認知のレベルで生じており，不満や苦情を相手方にまだ伝えていない段階でも，すでに対立の可能性がでてきている。人は，まだこうした段階から，周囲の人びとや専門機関に相談したりもする。そうするなかで，出来事に対する認知も変わっていく。不満は自分の誤解であったと感じるかもしれないし，相手に対する非難の気持ちをより強くするかもしれない。紛争は人の認知と密接に結びついて発生し，変容していくのである。

　人は，家庭や職場，近隣，趣味の仲間などさまざまな人間関係のなかで生活している。そうすると，紛争に巻き込まれても，自分ひとりの問題として処理していくわけにはいかず，関係者もそこに利害を感じる場面がでてくる。本人も，そうした周囲の人びとに配慮しながら行動選択を考えていく一方で，むしろ周囲の人のほうがより積極的にかかわっていくようになることもある。紛争は，そうした紛争ネットワークのなかで変容していくという一面ももっているのである。

しかし，紛争は，このままでは法的に処理される「争い」ということはできない。[case4]にあるように有馬梅助さんと桜子さんは夫婦関係が険悪になっているとしよう。桜子さんの父親である知多さんが，このことに心悩ませて，梅助さんに不満をぶつけたいと思っても，それは法的な「争い」にはならない。娘のところのことなのでこれまで貸したお金については何も言わなかったけれども，こうなったら梅助さんから返してもらいたいということであれば，「貸金の返還請求をする」というように，紛争を法律的に構成することができる。こうすることで，紛争は，法的な処理の場に持ち出すことが可能になるのである。なお，このように紛争が法律的に構成されたとしても，社会的なレベルで残っている当事者の認知の変容や紛争ネットワークの影響を受けることは避けられない。

2　紛争調整手続の必要性と多様性

紛争調整手続の必要性

紛争は，決してそれ自体が悪ではなく，むしろ人間関係の自然のあらわれであって，紛争が適度に存在することは社会が健全であることのあかしである，という認識を持つ必要がある。紛争がないなどという社会は，言いたいことが抑圧されているのではないかと疑われ，かえって不健全でさえある。また，取引と紛争との関係についても，ここまでが取引段階で，ここからが紛争であるとそれほどはっきり区別できるものではなく，紛争段階は取引段階の延長である，とも言えるのである。

そうはいっても，当事者も，利害の対立が深刻化している状況をそのままにしておくことはできないし，何らかの関係づけを行っていかなければならない。ただし，紛争がそれぞれの立場からの認識のちがいに根ざす以上，一方が絶対的に正しく，他方が絶対的に

誤っているなどと簡単に決めつけることはできず，どちらの側もそれなりに理があり正当な面があることを前提にしたうえで，法や手続の役割やあり方を考える必要がある。

そこで，**紛争調整手続**の役割を考えるにあたっては，つぎの二点が重要である。第一に，紛争を罪悪視してその早期沈静やその発生の防止に没頭するよりも，紛争をあるがままに是認したうえで，どちらにもそれなりの理がある対立主張のなかから，対立当事者の間に共通の認識と了解を取りつけていくことに手続を行う意味と目的がある。手続は決して既存の権利を保護する手段にとどまるものではなく，手続自体が解決案をつくり出していく母体であり，むしろ手続を通じてその紛争に妥当すべき法規範がつくり出されていくのである。第二に，事後的な紛争調整の場として，裁判だけではなく相談，調停，仲裁と，さまざまな方式の機関が整備されていることが望ましい。紛争の性格によって，当事者が選択することのできる多様なメニューが用意されていることが必要なのである。さらに，現実の紛争は，どれか一つの方式だけで調整されるとは限らず，むしろ諸種の方式を積み重ねることによって調整されることが多い。したがって，紛争は，諸種の**紛争調整方式**の連携と相乗によって処理されているといえよう。

紛争調整手続の多様性

ところで紛争調整手続にはどのような種類のものがあり，その諸方式にはどのような特徴があるのだろうか。ここでは裁判以外の紛争調整方式である「相談」「あっせん」「調停」「仲裁」を見てみよう。

「相談」は，苦情を持つ側が，直接的に相手方にはたらきかけを行うのではなく，だれか第三者や一定の機関に相談し，そのような第三者の持つ知識・情報・判断などを利用することによって自分の行動を方向づけるものである。相談を受ける人や機構としては，知

人や職場の上司などの偶然的なものから，行政機関の窓口，弁護士会の法律相談，消費者問題についての消費者センターなどの組織的，恒常的なものまで，さまざまである。弁護士や警察の派出所なども，相談機関としての役割を果たしている。相談を受けた側が，相談者の不満をよく聞いてくれてそれをわかってくれたこと自体が，不満の解消になり，紛争の調整に奉仕するというところもある。また，苦情を受け付けた機関が，関係の相手方へ伝達し，場合によっては何らかのはたらきかけをすることもある。

　第三者が，当事者の話し合い・交渉を橋渡しして，当事者間に合意による調整がもたらされるようはたらきかけるのが「あっせん」である。このあっせん方式をさらに一歩進めて，第三者が当事者の話を聞いたうえで調整案を提示するのが「調停」である。第三者が積極的に調整案を作成し提示する役割が与えられている点で，あっせんよりも少し第三者のイニシアティブが強い。裁判所で行われる民事や家事の調停は，文字どおりこの方式の手続であるが，民間や行政の各種の紛争処理機関には，この調停的な方式をとるものが多い（交通事故紛争処理センター，公害等調整委員会など）。この方式は，法による画一的な拘束にとらわれずに，当事者間の合意による納得ずくの調整をはかる利点を持つが，他方，第三者が提示する調整案には拘束力がなく，手続の進め方を含めて，強制的要素は弱い。近年は，とくに士業団体が設営する民間調停機関において，当事者双方の対席での対話を重視し，調停者は当事者が自分たちで合意を形成していくことを支援する役割に限定しようとする調停スタイルが浸透している。これは交渉促進型調停といわれる。

　当事者双方が，紛争が生じたときには特定の第三者（機関）の処理と裁定にゆだねることをあらかじめ約束している場合に，その第三者が仲に立って判定を下すという方式が「仲裁」である。仲裁人は，当事者がそれに従うことに合意した法的基準によって判断する

か，あるいは当事者の求めがある場合にはその事案に即した「衡平と善」の理念で調整をめざすものとされる。紛争当事者には，問題の調整をそのような仲裁手続に持ち込むかどうかの自由はあるが，持ち込むことを合意した以上，その第三者の判定に拘束されるという点に特徴があり，いわば合意の要素と強制の要素とがミックスした手続である。この仲裁をより利用しやすく実効的なものにするために **仲裁法**（平成 15 年法律第 138 号）が制定された。

ADR

　行政機関，民間団体，弁護士会などによって運営されているこれら裁判以外の紛争処理を総称して，**裁判外紛争処理**（Alternative Dispute Resolution）とよぶ。**ADR 促進法**（「裁判外紛争解決手続の利用の促進に関する法律」平成 16 年法律第 151 号）が制定され，法務大臣の認証を受けた民間事業者による紛争解決手続に時効の完成猶予などの一定の法的効果が与えられるなど，立法による基盤整備も行われている。あわせて，多様な紛争調停手続への人びとのアクセスを高めるための機関として法テラスが，全国に設置されている。利用者にとっては，多様な調整機関の選択肢が用意されているということは望ましく，裁判だけなく裁判外紛争処理も今後いっそう拡充されることが求められている。

　また，紛争は，どれか一つの方式だけで解決されるとは限らない。むしろ，現実の紛争は，諸種の方式を積み重ねることによって解決されることが多い。たとえば，直接交渉の過程で誰かに相談をしてみるとか，遺言の有効性を訴訟で争ったあとに遺産の分割方法については調停で調整を行うとかである。このように諸種の方式の連携と相乗によって紛争は処理されていくのであるが，その相互の連携のあり方としては，裁判手続もふくめて諸種の方式の間を紛争が自由に移行するものととらえるべきである（図参照）。すなわち，相談を経て，あっせん，さらには相対交渉に移っていくものもあれば，

相対交渉から訴訟に移行するものもあるし，訴訟から逆に調停や相対交渉に移行するものもある。訴訟と同時に進められた相対交渉で和解が成立したので，原告が訴えを取り下げるというのはよくあることである。裁判手続が，紛争調整の最終局面とは限らないのである。

3　裁判手続の役割

これまでの目的論で足りなかった視点

　これまで見てきたように，社会には多様な紛争調整手続が存在するが，そのなかでもとくに民事訴訟の目的は何であり，訴訟の役割の中心はどこに求めるべきか。いったい訴訟の中心的な役割，目的は何なのかについて一定の見通しを立てておくことは必要である。それは，単に一般的な総論の確立のために必要であるというのではなく，訴訟手続（とくに弁論）をどのように運用していくべきか，議論の分かれる具体的な解釈論上の問題にどのような態度決定をとるべきかが問われた場合に，その方向づけと指針を与えるための基盤を固めておくために必要であると言える。詳しくは後に見るとし

て（Ap.24），ここでは従来の **民事訴訟目的論** と対比するなかで，本書で一貫して採用する訴訟の役割についての見方を示しておこう。

　訴訟の目的は何かをめぐる学説史上の議論としては，これまで，訴訟は権利を保護することにあると見る見解（**権利保護説**），訴訟によって実体法が予定している秩序を維持し，あるいは新たな実体法秩序を形成していくのだという見解（**法秩序維持説**），さらには，訴訟は端的に当事者間の紛争を解決することにその目的があるとする見解（**紛争解決説**）などが示されてきた。

　しかし，このような従来の見解にはつぎのような問題点がある。権利保護説は，訴訟前にすでに存在する権利を裁判官が発見し宣言するのが訴訟の目的であり役割であると見る点で，訴訟手続過程における紛争主体の自律的で動態的なかかわりのなかから権利がつくり出されていくという訴訟手続過程の持つ機能が考慮されていない。法秩序維持説は，法秩序は紛争の合理的な調整と処理のためにあるとすれば，法秩序維持のために訴訟があるというのは，手段と目的とを取りちがえているのではないかと思われる。紛争解決説も，訴訟は紛争を「解決」するものだ，またしなければならないというイメージを与えやすく，個別紛争の解決過程全体のなかで訴訟過程がどのような位置・役割を占めるべきかという視点が含まれていない。要するに，これまでの民事訴訟法学におけるこれらの所説は，いずれもあたかも訴訟だけが紛争処理手続の唯一絶対の方式であるかのような議論のたて方をしていたと見ることができ，また訴訟手続過程ではなく判決という結果のみを視野において議論をたててきた傾向があり，他の処理方式との相関において，また訴訟前および訴訟外の紛争処理をにらみながら，訴訟手続過程の機能なり役割は何かという問題意識が欠けていたということができるのである。

🏛 対論手続の保障

　訴訟手続は，当事者自らのイニシアティヴによる対話を軸として

すすめられる。**訴訟による論争手続の特質** は，紛争に法的筋道をつけるために法的枠組のなかでの整序された相互作用的な対論の手続が保障されているという点にある。すなわち，訴訟では，一方がどういう行為を果たせばつぎには他方がどういうことをしなければならないという手続追行過程を規律する役割分担の規範が大枠として整備されているのである。もちろん，このような相互作用的な論争は，裁判所を介して行われるが，裁判所の第一次的な役割は，この論争が当事者間のフェアな役割分担にもとづいて行われるために労をとる仲介役なのであって，当事者のコミュニケーションの直接の相手方は相手方当事者である。

それでは民事訴訟は，なぜこのように私的自治を反映した当事者間の自律的な論争の法的枠組によって支えられているのだろうか。

訴訟に持ち込まれるような紛争は，多くの場合，当事者自治による解決がゆきづまっている。訴訟外の自主交渉やルールがはっきりしない手続では，対話や論争によって紛争を解決していくことがもはや期待できなくなっているのである。そこで，ゆきとどいた法的枠組のなかで互いに対話を積み重ねていくうちに，相互に相手方の言い分や認識をよりよく理解し，自分の側の認識不足を反省する機会も与えられるであろう。結果よりも過程が重要であるという趣旨はここにある。訴訟前に何らかの原因で破られ機能不全に陥っている当事者自治に活路を切り開き，当事者による自律的な紛争解決行動を法的枠組にそってあらためて実現させるために訴訟手続がある。

このように，両当事者の実質的な対等化を図りながら，それぞれの役割分担ルールにもとづいて訴訟による対論または対話を展開していく手続を保障する，ということが訴訟手続の重要な役割なのである。もちろん，対論，対話といっても，訴訟によるものは一定の法的枠組の中での約束ごとにそったものでなければならないし，どうすれば「実質的に対等な弁論」が図られるかも，主張責任，証拠

提出責任の分配に見られるように （(note40)），それ自体非常にむず
かしい多くの問題をかかえている。相手方の行為を引き出すために
こちらの側が何をなすべきかも，具体的人間のかかわり方であるだ
けに，一般的な画一的ルールで割り切れないところが残る。しかし，
そのような問題をかかえながらも，訴訟の役割の中心を「**対等弁
論**」**の保障** におくことによって，これまであまり顧みられなかった
手続過程の持つ機能に本来与えられるべき位置づけを与えること が
できるし，手続過程で問題になる解釈論上の具体的なことがらに対
しても，訴訟目的論との結びつきが回復され，まさに解釈論にとっ
ても有用な指針となる訴訟目的論がたてられることになると考えら
れるのである。対論・論争を尽くした結果，和解や取下げで訴訟が
終了することもあるし，なお判決にまで至ることもあるが，しかし，
ここではこのような結果に至る過程で，そのような対等弁論を保障
された手続がなされたことが重要であって，それ自体に価値があり，
訴訟の役割がある，という認識にたっているのである。

(note1) 裁判外交渉と **内容証明郵便**

　　法的解決に親しむ案件について紛争当事者からの依頼を受けたから
　といって，弁護士は必ずしもすぐに訴訟などの公式の紛争処理機関に
　紛争を持ち込むわけではない。とくに訴訟を提起すると依頼者に多大
　な金銭的かつ時間的コストがかかるため，より簡易で迅速に紛争が解
　決できる手段があるのであれば，そちらが選択される。**相対交渉** とい
　うのは，弁護士がとりうるその手段の一つである。相対交渉は，紛争
　当事者が合意をめざして相互に利害調整を行うのである。それでは，
　弁護士はどのようにこの相対交渉を行うのであろうか。
　　たとえば，(case1) のような貸金返還請求について弁護士に相談をす
　れば，弁護士は，そのあとに訴訟を起こす可能性も考えながら，まず
　最初は内容証明郵便を相手方に送付するという方法をとることがある。
　内容証明郵便により実体法上の請求権の行使を行うのである。そして
　また同時に，内容証明郵便は，郵便物の特殊取扱制度の一つで，日本

郵便において当該郵便物の内容である文書の内容を謄本によって証明する制度でもある。内容証明は文書を出したことの証拠となり，また文書に確定日付を与える効力がある。のちに訴訟手続に入った場面で，催告や時効の完成猶予の立証が容易になるのである。弁護士は，このような内容証明郵便を相手方に送ることによって，相手方の出方をうかがうことがある。

　内容証明郵便により相手方が自発的に債務の支払いに応じてくれば，目的は容易に達成される。また，応じてくれなくても，のちの訴訟での立証を考えるとたしかに有効な手段ではある。しかし，最初に突然に内容証明郵便を出したことによって相手方の態度が硬直化して，その後相対交渉の話がすすまなくなるということもある。そういう展開が予想される場合には，弁護士は，内容証明郵便を出さずにまず電話をかけて，そしてさらには直接面談して交渉を行うという方法も考えられよう。このように裁判外での交渉でも相手方からどのような行動を誘発するかということを念頭に置いて内容証明郵便が活用されるのである。

note2 訴訟と非訟

　裁判所が取り扱う民事事件には，通常の訴訟事件のほかに「非訟事件」がある。どのような事件が非訟事件にあたるのかについては法が定めており，さまざまなものがある。たとえば，別居中の夫婦間で，子供の監護権を主張する妻が夫に対して子供の引渡しを求める場合を考えてみる。妻は，まず家庭裁判所に家事調停を申し立てる（家事257条）。しかし家事調停で合意が得られないときには，妻は家庭裁判所に審判を申し立てることになる（民766条2項，同3項，家事別表第二の3項）。これら家事調停と家事審判であつかわれる子供の引渡しは非訟事件である。

　非訟事件は，たとえば後見開始（民7条，家事別表第一の1項）のように，一般には二当事者間の争いを前提としないということから，裁判所も司法作用というよりは，行政作用的な後見的関与を行うと言われている。つまり，非訟手続では訴訟手続とは異なり処分権主義（Ap. 7-3）や弁論主義（Ap. 13-1）は適用されず，職権探知主義（非訟49条）や非公開主義（非訟30条）が採用されている。裁判所の判断

も決定（非訟54条）によって示され，不服申立方法は抗告（非訟66条）である。通常の訴訟手続にくらべて，非訟手続では当事者の地位（当事者権）が弱いということが指摘できよう。

　しかし，先に述べたように非訟事件として分類されているものはかなりバラエティに富んでおり，訴訟事件と非訟事件を区別する基準を見出だすことは難しい。これは社会が複雑化するとともに訴訟手続よりも迅速で弾力的・経済的であり，将来的な規制・予防措置をとることができる非訟手続への志向が生まれていったことによる（たとえば，戦後，家事審判法の制定により，それまで訴訟事件とされていた遺産分割などが家庭裁判所の審判事項とされた）。この現象は，「訴訟の非訟化」とよばれるが，これがどこまで許されるのか，とくに憲法32条，82条の裁判の公開（Ap.10-2）・対審の要請との関係で問題とされてきた。

　最高裁はこの点につき，権利義務の存否の確定は純然たる訴訟事件であり公開・対審の要請を満たさなければならないが，権利義務の具体的内容の形成は非訟事件であるとした（判例①）。この考え方はあまりに形式的であり，また，たとえ権利義務の存在を前提として具体的内容を決めるのみであるとしても，その背後にはそれにつき争っている当事者がいることを忘れてはならない。

　そこで近時では訴訟か非訟かという二者択一ではなく，事件の性質に応じて両者の手続原則を組み合わせ，独特の手続方式を作ることも考えられている。たとえば，借地条件の変更等の裁判は非訟事件とされているが（借地借家42条），実際には争訟性が高い。そこで，借地借家法は，この場合，裁判所が審問期日を開き，当事者の陳述を聴かねばならないとし，当事者には相手方当事者の審問に立ち会うことも認められている（借地借家51条2項）。

　また，平成25年から施行された家事事件手続法は，非訟手続の一種ではあるが，その前身である家事審判法に比べて大幅に当事者の手続保障に配慮した規定が設けられている。たとえば，「通則」では当事者の証拠調べ申立権の保障（家事56条），一定の場合における事実の調査の当事者への通知（同63条），「別表第二の事項についての審判手続の特則」では，相手方への申立書の写しの送付（同67条），必

要的陳述聴取（同 68 条），当事者の審問立会権の保障（同 69 条）などが新設された。

〈**参照判例**〉
①最大決昭和 40 年 6 月 30 日民集 19 巻 4 号 1089 頁・百選（5 版）2 事件

〈**ステップアップ**〉
①井上治典「民事訴訟の役割」手続論 1 頁
②井上治典「民事訴訟の目的と機能」井上＝伊藤＝佐上・これからの民訴 365 頁
③和田仁孝『民事紛争処理論』（1997 年，信山社）
⑤山本和彦＝山田文『ADR 仲裁法〔第 2 版〕』（2015 年，日本評論社）

Ⅱ　訴え提起前夜

Approach 2 ｜ 手続にかかわる人びと——訴訟関係者
Approach 3 ｜ 簡易裁判所における紛争調整
Approach 4 ｜ 緊急の対応方法と手続——民事保全

Approach 2

手続にかかわる人びと

訴訟関係者

1 当事者間の水平関係の規律

説得活動とその問題点

　訴訟は，両当事者の実質的な対等化を図りながら，機能不全に陥っている対論を再生し，将来へ向けて紛争を調整する。Ap.1 で見てきたように，そのような当事者間の水平関係を規律する対論手続を保障することが訴訟制度の目的であった。では，当事者間の対論はどのようにすすめられていくのだろうか。

　通常，自分の主張を相手方に押しつけ，相手方がそれを受け入れることを求めるのが紛争過程であるとされている。利害の対立点を明確にして，それに対する自分の言い分をもって相手方を説得するのである。このことは訴訟においてもかわらない。むしろ法的な枠組のなかでお互いに説得を行うことになる。すなわち，当事者双方は，法的主張を述べあい法的争点を形成したうえで，自分の主張が説得力を持つように事実を配置するのである。

　けれども，訴訟外であっても訴訟であっても，このような説得による折伏だけで両当事者は対論関係を築くことができるのだろうか。対立点を限定してしまうことで視野を狭めて両者の対立を激しくしてしまうことになるであろうし，相手に要求を押しつけるために権威的な第三者に頼ってしまうということにもなりやすい。しかし，

それでは将来の関係調整へ向けた当事者間の対論を再生させることにはならないのである。

相手の応答を引き出す行為責任

当事者は，自分が相手を説得するというだけではなく，求める相手の行動を引き出すような行動をとるということも必要なのである。そのような自発的な行動が引き出されることによって，実質的な対論がはじまり実現されていく。

相手方から応答を求めるのであれば，それを誘発できるだけの行動をまず自分がしなければならない。その行動をとらなければ求める相手方の行動が引き出せなくなる。それが**行為責任**である。他方で，その責任を果たした場合であっても，そのことによって相手方に応答の責任が生じるというわけではない。だから，行為責任は，もともとは相手方のためにあるのではなく，行為者自身のためにあるのだといえる。当事者間の交渉過程は，相手方に対する説得だけではなく，このように相手方の応答を誘発する行為責任を相互に果たすことですすめられていくのである。

訴訟も紛争過程の一コマであり，むしろこのような対論を整序し再生させようとするものである。したがって，そこでは当事者間の行為負担を分配して，手続をすすめることが求められる。訴訟上の請求や主張もこのような観点からとらえることができるであろう。すなわち，相手の応答を引き出し交渉に持っていくためには，あいまいな要求ではなく，特定の要求・理由づけが有効である（Ap. 9-4）。また，理由づけ主張も，それによって新たな事実が提示され，それによって納得するというのではなく，それが相手方に別の事実発見やその責任を自覚させることになり，そのことが態度をかえる契機として機能するようになるのである（Ap. 15-1）。手続過程を規律する行為責任による当事者間の負担の分配のあり方については，のちに具体的な民事訴訟手続の各場面で学ぶであろう。

このように訴訟は，当事者間の **負担分配による対論** を中心にすすめられていくのであるが，実際の現場ではそのほかさまざまな関係者が重要な役割を担ってかかわっている。そこで，つぎの訴訟に関わる人びとについて視野を広げて見てみよう。

2 訴訟にかかわる人びと

従来の三極構造の限界

民事裁判の場にはどのような人びとが登場するのであろうか。かつては，原告側，被告側（いずれも代理人を含む）を対極点におき，この相対する当事者から等距離に裁判官をおいて，この三点を線で結んで三角形を描けば，手続の構造とその担い手をあらわすに必要にして十分であった。実際，伝統的な法廷は，原告と被告とが対峙するかたちで席につき，そこから等距離の一段高い位置に裁判官が着席するというように設計されている。だから，一般的にはいまもこのような **三極構造** のイメージが強く残っている。しかし，現実の場面を理解するためには，裁判官中心で描かれるこの三極点型の構造認識では足りなくなっている。

三極点型の構造認識では，裁判官と原告側弁護士と被告側弁護士とが手続のおもな担い手と考えられがちである。そして，手続構造をこのように法専門家を中心にしてとらえることによって，民事裁判では素人当事者は法専門家にお任せするべきだということになりかねない。しかし，それでは，当事者が紛争に込めた意味や関心がやりとりの中に十分に反映されず，利用者疎外の状況をつくり出してしまう危険性がある。すでに見てきたように，訴訟手続は，当事者自らのイニシアティヴによる対話を軸としてすすめられるものなのである。

また，現場では，民事訴訟の領域のみならず，決定手続や人事訴

訟を含めて，多様な手続の担い手や関与者が予定されており，しかもその関与の役割や性質も流動化し，重層的，多面的な役割を認めざるをえない状況になっている。また，そのことを反映するかのように，法廷も伝統的な法廷だけでなくラウンドテーブル法廷も頻繁に活用されている。それではどのような人びとの関与が予定されているのだろうか。さしあたり，裁判所サイド，当事者サイド，第三者サイドの三面に分けて，手続を担い，または関与し，あるいは巻き込まれる人びとを整理してみよう。

🏵 裁判所サイドの関与者

　裁判所サイドでは，裁判官，書記官，事務官のほか，専門委員（92条の2），司法委員（279条）が関与することがあり，人事訴訟では参与員（人訴9条）のほか，家庭裁判所調査官の関与も予定されている（人訴34条）。**裁判所書記官** は，かつての記録の作成・管理の役割から，当事者と裁判官との橋渡し役を含めて紛争コーディネーターの役割を担い，さらには督促手続や執行文付与手続では主役を担う。書記官の役割は，大きく変容し，多面的になり重層的になったと言ってよい。書記官の役割の変容は裁判官の役割の変容と連動している。

　裁判官 は，裁定者のイメージのみでとらえられてきたが，双方当事者を中心とする法廷でのやりとりを促進させる役割も担っているのである。そして，たとえば手続の進行や選択にあたっても，裁判官は当事者の意向を反映させている。裁判所サイドと当事者サイドとは連続性を持っているといえよう。

　医療事件等での**専門委員**（Ap.12-2 note31）や家事事件での **参与員** は，その専門的知見と経験をもって裁判官を補助することが期待されているが，当事者同士の疎通を橋渡しすることによって，当事者間あるいは当事者と裁判所間のやりとりを活性化するためにその促進援助者としての役割を担っている側面を忘れてはならない。

家庭裁判所調査官は，裁判所から事実関係についての調査を命じられる者であるが，実際に果たしている機能を考えると，その役割の位置づけは複雑である。裁判所の補助者という側面，当事者のための援助者という側面，事実関係の報告者という意味で調査機関としての第三者という側面とをいずれもあわせ持った，もっとも多面性と重層性の高い関与者であり担い手であるといえよう。

📶 当事者サイドの関与者

　つぎに，当事者サイドの関与者であるが，これにはまず，原告・被告（本人），法定代理人，訴訟代理人がいる（Ap.6）。訴訟に訴訟代理人が登場する場合であっても，主役は当事者本人であり，当事者の納得が得られる紛争処理を行うには訴訟代理人は当事者と十分に意思疎通を行う必要がある。弁護士が法律事務職員との協働を試みている法律事務所もあり，法律事務職員には弁護士と当事者，相手方，裁判所の間のこまやかな調整が期待されている。なお，**訴訟代理人**は，原則として弁護士に限られているが（54条），簡易裁判所であれば司法書士が受任することもできる（司書3条1項6号，Ap.6-4）。

　そのほか，訴訟参加人，和解における「利害関係人」，釈明処分の対象者としての「事務担当者・補助者」（151条1項2号），補佐人（60条），選定当事者における「選定者」（30条4項）などが含まれる。これらの関与者の中のほとんどは，理論上は当事者でない第三者として，つぎの第三者サイドの関与者に含めてもおかしくない存在であり，当事者サイドの関与者と第三者サイドの関与者を厳密に区別することは困難であり，両者の隔壁は流動化し相対化してきている。たとえば，**釈明処分**の対象者としての「**事務担当者・補助者**」（Ap.13-1 note33）は，当事者が法人の場合などに，事件に関する事項を担当した従業員などのほうが代表者よりも実情をよく知っていることを想定している。その「陳述」は，性質としては当事者

の主張を具体化して補充するものであろうが，同時に証拠としての機能をあわせ持っている。

　他方で，**当事者**本人も，人証の手続では証拠として扱われ，その供述は証拠資料とされるのであるから，二重性を有していることになる。また，訴訟提起前に行われる当事者照会（132条の2）の「当事者」は，訴訟係属前であるから，提訴予告がなされるとはいえ，厳密に言えば「当事者」ではなく第三者である（Ap.5-2）。

🏃 第三者サイドの関与者

　第三者サイドの手続関与者としては，訴訟参加人や訴訟告知の被告知者は別として，証人，鑑定人，当事者尋問における当事者本人，決定手続における審尋の参考人のほか，証拠調べ手続に巻き込まれる証人以外の第三者（調査嘱託の相手方，文書送付嘱託の相手方，意見陳述を嘱託された専門家，現況調査を命ぜられた執行官，文書提出命令を受けた第三者，検証物提出命令を受けた第三者）などが含まれる。民事訴訟法上，明確な位置を与えられているわけではないが，これに傍聴人を含めてもよいであろう。

　やはりこれらの第三者も当事者サイドの関与者と連続している。**証人**はほとんど原告，被告どちらかの陣営とつながっていて党派性を有しているので，実質的利害関係の点からは当事者と紙一重のこともしばしばある（Ap.15-2）。決定手続における**参考人審尋**（187条）は，証拠調べの性質を持つといっても，事務担当者・補助者の陳述と明確な一線を引くことは難しい。参考人が述べることは，主張としての側面をもあわせ持っている（(note34)）。

　さらにこれらの第三者の中，たとえば調査を命じられた**執行官**，意見陳述を嘱託された，**専門家，鑑定人**などは，裁判所サイドの担い手・関与者とも連続性を有し，その区別は相対的である（Ap.15-2）。これは，家裁調査官についてすでに述べた。しかし，これらの第三者を，裁判官の心証形成のための手段・対象とのみ見るの

は一面的にすぎる。当事者や代理人も，これらの関与者の意見陳述
や報告・証言などを受けて，自分たちの認知をつくり変えたり，訴
訟内外の紛争行動のスタンスを定めるのであって，これらの第三者
は裁判所サイドのみならず，当事者サイドに対しても，紛争調整の
ための具体的な材料を提供するというかたちで，自らの主体的な役
割とかかわりを持つと見るべきである。

関与者の役割の重層化・流動化

　このように見てくると，裁判にかかわる人びとは，裁判官を中心
とした三極構造ではとてもとらえきれないことがわかる。多様な人
びとがかかわることが予定されており，しかもその役割や性質もき
わめて複雑である。手続にかかわる主体をひとまずは三つのグルー
プに分類するとしても，それは円環をなしており，しかも線ではな
く管状につながっていると言うことができる。管であるから，その
中ではそれぞれをつなぐ水脈が幾層にも流れている。当事者サイド
と第三者サイド，第三者サイドと裁判所サイド，当事者サイドと裁
判所サイドといずれも境界が流動化しており，各関与者の役割は重
層的になっているのである。

〈ステップアップ〉
①井上治典「当事者論の外延と内実」民雑 51 号 1 頁
②井上治典＝高橋宏志編『エキサイティング民事訴訟法』（1993 年，有斐閣）
　107 頁
③水谷暢「紛争当事者の役割」講座民訴 331 頁
④麻田恭子＝加地修＝仁木恒夫『リーガルコーディネーター　仕事と理念』
　（2005 年，信山社）

Approach 3

簡易裁判所における紛争調整

1　少額訴訟手続

庶民のための裁判手続

　戦後発足した **簡易裁判所** は，もともと軽微な庶民の紛争を簡易迅速に処理することを目的として設置されたものであった。ところが，現実の運用では，口頭による訴えの提起や手続の簡易化は実現されず，専門技術性が高くなり「小型地裁化」して庶民が自分の手では利用しにくいものになってしまった。そこで，現在の民事訴訟法が制定されたときに，あらためて少額紛争をかかえる庶民にとって親しみやすく利用しやすい裁判手続として考案・創設されたのが **少額訴訟手続** である。この手続は，アパートの賃借人が部屋を引き払う際に少なくとも 20 万円は戻ると思っていた敷金がほとんど戻ってこなかったとか，飲食店での労働賃金 18 万円が 2 ヵ月も未払いのままであるというような，日常的なトラブルを庶民が自分の手で簡易迅速に調整する訴訟手続なのである。少額訴訟手続に関しては民事訴訟法の「第 6 編　少額訴訟に関する特則」で規定されている。

少額訴訟の訴えの提起

　通常訴訟事件の第一審裁判所は，**訴額** が 140 万円以下の事件は簡易裁判所であり，それを超える事件は地方裁判所である（裁 33

条 1 項 1 号，Ap.8-1）。そして，140 万円以下の事件のなかでも，さらに訴額が 60 万円以下の金銭支払請求事件については，当事者はより簡易迅速に事件を処理する手続である少額訴訟手続を利用することもできる。すなわち，原告は，少額訴訟手続による審判を求めたいときは，訴えの提起のときにその旨の申述をし，この手続を選択することができる（368 条 2 項）。それに対しては，被告の側にも，裁判所の説明を受けたうえで（規 222 条），少額訴訟ではなく簡易裁判所における通常訴訟手続により慎重な審判を選択する権利が保障されている（373 条 1 項本文）。

この制度が，金融業者による簡易迅速な債権回収のために独占されると，一般の庶民が利用できなくなるおそれがある。そこで，利用回数制限が設けられており，この手続は同一の簡易裁判所において同一の年に 10 回を超えて利用することができないことになっている（368 条 1 項・2 項，規 223 条）。そのため，原告が訴えを提起する際には，その年にその簡易裁判所に少額訴訟を提起した回数を届け出ることになっている（368 条 3 項）。

なお，反訴は審判を複雑にしてしまい，少額訴訟手続の簡易迅速な処理という制度目的をさまたげるおそれがあるため，許されない（369 条）。

少額訴訟の審理

少額訴訟の審理にはつぎのような特徴がある。

第一に，少額訴訟では，原則として最初に開かれる口頭弁論期日において審理が完了することが求められている。これを **一期日審理の原則** と言う（370 条）。日常的なトラブルを処理するために，何日も費やすのは庶民感覚にあわないのである。そのため，証拠も即時に取調べが可能な証拠に限って証拠調べができるという制限が課されている（371 条）。

第二に，少額訴訟では，素人である当事者による **本人訴訟** がお

もに予定されている。素人である当事者本人が法廷において十分な対話を行うことが期待されるが、そのためには弁論と証拠方法というような区別を厳格にではなく、両者を一体化して扱う必要がある。また素人の利用に配慮し、証拠調べ手続では、証人の宣誓を省略でき、尋問の順序も裁判官が柔軟に調整できるというように定められている（372条1項・2項）。

第三に、裁判所は、口頭弁論が終わると、ただちに判決をすることを原則とする（374条1項）。少額訴訟の簡易・迅速という利点を失わないためには、判決の言渡しまで含めて1日で終えられることが必要である。この判決の即時言渡しが容易になされるために、判決原本にもとづかず、簡易な調書判決ですることができる（374条2項）。また、請求認容判決には、職権で仮執行宣言が付される（376条1項）。なお、近年、少額訴訟判決について、相応のコストでの強制執行制度が整備された（Ap.22-1）。

少額訴訟における和解的判決の根拠

少額訴訟手続では、被告の資力その他の事情を考慮して紛争調整を行うために、必要な場合には、支払期限を先に延ばしたり、分割払いを命じる判決をすることができ、さらに訴え提起後の遅延損害金を免除することもできる（375条）。

従来の通念では、このような措置は、和解ではできても判決ではできないと考えられてきた。少額訴訟手続では、もちろん和解による調整も可能であり、実際に活用もされているが、それにとどまらずに判決でもこのような和解的な調整をなしうるのである。それでは、いかなる理由からこのような和解的判決が正当化されるのか。金額が小さい少額事件であるから例外が認められる、ということでは理由にならない。

根拠としては、①原告が少額訴訟を選択し訴えを提起することで、裁判所の合理的判断にゆだねることに黙示の同意をしているのだと

いう考え方，②事実上，被告が倒産に近い状態にあるのだから実体法関係を変更できるのだという考え方，なども説かれているが，③少額訴訟においてはラウンドテーブル法廷などで，両当事者が裁判所の関与のもとで活発な弁論をすることが期待されており，審理の実際では，債権発生の経緯，その後の返済などの当事者間の関係，被告の現状（資力）と将来の見通しなどが持ち出されるので，その対論過程を反映した結論を出すのはむしろ自然であること，に求められるべきである。

不服申立制度

　少額訴訟手続では，不服申立方法として，控訴が禁止されている（377条）。少額訴訟手続は，簡易・迅速な紛争解決を実現するために，「一期日審理の原則」や「判決の即時言渡し」などさまざまな特則を設けているが，通常の手続と同様の上級審への不服申立てを認めると，多大な時間と費用がかかり，簡易・迅速な紛争解決という制度趣旨がそこなわれるおそれがあるからである。

　少額訴訟手続では，その判決をした **簡易裁判所への異議申立て** のみが認められている。判決書または調書判決の送達を受けた日から2週間以内に，その判決を下した裁判所に対して，少額訴訟判決に対する異議を申し立てることができるのである（378条）。適法な異議の申立てがあると，訴訟は口頭弁論終結前の状態に戻り，通常の訴訟手続により審判が行われる（379条）。

2　支払督促の選択

支払督促とは

　相手方が争わないけれども履行もしないというような事件について，通常の訴訟手続でしか取り扱えないとすると，当事者には過大な時間や費用がかかることになる。そこで，そのような一定の給付

を目的とする請求については，通常の訴訟手続によらずに，簡易で低額の費用により迅速に**債務名義**（Ap.22-2）を取得できるような手段が設けられている。それが**督促手続**（382条以下）である。督促手続は，債権者の申立てにより，請求内容の当否についての実質的な審理を省略して，簡易裁判所の**裁判所書記官**がただちに支払督促を発する手続である。なお，最高裁判所規則で定める簡易裁判所の裁判所書記官に対しては電子情報処理組織（オンライン）で申し立てることもできる（397条）。

　督促事件の大部分は信販業者や消費者金融業者によって，一般消費者に対する債権回収手段として利用されているといわれている。ただし，相手方が争ってこないだろうと予想される場合には，弁護士も，支払督促により簡易・迅速に債務名義を取得するという方法をとりうる選択肢の一つとして考えることがある。

🖊 支払督促手続

　督促手続は，債権者の申立てにより開始される（383条1項）。ただし，支払督促の利用には一定の制約が課されている。まず，この手続の利用は，金銭その他の代替物または有価証券の一定数量の給付を目的とする請求に限られている（382条）。もしかりに不当な執行がなされてしまっても，債務者に回復不能な損害を与える危険性が低いものに限定しているのである。ところで，支払督促は債務者の言い分を聞かずに発せられるため，後で述べるように債務者には督促異議という不服申立ての機会が保障されている。その機会を実質的なものにするため，支払督促は，日本において，**公示送達**（110条以下。Ap.9-1）によらずに送達できる場合でなければ発することができない（382条ただし書）。

　支払督促の申立ての内容から不当な請求であることが明らかになった場合には，裁判所書記官は申立てを却下する（385条1項）。却下事由がなければ，債務者を**審尋**しないで，裁判所書記官はた

だちに申立ての趣旨に応じた支払督促を発し，債務者に送達される。なお，支払督促は送達時に効力を発する（388条2項）。また，債権者は，支払督促が債務者に送達されたあと2週間以内に督促異議が申し立てられないときにはじめて，仮執行宣言を申し立てることができる（391条）。書記官によって支払督促に仮執行宣言が付されると，債務名義となる（民執22条4号）。

督促異議

債権者によって開始される督促手続における債務者の側の対抗手段として，**督促異議** がある。債務者は，請求の当否について，通常訴訟による審判を求めることができるのである。適法な異議申立てがあれば，支払督促の申立てのときに，その簡易裁判所かまたはその所在地を管轄する地方裁判所に訴えの提起があったものとみなす（395条）。すなわち，適法な督促異議の申立てにより，督促手続は当然に通常の訴訟手続に移行するのである。そのような場合，督促手続は，いわば通常の訴訟手続の先駆けであり，債務者の行動を誘発する機能を果たすのである。

なお，督促異議の申立てを受けた裁判所は，異議を不適法であると認めるときは，その督促異議を決定で却下しなければならない（394条1項）。この却下決定が確定した場合，あるいは仮執行宣言付支払督促に督促異議の申立てがないとき，支払督促は「**確定判決と同一の効力**」を有する（396条）とされている。しかし，支払督促は書記官の処分であり，また，債権者側の片面的手続であるため，既判力（Ap.17）は生じず，執行力（Ap.18-3）が生じるのみである。

3　訴え提起前の和解

紛争当事者は，訴えを提起する前に，簡易裁判所に和解を申し立てて紛争の調整をはかることができる（275条1項）。多くの場合，

当事者間ですでにつくり上げられた合意の内容が，裁判所によって確認され，さらに調書に記載される。調書に記載された合意内容は，確定判決と同一の効力を有する。この手続は **起訴前和解** または **即決和解** ともよばれる。この手続によって，債権者は，債務者が任意に和解内容を履行しないときには，ただちに強制執行ができる債務名義を迅速かつ低廉で取得することができるのである。

　和解が整わなかった場合は，期日に出席した当事者双方の申立てがあれば，和解申立時に訴えの提起があったものとみなして，裁判所はただちに弁論を命じることになる（275 条 2 項）。

note3 第一審手続としての簡易裁判所

　簡易裁判所には，以上に見てきたようなさまざまな庶民のための紛争調整手続が用意されている。しかしそれだけでなく，むしろすでに述べたように，当初はもともと **簡易裁判所の第一審手続** 自体が，少額の軽微な事件につき，市民が利用しやすい簡易迅速な訴訟手続を目指すものとして創設されたことが忘れられてはならない。

　実際，「簡易裁判所の訴訟手続に関する特則」では，口頭による訴えの提起が認められ（271 条），口頭弁論でも準備書面が要求されておらず（276 条 1 項），証拠調べも尋問に代えて書面の提出を認める（278 条）など，さまざまな簡略化の手立てや，職業裁判官ではない司法委員の関与により市民感覚を反映させる制度的工夫も整備されている。また，平成 15 年改正によって，金銭支払請求を目的とする訴えで，被告が原告の主張した事実を争わない場合には，被告の資力等の事情を考慮して，原告の意見を聴いて，分割払い等を命じる決定をすることができるようになった（**和解に代わる決定**。275 条の 2）。

　しかしながら，手続の運用も含めて考えると，当初の理念が十分に実現されているとは言いがたく，むしろ通常訴訟に近い手続と言うことができる。2004 年から，認定を受けた **司法書士** の簡易裁判所における **訴訟代理** が認められ，消費者金融の過払い訴訟で多くの司法書士が実務を経験した。また司法制度改革で増員された弁護士にも積極的に簡易裁判所の事件を受任する姿勢がでてきた。こうしたなかで，

簡易裁判所が当初の理念を実現する市民のための手続として再生する
かは，運用のあり方にかかっている。

note4 民事調停

　裁判所で行われている調停手続は，わが国でもっとも利用されてい
るADRである。とくに民事調停の事件は簡易裁判所または地方裁判
所の管轄であるが，多くの事件は簡易裁判所で処理されている。簡易
裁判所で行う民事調停は，原則として調停主任（裁判官または民事調
停官）1人と調停委員2人以上で構成される調停委員会によって主催
される（民調5条1項本文・6条）。調停手続は，当事者の申立（同2
条）または受訴裁判所の付調停決定（同20条1項）によって開始さ
れる。調停は，当事者の互譲により，条理にかない実情に即した解決
をはかることを目的としており，当事者間の合意で終わることを目指
している（同1条）。しかし，合意成立の見込みがなければ調停は不
成立となる（同14条）。当事者間で合意に至らなくても裁判所が調停
条項を示し，それに異議がなければそれで決定するという調停に代わ
る決定という制度もあり（同17条），近年はより活用されるように
なっている。

〈ステップアップ〉
①川嶋四郎『民事訴訟の簡易救済法理』（2020年，弘文堂）
②仁木恒夫『少額訴訟の対話過程』（2002年，信山社）

Approach 4

緊急の対応方法と手続

民事保全

⌒ **1 本訴提起前の紛争対応策──民事保全手続** ⌒

⚋ 緊急の救済方法

　慎重で格式ばった審理をしているうちに財産がどんどん処分されて，取り返しがつかない状態になってしまう危険性があるようなとき，緊急の救済方法としてとりあえずの応急措置がある。それが仮差押え・仮処分を内容とする **民事保全** 手続である。この仮差押えや仮処分とはどのようなものなのか，少し具体的に考えてみよう。

　設例①　case1において，知多さんは，有馬梅助さんの事業が多額の債務を負っていて倒産寸前であることがわかった。しかし，桜子さんによれば，有馬梅助さん名義の銀行預金はある。この場合知多さんは，どのような手段をとることができるか。

　設例②　case2において，下田さんが，甲土地内の伊東ビルを取り壊し，鉄筋コンクリート造5階建のビルを新築しようとしていることがわかった。これに対して湯河原さんはどのような手段をとることができるか。

　設例③　case2において，裁判所が仮処分命令を発令したが，それに対して下田さんは，時効を主張して保全異議の申立てをした。この保全異議事件の審理はどのようにすすめられるか。また，仮処分命令が発令された後，湯河原さんがまったく本格的な訴訟を

1　本訴提起前の紛争対応策──民事保全手続　　31

提起しない場合も，下田さんは保全命令を受けたままでなければ
ならないであろうか。

設例④　case4において，有馬桜子さんは，梅助さんに対する離婚
訴訟を提起する準備をすすめているが，訴訟提起により梅助さん
が財産を処分したり隠したりして桜子さんへの財産分与をまぬが
れようとするおそれがある。さしあたりめぼしい財産としては，
現在居住している家屋があるが，これを確保しておくためのどの
ような手段が考えられるか。

仮差押え

　設例①で，知多さんが有馬さんに，貸金1000万円を支払っても
らいたいと思って，有馬さんに請求に行くが，いろいろと理屈をつ
けていっこうに払ってくれそうにない。これから訴訟を起こすほか
ないが，判決が出て確定するまでには相当時間がかかりそうだ。有
馬さんには，唯一のめぼしい財産として銀行預金があるが，これも
やがて隠匿されてしまうおそれがある。そうなると，勝訴判決をも
らっても，有馬さんには支払いに当てる財産がなく，判決は空振り
に終わる。そこで，知多さんとしては，有馬さんが銀行預金の処分
ができないようにしておいて，おもむろに貸金返還請求の訴訟を起
こし，将来のための財源をあらかじめ確保しておきたい。これが
仮差押え がなされる典型的な場合である（設例①は債権仮差押えとい
われる，民保20条）。すなわち，仮差押えとは，「金銭の支払を目的
とする債務について，債務者の財産を仮に差し押さえて債務者が処
分できないようにする」裁判所を通じての手続である。仮差押えが
普通の「差押え」と違うのは，その基礎となっている債権者の債権
（設例①では1000万円の貸金債権）について，〈それがたしかに存在す
る〉ということをあらわす判決など（債務名義）を得ていなくて，
知多さんが主張するとおりの債権があるかないかについてあらため
て有馬さんが本格的に争う余地が残されているところにある。しか

し，有馬さんが銀行預金を処分できなくなるという効果の点では，仮差押えであれ本差押えであれ，変わらないのである。

仮処分

設例②で，下田さんが，甲土地内の伊東ビルを取り壊し，鉄筋コンクリート造５階建のビルを新築しようとしていることがわかった。自分の生死がかかっているような場合であれば，湯河原さんも自力救済で撤去することも認められるであろう。しかし，下田さんなりの考えでビルを建て直し始めているのであるから，そこに湯河原さんが自力で撤去をしようとすればかえって紛争が激化するかもしれない。そうはいっても，本格的に訴訟を起こして争えば時間もかかり，その間に伊東ビルは取り壊され，新しいビルは完成してしまうだろう。このような場合に用いられるのが **仮処分** である。

このケースでは，不作為を命じる仮処分の一つの建築工事の禁止を求める仮処分である（民保24条）。設例④についても同様に，梅助名義で登記されている夫婦の共有財産である家屋の売却を防ぐために，桜子さんは処分禁止の仮処分を申し立てることができる。仮処分には，⑴係争物に関する仮処分と⑵仮の地位を定める仮処分がある。⑴係争物に関する仮処分とは，係争物の引渡しや明渡しをめぐって本格的な訴訟を行うに先立って，あるいはそれと併行して，とりあえずの措置としてその物の現状の維持を命じる仮処分である。⑵仮の地位を定める仮処分は，将来の強制執行の保全という目的を持たず，本案の権利関係について判決の確定まで仮の状態を実現してしまう仮処分である。設例②では，係争物に関する仮処分といえそうだが，措置のレベルで考えると債権者と債務者との仮の地位（関係）を創設しているともいえ，このような仮定的・暫定的手続では，当面の具体的措置を通して相手方との関係的地位の仮の設定を行うことが目的なのである。したがって，⑴と⑵との間に本質的なちがいはなく，むしろ民事保全はすべて仮の地位（関係）を定め

るものともいえる。

2　手続の概要

🎐 保全命令

　仮差押えも仮処分も，訴訟ではないが裁判所で行われる手続である。設例①・②で具体的に見てきたように，緊急の必要性があるときに（緊急性），とりあえずのものとして暫定的に行われる（暫定性）ところにその特徴がある。

　債権者の保全命令（仮差押命令，仮処分命令）を求める申立てにより民事保全の手続ははじまる。保全命令の申立ては書面でしなければならない（民保規1条1号）。保全命令事件の管轄は，本案の管轄裁判所，または仮差押えについては仮に差し押さえるべき物の所在地の地方裁判所，もしくは仮処分については係争物の所在地を管轄する地方裁判所に専属する（民保6条・12条）。

　民事保全法13条によれば，申立てが認められるためには，そのような措置を求める法的な資格があるということ（**被保全権利**という）と，いまそのような措置を講じる必要性があるということ（**保全の必要性**という）を申立ての理由のなかで「**疎明**」する必要がある。疎明とは「一応確からしい」という程度の証をたてることを指し，高い確信が必要とされる「証明」と対比させられる（「証明」について Ap. 14-2）。疎明は，民事手続において特に迅速性が要求されるような場面で採用される。民事保全申立書に必要な記載事項は，当事者とその代理人の氏名，住所等，申立ての趣旨および申立ての理由であるが（民保規13条1項），被保全権利および保全の必要性は申立ての理由で明らかにされる。設例①では，被保全権利は債権の存在を指し，保全の必要性は，たとえば「相手方が，多額の債務を負って資金繰りに困窮しており，倒産寸前であること」というの

がそれにあたる。

　民事保全の手続は，すべて **決定手続** による（民保3条）。オール決定主義を採用しているのである。したがって，口頭弁論を開いてもよいし，開かなくてもよい。実際上も，保全命令の手続は緊急性の観点から，口頭弁論は開かれず，書面審理かあるいは個別に事情や意見を聞く「**審尋**」という手続によっている。とくに仮差押命令については，債務者が財産を処分してしまう余地を与えないようにするため，債務者からの事情も聞かれない（密行性）。手続も非公開である。

　このように保全命令は，比較的簡単な審理で出されるので，相手方には慎重な手続であらためて争う途を用意しておく必要がある。「**保全異議**」がそれであり，民事保全法26条以下に規定されている。保全異議は，同一審級における再審理の手続である。この申立ては，保全命令を発した裁判所で口頭弁論または当事者双方が立ち会うことのできる審尋期日を経て，あらためて保全申立てについて審理し直すことを求めるものである（民保29条）。債務者（相手方）のリターン・マッチの機会を保障して，公正を期しているのである。なお，保全異議の審理は，本案待ちをする必要なく，ラウンドテーブル方式などで集中的に迅速な審理を行うことが求められる。また，参考人および当事者本人から事情を聴取する簡易な証拠調べとしての審尋を行うことができる（民保7条，民訴187条）。設例③で，時効を主張して保全異議を申し立てた下田さんは，湯河原さんが立ち会う審尋の場で，自分の言い分を述べることになる。

　保全命令が発令された後に生じた事情にもとづいて，保全命令を取り消すべきかどうかを審理判断する制度として「**保全取消し**」がある。民事保全法37条以下に規定されている。保全取消しには，(1)本案の訴えの不提起等による保全取消し（民保37条），(2)事情変更による保全取消し（民保38条），(3)特別の事情による保全取消し

（民保 39 条）の三つがある。設例③で，建築工事の禁止を求める仮
処分が発令された後，湯河原さんがいっこうに本格的な訴訟を提起
しない場合というのは，⑴本案の訴えの不提起等による保全取消し
にあたり，下田さんはまず起訴命令の申立てを裁判所に対して行い
（民保 37 条 1 項），湯河原さんが起訴命令にしたがわず本格的な訴訟
を提起しないときには，保全命令の取消しを申し立てることができ
る。

　保全異議または保全取消しの申立てについての裁判に対する不服
申立手続として「**保全抗告**」がある（民保 41 条）。この保全抗告に
ついての裁判に対しては，さらに不服を申立てることはできない。

保全執行

　保全執行に関する手続（保全命令を執行する手続）には，民事保全
法にいくつかの条文があるほかは，民事執行法の規定の大部分が準
用される（民保 46 条）。発せられた仮差押命令や仮処分命令は，原
則として執行文（Ap.22-2）の付与を必要とせず保全命令の正本に
もとづいて（民保 43 条 1 項），債権者に送達された日から 2 週間以
内に執行しなければならない（民保 43 条 2 項）。

　仮差押えの執行では，金銭債権の保全を目的としており，執行も
原則として差押え段階にとどまる。仮処分の執行は，民保 53 条以
下に，実際に利用頻度の高い仮処分の執行方法について定めている
が（たとえば，設例④の処分禁止の仮処分など），それ以外の仮処分は
仮差押えまたは強制執行の例によって行われる（民保 52 条 1 項）。
とくに物の引渡しを命じる仮処分の執行などは，**断行の仮処分** ない
し **満足的仮処分** とよばれ，本格的な訴訟の判決にもとづいて強制
執行がなされた場合と同様の状態をつくり出すことになる。

〈ステップアップ〉
①井上治典「民事保全への視座」実践と理論 321 頁

②長谷部由起子「民事保全手続」上原敏夫＝長谷部由起子＝山本和彦『民事執行・保全法〔第6版〕』(2020年, 有斐閣) 273頁
③中野貞一郎『民事執行・保全入門〔補訂版〕』(2013年, 有斐閣)

III　訴え提起

Approach 5　訴え提起前の資料収集——証拠収集と証拠保全

Approach 6　訴訟当事者の資格と代理人の地位
　　　　　　——当事者と代理人

Approach 7　訴えによって求めるもの——訴訟上の請求

Approach 8　どの裁判所に訴えを起こしたらよいか——管轄

Approach 9　訴状の記載内容と提出手続——訴え提起の方法

Approach 5

訴え提起前の資料収集

証拠収集と証拠保全

　訴え提起にあたっては，原告としては，裁判で「闘える」という見通しを立てるために，また，提起した訴えを維持するためにも，相当程度の材料を集めなければならない。ここで「材料」というのは訴訟で「主張」を構成するものと，主張を裏づける「証拠」との両方を指す。これらの材料は，当事者およびその代理人弁護士が自分の足と労力で集めるのがまずは基本であるが，このような努力によっても目的を達しにくい場合がある。そこで，民事訴訟法は，いくつかの資料収集方法を用意して，訴え提起を容易にする途を開くとともに，訴訟提起後の早期に充実した当事者間の攻撃防御および審理を達成できるように配慮しているのである。

1　弁護士会を通した情報の収集

弁護士法 23 条の 2 の照会

　弁護士が，自分の所属する弁護士会を通して資料を収集する手段として弁護士会の照会がある。これは，裁判所を介さず，所属している弁護士の申請により，弁護士会が官公庁や公私の団体に必要事項の照会を行う制度である（弁護 23 条の 2）。弁護士は，訴え提起の準備のためにはもちろん，交渉によって処理しているときでも，受任している事件を処理するためにこの制度を使うことができる。

弁護士会照会制度 が活用される場面では，弁護士は依頼者の利益にもとづいて資料収集を行うが，名誉・プライバシーの保護や企業秘密など当該資料を秘匿しておきたいという利害関心を持つ相手方がいる。したがって，弁護士は，照会の申請を行うにあたっては，どのような事項の照会が紛争の展開との関係でなぜ必要なのかについて明らかにすべきである。弁護士会でも，所属弁護士会から照会の申出があった場合，依頼者と相手方とのこれまでの経緯などについて照会請求をしている弁護士に確認などを行うことが必要である。

　弁護士会から照会先の機関へ照会するにあたっても，照会申請をしている弁護士から報告された実情をふまえて，何をどこまで，いかなる条件の下で回答するかしないかが，双方機関の間で調整がなされるべきである。照会を受けた機関は，照会された事項について報告する義務があるとされるが，なぜその情報が必要であるかについて具体的な記述のない抽象的で漠然と記載された照会書で他人の秘密について受けた照会に対しては安易に報告を行うべきではない（判例①②）。このようなプロセスをとおしてなお，弁護士の申出が適当でないと認めれば，弁護士会は拒絶することができる。

2　提訴予告通知と資料収集方法

訴え提起前の資料収集

　提訴を予定している紛争当事者は，事前に **提訴予告通知** をすることによって，提訴前の照会と裁判所による証拠収集の処分を利用することができる。

　提訴を予定している当事者が，相手方から直接に，あるいは裁判所を介して情報を引き出すことができる根拠はどこにあるのだろうか。これに対しては，民事訴訟法2条の「当事者は，信義に従い誠実に民事訴訟を追行しなければならない」という，誠実に訴訟を追

行する義務のあらわれの一つであることに求める立場がある。しかし，提訴前の資料収集制度は，まだ訴訟が始まってもいない段階の手続なのであり，しかも情報を得ることによって見通しが立ち提訴に至らずに和解等で紛争が終わることも考えられる。そうであるとすると，提訴前の資料収集制度の根拠を，誠実に訴訟を追行する義務として，民事訴訟を中心にして考えるのでは十分とはいえない。

　まず民事訴訟も，一連の紛争過程のひとコマであると位置づけ，訴訟の外での紛争行動と同様に当事者間の水平関係を基軸に考えるべきである。訴訟手続は，裁判所を介して，当事者間で議論をしているプロセスなのである。本来，当事者間の水平関係では，一方が他方に質問をして強制的に応答を求めることができる関係にはない。あくまでも当事者のはたらきかけを受けてどのような対応をするかは相手方の自由な選択にゆだねられているのである。そうではあるけれども，訴訟の外でのやりとりにくらべれば，フェアな議論のプロセスとして制度化されている点に訴訟の特質がある。したがって，提訴前の資料収集制度も，その段階にふさわしい負担を負ったはたらきかけとそれに対する応答を，フェアな議論のプロセスになるように整序するガイドラインとしての機能を持つものなのである。

　提訴予告通知の書面には，提起しようとする訴えに係る請求の要旨および紛争の要点を記載しなければならない（132条の2第3項，規52条の2第1項・第2項）。予告通知を受けた相手方も，この予告通知の請求の要旨および紛争の要点に対する答弁の要旨を記載した書面で返答をしたときは，同様に照会をすることができる（132条の3第1項，規52条の3）。提訴前の段階でのコミュニケーションなのであるから，ここでの請求の要旨および紛争の要点というのは訴状の記載事項と同じ程度の詳しさを要求するものではない。

🎐 訴え提起前の照会

　提訴を予定している当事者（予告通知者）は，訴えを提起した場

合の主張または立証を準備するために必要であることが明らかな事項について，相当の期間を定めて，書面で回答するよう，書面で相手方に照会することができる（132条の2第1項）。相手方（被予告通知者）も，答弁の要旨を書面で返答したときは，同様の照会をすることができる（132条の3）。なお，予告通知者も被予告通知者も，照会ができるのは通知をした日から4月以内に限られる。

照会できる内容については制限が設けられている。後述する当事者照会（163条）で許されていない照会は，提訴前の照会でも許されない（132条の2第1項ただし書1号・132条の3第1項後段）。それにくわえて，相手方または第三者の私生活についての秘密に関する事項や営業秘密に関する事項も許されない（132条の2第1項ただし書2〜3号・132条の3第1項後段）。

このように照会できる内容に **当事者照会** よりも厳しい制限が設けられていること，そして照会ができるのは訴えを提起した場合の主張または立証を準備するために必要であることが明らかな事項について（132条の2第1項）であるとすることによって，この制度の濫用防止が期待される。しかし，それだけでなく，まだ訴訟にもなっていない提訴前の段階なのだから，相手方の対応を引き出そうとはたらきかけることのできる範囲には制約があり，またそれだけの説得力を持った明白性が必要だということなのである。

訴え提起前の証拠収集処分

裁判所は，予告通知者または予告通知に返答した被予告通知者の申立てにより，訴えが提起された場合の立証に必要であることが明らかな証拠となるべきものについて，提訴前に一定の証拠収集処分をすることができる。**訴え提起前の証拠収集処分** も，通知をした日から4月以内に限られる。

提訴前の証拠収集処分はつぎの四つを内容としている（132条の4第1項1〜4号）。(1)が文書の送付の嘱託，(2)が調査の嘱託，(3)が

専門的な知見にもとづく意見陳述の嘱託, (4)に **執行官**（Ap. 2-2, Ap. 22-1）による現況調査である。たとえば, [case2]で, 下田さんに土地の明渡しを求めようとしている湯河原さんは, その土地の上に立つ伊東ビルの内外の状況についての資料を収集するために, 執行官に対する現況調査命令を活用することができるだろう。ただし, この手続では, 執行官は, 建物に立ち入るというような強制的な権限は持っていないため, 伊東ビルの管理権限を持っている下田さんから承諾を得てビル内部の現況の調査を実施することになる。

なお, 提訴前の証拠収集は裁判所による処分であるが, 相手方の意見を聞くことが求められており, 水平関係でのやりとりが基軸になっているものと考えることができる。また, 予告通知者又は被予告通知者の申立てにより, 訴えが提起された場合の立証に必要であることが明らかで, 申立人が自ら収集することが困難であると認められるものに限定されている（132条の4第1項本文）。この手続によって収集された証拠は, 当事者の立会権を保障したうえで収集されたものではない。したがって, その後に訴えを提起した段階であらためて証拠申出の手続をふまなければならない。

---

3 当事者間での情報収集——当事者照会制度

当事者間での情報収集

当事者は, 訴訟の係属中に, 相手方に対して, 自分の主張または立証を準備するために必要な事項について, 相当な期間を定めて, 書面で回答するように書面で照会することができる（163条）。この訴訟の係属中に行われる **当事者照会** も, 当事者間の水平関係を規律する訴訟手続の外延に含まれるものである。したがって, ここでも当事者のはたらきかけを受けてどのような対応をするかは相手方の自由な選択にゆだねられているのである。

163条1〜6号の事由に該当しない限り，主張または立証の準備に必要な事項について照会を求めることができる。たとえば，(case2)で，伊東ビルの収去と甲土地明渡しを求める湯河原さんが，下田さんに対して伊東ビルの改装工事を行った工務店の名前と住所を明らかにするよう当事者照会をすることが考えられる。他方で，「具体的・個別的でないもの」（1号），「相手方を侮辱しまたは困惑させるもの」（2号），「すでにした照会を重複するもの」（3号），「意見を求めるもの」（4号），「回答に不相当な費用または時間を要する場合」（5号），「証言を拒絶できる事項にあたるもの」（6号）は照会することができない。これらは紛争関係にある当事者間のコミュニケーションの作法である。

　訴え提起後における照会では，訴え提起前における照会にくらべて，照会ができる内容が広がり，また主張立証の準備に必要であることの明白性が緩和されている。これは，提訴前の段階からこれまで当事者間で積み重ねてきたかかわり合いの経緯をふまえて，より広い範囲で相手方からの応答を引き出すようはたらきかけを行うことを認めているのである。

　当事者からの適法な照会が行われたにもかかわらず，相手方がそれに応じない場合，照会者はどのような手段をとることができるだろうか。民事訴訟法は，この場合に対する罰則を規定していない。そこで，罰則を立法すべきという考え方や，照会したにもかかわらず相手方が回答しない事実を示す書証として，照会者が照会書の控えを提出すれば，裁判所の心証形成で斟酌されるという考え方もある。しかしそのまえに，後続する手続における当事者間の負担分配のあり方で考慮されるべきである。照会者はつぎの手段として，照会での相手方の対応にふれながら求釈明を行うことが考えられる（Ap.13-1(note33)）。また，文書提出命令により必要な資料の提出を求めることができる場合もあるだろう（Ap.15-3）。さらに相手方が

照会に応じないために明確な主張ができないというようなときには，さしあたり模索的主張で足りるということもありうる。

4　証拠保全

証拠保全とは

証拠保全 というのは，訴訟で証拠調べが行われるまで待っていたのでは，その証拠調べが実際上不能または困難となる事情があるときは，あらかじめ証拠調べをすることによって，その結果を保全しておくという制度である（234条）。

瀕死の重病である者をあらかじめ証人として尋問したり，事故の現場が変更されるおそれがあるので，その現場の検証をしておくような場合である。case3 を例にとると，株式会社日奈久についての記事を「噂の鬼が島」に執筆したジャーナリストの奄美さんが長期の海外渡航を予定している場合，奄美さんをあらかじめ証人として尋問するということが考えられる。

これは，提訴前でも可能であって，本来の訴訟とは別個の手続である。この申立てをするには，証拠保全の必要性の存在が要件となるので，申立人は証拠保全を必要とする事由を疎明しなければならない（規153条3項）。その申立てが認められると，裁判所から証拠保全の決定がでる。

証拠保全の開示的機能

ところで，最近は，証拠の偏在が著しい訴訟で，提訴前に，原告がこの手続をつかって事実や証拠を収集することも行われている。たとえば医療過誤訴訟で診療録の証拠保全を申し立てるのである。この場合には，証拠保全制度に，証拠開示的機能も期待されており，その関係から，証拠保全の事由についても，これを緩和する傾向も見られる。しかし，他方では，その濫用によって相手方が過大な不

利益をこうむることもあると指摘されているので，慎重な運用が必要となる。

　こうした場面もあわせてトータルに証拠保全をとらえようとするとき，単に「診療録の改ざんのおそれ」という定型的な保全理由（判例②）だけではなく，一方が他方に対して提出を強いることが正当化できるかどうかという当事者間の関係から具体的に考えていくことが必要になる。したがって，申立人は，紛争経過および訴訟手続の経過から見て，閲覧・謄写を求めることを正当化するだけの「理由づけ責任」を果たすことが必要であると考えるべきである。

　なお，すでに見てきたように訴訟前に資料収集を行う手段が整備されてはいるが，証拠保全手続は，それとはまた異なる側面もあわせ持つ制度であり，その利用を不当に制約すべきではない。

〈参照判例〉
①最判平成 28 年 10 月 18 日民集 70 巻 7 号 1725 頁
②最判平成 30 年 12 月 21 日民集 72 巻 6 号 1368 頁
③広島地決昭和 61 年 11 月 21 日判時 1224 号 76 頁・百選（5 版）72 事件

〈ステップアップ〉
①山浦善樹「当事者照会」新・争点 142 頁
②井上治典「当事者照会」「当事者尋問・証拠保全」『実践民事訴訟法』（2002 年，有斐閣）111 頁，119 頁
③井上治典「当事者照会制度の本質とその活用」実践と理論 45 頁
④原司「証拠保全」新・争点 212 頁

Approach **6**

訴訟当事者の資格と代理人の地位

当事者と代理人

1 「当事者」とは何か

訴訟における当事者

　裁判手続にかかわる人びとについては，Ap.2（とくに **2**）で取り上げた。多様な関係者・関与者のうち，自ら原告となって訴えたり，被告として訴えられる者を **当事者** という。訴えまたは訴えられる者は，裁判の対象としての「訴訟上の請求」をかかげて，またはその相手方となって，訴訟を追行し，判決もその者に宛ててなされるのが原則である（**判決の名宛人** という）。紛争に深くかかわっていても，自ら訴えまたは訴えられなければ，訴訟上は当事者とはいわない。紛争の主体と訴訟上の当事者とは常に一致するとは限らない。

　手続上の当事者は，訴訟で争われる権利関係や法律関係の帰属者と常に一致するわけでもない。他人の間の法律関係や権利関係について訴訟を提起することも認められることがあるので（その例として，後述「第三者の訴訟担当」），そのような場合は，権利者や義務者ではないものが訴訟当事者となる。

　当事者は常に自分が現実に出廷して訴訟を追行するとは限らない。代理人弁護士が全面的に代行することも多いし，他の関与者が表に立って当事者は正面に立たないこともある。また，10 歳の子どもが当事者になっている場合など，自分では追行できない者もある。

---

note5 準当事者

　自らの請求が訴訟の審理の対象となっている者ではないが，当事者に準じる地位で訴訟に関与する者をいう。二つの場合がある。

① 補助参加人

　他人間の訴訟に利害関係を持つ者が参加した場合（42条。Ap.20-3）。

② 当事者の事務を処理する者または補助する者

　団体が当事者である場合などに，もっとも詳しい **事務担当者** などが事情を説明する場合（151条1項2号・187条）

2　当事者となることができる資格

三つの局面

　三つの局面の問題が区別される。まず，どの事件ということに関係なく，一般的な問題として，①「当事者として登場できるのは，どういう人か」という問題（当事者能力）と，②「当事者として自分で訴訟行為ができるのは，どういう人か」という問題（訴訟能力），さらに③特定の事件との関係で「誰が当事者になることができるか」という問題（当事者適格）である。

　まず，①の当事者能力と③の当事者適格を取り上げる。

訴訟で当事者として登場できる者——当事者能力

　当事者能力というのは，どんな訴訟物をどんな訴えで持ち出すかに関係なく，「およそ訴訟というものに当事者として登場できるのは，どういう人か」という問題である。

　現代の訴訟では，誰でも当事者となることができる。自然人であろうが法人であろうが，幼い子どもであろうが，日本人であろうが外国人であろうが，区別はない。なぜかと言えば，訴訟では権利や法律関係の紛争について裁判をすることが建前とされており，だれでも権利義務を持つことができ，法律関係の担い手（主体）になる

ことができるからである。

民事訴訟法は「当事者能力は民法その他の法令に従う」（28条）と定めている。それは，民法上の権利能力を持つものはすべて当事者能力がある，という意味である。

人間でなければ権利義務はもてず，当事者能力もない（行政訴訟だが「アマミノクロウサギ」を原告と表示した環境保護の訴えを当事者能力なしとして却下した例がある）。人の「私権の享有は，出生に始ま」り（民3条1項），死亡に終わる。まだ生まれていない人や死んだ人には当事者能力がない。ただ，胎児については民法に権利能力の特則（民721条・886条・965条）があるので，たとえば，車に跳ねられて死亡した人の遺族の提起する損害賠償請求の原告に胎児が入ることもある。

🎐 法人でない社団・財団の場合

民事訴訟法上の当事者能力が認められるもののなかには，民法上の権利能力を持っていない者もある。

民法学でいう「**権利能力のない社団・財団**」が，それである。民訴法29条は，「法人でない社団又は財団で代表者又は管理人の定めがあるものは，その名において訴え，又は訴えられることができる」と定めている。

民事訴訟法は，なぜ，民法で権利能力のない者も当事者となることができるという規定をおいたのか。

世の中には，法人格を持っていないままで現実にいろいろの取引行為をしている団体が多い。たとえば，ここに，日本民事訴訟法学会という団体がある。この団体は，公益法人でも一般社団法人でもない。いま，かりに会員甲が除名された場合，甲はこの団体を被告として訴えを提起できる。また，この団体がA社に出版印刷を依頼したが，印刷物ができ上がってもこの団体が費用を支払わないとき，A社としては，どうするか。この団体には法人格がないので，

法的には，個人の集まりにすぎない。そうなると，代金支払債務は
この団体の会員全員がみんなで負うことになり，Ａ社は，団体に
入っている会員を調べ上げて，何百人の会員を被告として代金支払
請求の訴えを提起するほかはないのか。そんなことは，実際上，期
待できない。そこで，民訴法 29 条により，このような団体でも，
訴訟を担えるだけの実質をそなえていれば，その団体を被告として
訴えを提起し，判決を得て，団体の財産に強制執行ができるのであ
る。

　団体を被告とすることができるとすれば，団体が原告になること
も認めなければバランスがとれない。

　たとえば，入会（いりあい）団体が構成員全員の総有になってい
る権利関係の確認の訴えを提起する場合（判例①）や，民法上の組
合（判例②）などである。前述の学会が原告となる場合も同様であ
る。その団体が団体として社会的に現実に活動している以上，紛争
解決の主体として登場するのは，考えてみればあたりまえのことで
ある。

　ただし，団体であればどのようなものでも当事者になれるという
ものではなく，組織運営のルールを持ち，独自の団体として認めら
れるだけの基盤を持っていなければならない。法はこれを「代表者
又は管理人の定めのあるもの」と表現している（判例③，判例④）。

その事件で当事者になることができる者──当事者適格

　 case 1 の貸金返還請求訴訟に例をとろう。この事件で返還請求の
原告になることができるのは知多さんであり，被告になることがで
きるのは，有馬梅助さんである。有馬桜子さんや，梅助さんから
1000 万円の支払いを受けた S 建築会社は，当事者になる資格はな
い。このように，その事件との関係で正当に当事者になることがで
きる資格を **当事者適格** という。

　当事者適格があるかないかは，当事者の言い分（主張）によって

決まってくる。もし，[case1]で，有馬桜子さんが「私が梅助に貸した」と主張していてその主張に矛盾がなければ，桜子さんが（も）原告としての当事者適格を持ち，知多さんがS会社に貸したというのであれば，S会社が被告適格を持つ（逆に，有馬梅助は被告適格を持たない）。だから，当事者適格というのは，裁判で争う資格であって，誰が本当の貸主，借主であるかの実体法上の権利者・義務者とはイコールではない。貸し借りの言い分が認められなければ，裁判所は原告の申立てとしての請求を棄却するだけである。

そこで，[case1]の場合に当事者適格がないとされるのは，知多さんの言い分から桜子さんが梅助さんに貸したと見られるのに自分が原告となっている場合や，梅助さんに貸したと見られるのに，S会社を被告にしているような場合である。この場合には，それが判明した段階で，それ以上手続を進めて請求が理由があるかどうかの中味に立ち入った判決（**本案判決** という）をしないという意味で，訴えを不適法として却下する判決がなされる（Ap.11-2，[note26]。実務上は，裁判所の勧告によって訴えが取り下げられる場合が多い）。

そこで，当事者適格は，「その事件，紛争において，訴訟手続を進めるにあたって，誰が原告，被告になるのが必要かつ適切か」を選別するための概念であり，枠組であるということができる。

🏎 第三者の訴訟担当

一般の場合には，審判の対象となる権利または法律関係を基準にして，法律上の利害が対立している者に当事者適格が認められるが，場合によっては，こうした利害の対立していない者すなわち第三者に当事者適格の認められることがある。この場合を「**第三者の訴訟担当**」という。「第三者の訴訟担当」は，つぎのような場合に見られる。

(1) 法定訴訟担当

法律の規定によって，第三者に当事者適格があたえられている場

合をいい，つぎの二つの形がある。(a)その１は，法律上，訴訟で問題となる財産についての管理処分権が本来の権利者から奪われて，第三者に与えられていることから，法律がその第三者に **訴訟の追行権** を認めている場合である。この場合には，第三者は，管理処分権の一部として，その財産についての訴訟を担当することになる。たとえば，破産をした者（破産者）は，破産宣告時にあった自分の財産（破産財産という）については管理処分権を失い，裁判所から選ばれた破産管財人が，その財産についての管理処分権を持つことになるので（破２条12項・78条１項），破産法は，破産財団に関する訴訟の追行権を破産管財人に与えている（破80条）。そのほか，債権者代位権を行使する債権者（民423条），株式会社における責任追及訴訟をする株主（会847条〜847条の３）なども，法定訴訟担当の一種と解されている。(b)その２は，ある職務についているために，その第三者に法律が訴訟の追行権を認めている場合である。たとえば，夫婦の一方が相手方に対して婚姻の無効または取消しの訴えを起こす場合に，相手方がすでに死亡しているときには，検察官を被告にして訴えを起こすべきものとされている（人訴12条３項）。すなわち，この場合には，訴訟を可能にするために，第三者としての検察官に訴訟追行権が与えられているが，このような場合には，その第三者は，その職務にあるために当事者とされるので，これを「**職務上の当事者**」とよんでいる。

(2) **任意的訴訟担当**

　法律の規定によってではなく，前述のような法律上の利害関係を持つ本人の意思によって，第三者に訴訟追行権（当事者適格）が与えられる場合である。**選定当事者**（30条）は，この例である（Ap. 20-1）。任意的訴訟担当がどのような場合に認められるかについては議論がある。この点については，信託法10条が訴訟の信託を禁止していることや，民訴法54条の **弁護士代理の原則** との関係で，

2　当事者となることができる資格　　　　　53

無制限に許すことはできないが，第三者に訴訟追行権を与えること
を是認できるだけの正当な理由ないし必要があるときには許してよ
い，と通説・判例は解している。そこで，たとえば，解雇された労
動組合員が解雇無効確認の訴えなどを起こすときに，自分が所属す
る労働組合に対して訴訟追行をゆだねることができるかについては，
労働者としては単独で訴訟をするよりも組合の組織と技術を利用し
て訴訟をするほうが有利であるし，解雇された者が多数いるときに
は，これによって訴訟の複雑化をふせぐことができるという利点も
あるので，学説の多数は，これを肯定している。

　いま，[case1]で知多さんが加賀さんに債権を譲渡したとして，加
賀さんからの授権がある場合，知多さんは訴訟担当者（原告）にな
ることができるか。知多さんは，債権の存在については加賀さんに
譲渡人として責任を負う立場にあり，債権関係についてはもっとよ
く知っており，取立てを業とする者でもないからとくに弊害はなく，
認められるべきである。

[note6] みんなの利益にかかわる紛争——だれが原告になれるか

　消費者訴訟など，多数の人びとにかかわる権利・利益の紛争につい
ては，任意的訴訟担当の機能が期待されている。多数からの授権にも
とづいて団体に原告適格を認めようとの趣旨であり，とくに，訴訟外
の第三者が係属中の訴訟の原告（被告でもよい）に授権することがで
きるという **追加的選定**（30条3項）が注目される。

　しかし，これが有効なのは，あくまで授権することのできる主体，
紛争における利益の帰属主体が明らかな場合である。環境訴訟など，
利益が不特定多数の人びとに拡散している場合（**集団拡散利益紛争**）
は，そもそもだれが利益主体なのか，地球の反対側にいる人や明日生
まれてくる子供も無関係とはいえず，確定的に線引きできないので，
原告になれる者が存在しないことになってしまう（司法ではなく，行
政的解決しかない）。そこで，訴え提起以前から相手方と交渉するな
どの紛争行動をしてきた者に当事者適格（**紛争管理権**）を認めるとい

う学説が提唱された。

この学説は，当事者適格を考える際の視点を実体的な利益ではなく手続的な利益へと向けるという重要な意義を持つ。すなわち，原告に権利が認められるかどうかではなく，原告にも被告にも利益があるし，あるいは原告のなかにも一つでなく，いろいろな価値観があるのであって，それぞれ多様な利益を持つ人びとが互いに調整し合うのが訴訟の役割機能であることが示唆される。けれども，だれか一部の者が当事者となって出した判決を，訴訟に関与していない者に及ぼすことはできないという側面からの，判例（判例⑤）と学説の批判を受けて，その後この説の主張者自身も方向を転換している。

近年，消費者の集団的拡散利益の問題については，あらかじめ行政が所定の要件のもとで適格消費者団体（消費者裁判手続特例法65条）を認定することで，この団体に差止請求および損害賠償請求を認める制度が整備された（同3条）。

note7 **当事者の選択**

当事者能力，当事者適格は，適法に当事者となることができる資格能力である。問題は，適法性を備えた紛争主体の中から，その事件について誰を原告または被告に選べばよいかの「最適当事者の選択」である。

たとえば，case3 で，白骨社の一部門として週刊「噂の鬼が島」があり，編集責任者・発行人は深大寺太郎，記事を書いた記者は奄美海男であるとして，だれを被告とすればよいか。道後氏も選択肢に入る。実践的には，これについての選択が重要である。

当事者選択の指針は，まずは原告側の利益を最大限に追求するために，いかなる手続を選択しどのような請求を立てるか，その請求との関連でだれを被告にし，原告にするかが方向づけられる。逆に，誰を当事者にするかによって，手続選択や立てられる請求も決められるという関係にある。当事者と請求は相互に連動する。損害賠償請求との関連では，支払能力の乏しい者を被告に選ぶのも，一般論としては賢明でない。

また，その当事者との関係で，立てられた請求についての主張，立証をどの程度有効に展開できるかの見通し，つまり具体的材料および

今後の収集の見通しとの関係で「闘える」かどうかが考慮要素となる。

さらに，紛争主体がだれを原告とし，だれを相手方としたいのかも，当事者の選択には欠かすことができない要素である。裁判手続が当事者間の主張と立証の過程であり，当事者本人自らの紛争の調整の場である以上，当事者本人の思い入れや感情を抜きにして当事者が選択されるべきでない。

当事者選択にあたって欠かせない要因は，当事者に選択するあるいはしないことによる訴訟内外に及ぼすさまざまな事実上の影響・効果である（作用・反作用といってもよい）。ある者を原告に立て，あるいは被告とすることによって，被告や第三者から訴訟手続の内外で強烈な反作用が及んでくることもあれば，逆に当事者にすえることが紛争調整に有効にはたらくこともある。個別事案や紛争主体の特性に応じ，その影響・効果はさまざまであり，一律に論じることができない性質の要因ではあるが，作用・反作用の動態そのものは，社会学的な手法を用いて行う法による理論的解明の課題にはいる。

3　自分で訴訟活動ができるか

訴訟能力

訴訟能力 とは，訴訟上，当事者が，単独で有効な訴訟行為を行い，または，受けるために必要とされる能力をいう。一般に，当事者能力があれば当事者の地位につくことができるが，十分な訴訟追行ができない者に自分で訴訟活動をする資格能力を認めれば，その本人は不利益を受けかねない。そこで，民事訴訟法も，手続上自己の利益を十分に貫徹したり防御したりすることができない者を保護するために，訴訟能力を欠く者や制限を受ける者としての基準を設けた。当事者能力と訴訟能力との関係は，実体法上の権利能力と行為能力との関係に対応する。訴訟能力に関しては，別段の定めがない限り，民法その他の法令により決定される（28条）。訴訟能力は，このように民法の行為能力を基準に決められるが，訴訟能力の範囲および

効果は，必ずしも民法上の行為無能力者のそれとは一致しない。**訴訟行為** は，通常の取引行為よりも一般に複雑であるので，より高度の能力が必要であると考えられたことによる。

なお，訴訟能力者であっても，意思能力を欠く場合には，その訴訟行為は当然に無効になる（判例⑥）。

訴訟能力を欠く者と制限を受ける者

(1) 未成年者と成年被後見人

訴訟能力を欠く者は，未成年者と成年被後見人である。両者とも完全に訴訟能力を欠く者であるので，必ず法定代理人により訴訟行為をすることが必要である（31条本文）。したがって，未成年者があらかじめ法定代理人の同意や許可を得ていた（民5条1項・3項参照）としても，自ら有効に訴訟行為を行うことはできない。ただ，営業が許可されている場合や賃金請求の場合のように，未成年者に一般的な行為能力が認められているとき（民6条1項，会584条，労基59条等）には，その範囲内で完全な訴訟能力が認められる（31条ただし書）。

(2) 被保佐人と被補助人

訴訟能力の制限を受ける者は，被保佐人と被補助人である。被保佐人は，保佐人の同意があれば単独で有効な訴訟行為ができ（民13条1項4号），被補助人も，補助人の同意があれば訴訟行為を行うことができる（民17条1項）。被保佐人や被補助人が相手方の提起した訴えや上訴について訴訟行為を行うには，保佐人や補助人の同意を要しない（32条1項）。これは，同意が必要であるとすると，同意がない場合には，保佐人等が常に代理権を有しているとはかぎらないので，相手方が提訴等を行うことができなくなることに配慮した規定である。

ただ，たとえば離婚訴訟などの **人事訴訟** では，性質上できるだけ本人の意思を尊重する必要があるので，未成年者や被保佐人・被

補助人も，意思能力さえあれば完全な訴訟能力が認められている（人訴13条）。これに対して，成年被後見人には訴訟能力は認められない。法定代理人が訴訟行為を行う（人訴14条）。

4 訴訟における代理人

🎧 ふつうの代理人──委任による代理

わが国では，当事者（本人）は自分で訴訟活動ができる（**本人訴訟主義**）。しかし，訴訟手続は複雑で素人にはわかりにくいところがあるので，弁護士などの専門家に代理をゆだねることができる。訴訟活動は，もっとも代理に親しむことがらの一つである。

自分の意思で訴訟代理人を選任して，訴訟活動をゆだねることを「訴訟委任」という。

委任される代理人は，原則として弁護士でなければならない（**弁護士代理の原則**。54条1項本文）。ただし，簡易裁判所では，裁判所の許可を得て弁護士でない者も訴訟代理人になることができる（54条1項ただし書）。少額事件では司法書士（note3），知的財産事件では一定の条件の下に弁理士にも代理人としての資格が与えられる。

訴訟委任による代理人は，本人がなすことができる訴訟追行上の一切の権限を持つ。弁済金を受領し，強制執行，仮差押え，仮処分の行為もできる（55条1項）。ただし，訴え取下げや和解などの訴訟そのものの消滅に関する重大な行為は，特別にその権限が本人から与えられていなければできない（55条2項2号。もっとも，定型化された「訴訟委任状」には，これらの特別権限も与えられているのが一般的）。また，訴訟代理権は，一審であれば一審限りで，当然に上訴審にまでは及ばない（**審級代理の原則**。55条2項3号）。

訴訟代理人（弁護士）の役割は，本人の私益を最大限に実現することが基本であるが，常に他者との関係（広くは社会）の中で私益

を実現するという公的な役割をも担わなければならない。二つの相容れない利益の調整は現実のかかわりにあっては難しいが，要は，代理人は本人との信頼関係を築きながら，本人の「よきパートナー，支援者」の役割を発揮すべきである。

note8 当事者の死亡 と 訴訟代理権

　訴訟中に当事者が死亡した場合は，財産権上の訴訟については，相続人が新当事者として手続を受け継ぐ。新当事者はゼロから訴訟手続をやり直すのではなく，旧当事者（死者）の訴訟手続を引き継いで続けていく。旧当事者が代理人を立てずに自分で訴訟をしていた場合は，新当事者が手続を受け継ぐ（**受継** という）まで，訴訟手続は中断する（124条1項）。訴訟代理人がいれば，代理人がそのまま訴訟を続行するので，手続を中断する必要はない（同条2項）。この場合，旧当事者死亡の時点で新当事者が当事者になっているとするのが学説の一般であるが（**当然承継** とよばれる），代理人または新当事者が旧当事者死亡の事実と **承継人** であることを届け出なければ相手方当事者も裁判所もわかりようがないし，当事者が交替すれば訴訟上の請求も変更されるのであるから，このような関係者が誰もわからないうちに当事者が変わっていたと見るのは不自然である（関係者がわからないうちの承継により口頭弁論の再開〔153条。Ap.10-4〕が必要となった例として判例⑦）。裁判所に届け出てそれが確認されたときに，手続上は当事者が入れかわったと解するべきである。従前の代理人も新当事者から委任を受けてはじめて，新当事者の代理人となる。それまでは，訴訟代理人は事務管理者として活動しているにすぎない。

　法人が合併によって消滅した場合，当事者が破産宣告を受けた場合なども同様である（124条1項2号・破44条1項・2項）。

　case4 の離婚訴訟のような場合には，当事者の一方が死亡すれば離婚請求は意味がなくなるので，訴訟はそれで終了する（相続人の承継はない）。

　なお，訴訟中係争物が譲渡された場合も当事者の変更と訴訟の承継が行われるが，これについては，後に述べる（49条以下。Ap.20-3）。

特別の代理人

(1) 法令上の訴訟代理人

　一定の地位についた者に，法令が訴訟代理権をも与えている場合である。支配人（会11条1項），船長（商708条1項）などがこれにあたる。一定の地位につけるかどうかは本人の意思によるので，この面では委任による訴訟代理人と共通するところがある。

(2) 訴訟上の法定代理人

　これには，「実体法上の法定代理人」と「訴訟法上の特別代理人」とがある。たとえば，未成年者が当事者である場合，法は，本人の利益を守るために，本人が望むかどうかを問わず，親権者（民824条）または後見人（民859条）を代理人として訴訟活動にあたらせることとしている。これ **実体法上の法定代理人** がである。成年被後見人についての後見人（民859条）も同様である。

　「訴訟法上の特別代理人」は，個々の訴訟のために裁判所が選任する法定代理人である。訴訟無能力者に法定代理人がいない場合や，法定代理人が利益相反となるために代理権を行使できない場合に，相手方当事者は訴訟無能力者に対して訴訟行為ができない。そこで，相手方当事者は，遅滞のために損害を受けるおそれがあること（時効の完成猶予が生じるなど）を疎明して，受訴裁判所の裁判長に特別代理人の選任を申し立てることができる（35条1項）。相手方当事者は，この特別代理人に宛てて訴えを提起できる。

　これら(1)(2)の法定代理人の訴訟上の地位は，つぎのとおりである。

　(a) 法定代理人は，訴訟当事者ではない。したがって，法定代理人は判決の名宛人ではなく，判決の効力は受けない。

　(b) しかし法定代理人は，自分で訴訟行為ができない訴訟無能力者のいわば身代わりの地位にある。そこで法定代理人は，訴訟代理人よりも当事者に近いものとして取り扱われている。すなわち，(i) 法定代理人の氏名は，当事者本人と並んで訴状や判決書に必ず記載

されなければならない（133条2項1号・253条1項5号）。(ii)また，送達は，訴訟無能力者ではなく，法定代理人に対して行われる（102条1項）。(iii)法定代理人は，当事者本人の主張を理解するために行われる釈明処分に，本人に代わって出頭できる（151条1項1号）。(iv)法定代理人を尋問する場合，証人を尋問する手続ではなく，当事者本人を尋問するための手続によって行われる（211条）。(v)法定代理人の死亡は，当事者の死亡と同様に，訴訟手続の中断事由である（124条1項3号）。

　なお，法定代理権の消滅は，民法等の定めによるが，能力を回復した本人または新旧いずれかの代理人から相手方に通知されるまでは，代理権の効力は消滅しない（36条1項，規17条）。手続の安定と相手方の信頼確保のために，通知の有無という客観的で明白な事実によらせたのである。

5　法人，団体が当事者の場合

⟋⟍ 代表者とその権限

　法人，および民訴法29条の法人格のない団体で当事者能力を認められるものについては，団体そのものが訴訟活動を行うことはありえないので，その代表者によって訴訟行為が行われる。その効果はこれらの法人・団体に帰属する。代表者としては，①民法上の法人の理事（一般法人77条4項），②株式会社の代表取締役（会349条4項）や監査役（会386条），また，③29条の法人格のない団体では，その代表者または管理人である。さらに，④国が当事者となる訴訟では，法務大臣が国を代表する（法務大臣権限1条）。

　法人等の代表者は性質としては代理ではない。しかし，実質的には法定代理に類似するので，代表者は，訴訟無能力者のための法定代理人に準じて扱われる（37条，規18条）。したがって代表者の権

限の内容は，実体法の定めによる。たとえば，民法上の法人の理事は，法人の一切の事務について代表権を有し（一般法人77条），その代表権の制限は善意の第三者には対抗できないため（同条5項），一切の訴訟行為ができる。また29条の法人格のない団体の場合，代表者または管理人の定めの内容による。たとえば，入会団体の規約で定められている以上，代表者の訴訟追行には総会の議決による授権が必要になる（判例①）。

なお，代表権の証明は，法人の登記簿謄本による。

〈参照判例〉
①最判平成6年5月31日民集48巻4号1065頁・百選（5版）11事件
②最判昭和37年12月18日民集16巻12号2422頁・百選（5版）9事件
③最判昭和42年10月19日民集21巻8号2078頁・百選（5版）8事件
④最判平成14年6月7日民集56巻5号899頁・百選（3版）13事件
⑤最判昭和60年12月20日判時1181号77頁・百選（3版）18事件
⑥最判昭和29年6月11日民集8巻6号1055頁・百選（5版）16事件
⑦最判昭和56年9月24日民集35巻6号1088頁・百選（5版）41事件

〈ステップアップ〉
①伊藤眞『民事訴訟の当事者』（1978年，弘文堂）19頁，89頁
②井上治典「ある権利能力なき社団の当事者資格」実践と理論3頁
③井上治典「当事者論の外延と内実」民雑51号1頁
④福永有利「新訴訟類型としての『集団利益訴訟』の法理」「権利能力なき社団の当事者能力と当事者適格」『民事訴訟当事者論』（2004年，有斐閣）219頁，501頁

訴えによって求めるもの

訴訟上の請求

1 訴えの類型

「訴え」とは何か

訴え は，原告がある事柄（要求）を掲げて，裁判所にそれについて被告との間で，裁判手続による審理（弁論および証拠調べ）を行うよう求める申立てである。実務慣行では，「被告は原告に対して 1000 万円を支払え，との判決を求める」（[case1]），「別紙目録記載の土地につき原告が所有権を有すること確認する，との判決を求める」（[case2]）というように訴状に記載するので，訴えはいかにも判決を求める申立てであるかのように見られるが，判決も適正な審理をへて下される一つの結果としての到達点にすぎず（和解と訴え取下げのほうが，判決よりも多い），原告被告間で公平で適正な弁論および証拠調べの手続を実施することこそが訴え提起の最重要の目的であるので，冒頭のように解するべきである。

　訴えは，裁判所に対するこのような申立てであるが，この申立てには，何について裁判手続をすすめてほしいのかの「テーマ」をともなわなければならない。このテーマのことを「**訴訟上の請求**」というが，訴訟上の請求は原告が被告との間で行う一定の法的な主張である。つまり，訴えは裁判所に向けられた申立てであるが，申立ての中味は，相手方当事者に向けられた法的な要求である。

📖 訴えの類型

訴訟上の請求の態様・性質に応じて，訴えには基本的に三つの類型がある。

(1) 給付の訴え

もっとも一般的な訴えは，相手方に金銭の支払いを求めたり（case1），不動産の明渡しを求めたり（case2），出版の差止めを求めたり，謝罪広告の掲載を求める（case3）などの，相手方に一定の作為や不作為を求める態様である。給付訴訟の原告勝訴判決（確定）や給付を命じた和解調書には，相手方が履行しない場合には，強制執行ができる資格が与えられる。

(2) 確認の訴え

土地や建物の所有権が自分にあることの確認（case2），有馬梅助さんが原告になって，知多さんを相手取って債務が存在しないことの確認を求める訴え（case1），などがそれである。確認の訴えは，当事者間の権利関係，法律関係の存否をはっきりさせることによって，当事者間の紛争調整のための一里塚を築き，訴訟から出たのちに，当事者たちが（関係人も含めて），それを指針に自律的に紛争の諸局面について調整を図ることに期待するものである。給付訴訟とあわせて確認の訴えを提起することも（case2など），しばしば見られるし，確認訴訟が契機となって相手方から給付訴訟が提起されることもある（case1。反訴，146条。Ap.19-3）。

(3) 形成の訴え

裁判手続によって，判決であれ和解であれ，「離婚」という新しい法律関係を「つくり出す」という意味で，「形成」の名がある。case4の離婚訴訟などがこれに当たる。どういう場合に，新しい法律関係をつくり出すことができるか（それまでの法律関係を変更できるか）については，法（民法や商法などの実体法）があらかじめその要件を定めているのが通常である（たとえば，離婚の要件として民

770 条)。したがって，形成訴訟の審理の内実は，その要件を充たしているかどうかに向けられ，給付や確認の訴えとそれほどのちがいがあるものではない。なお，新しい法律関係がつくり出されるのは，原告の申立てを認容する判決（**形成判決**という）に限られ，原告の請求を棄却する判決にはそのような効力は生じない。

note9 **形式的形成訴訟**

　共有物分割の訴え（民 258 条），父を定める訴え（民 773 条，人訴 2 条 2 号・43 条）は，訴えにもとづく審理・判決がなければ法律関係が形成されないという意味では形成訴訟と同様であるが，具体的な形成原因を定めた法規がないため，個別事件の具体的状況の考慮が必要となり，本質的には非訟事件（ note2 ）と考えられている。

　このほか，通説・判例によれば，**境界確定の訴え**（隣接する土地の境界について審理・判決を求める）も，形式的形成訴訟であり処分権主義（後述 **3**，Ap. 16）・弁論主義（Ap. 13-3）の適用はないとされている。すなわち，境界確定の訴えを公法上の境界を確定するものと見る立場から，具体的には，原告は請求の趣旨において特定の境界線を掲げる必要がなく，当事者が特定の境界線を主張したとしても裁判所はこれに拘束されない，当事者は和解や請求の認諾もできない，土地についての取得時効の成否は境界確定とは無関係である，とされる。

　これに対しては，この訴訟の実質はあくまで私人間の土地の所有権範囲の争いであるから，処分権主義の適用を認めるべきとの有力説がある。少なくとも係争範囲外に裁判官が自由に線を引くことは許されないし，当事者による和解など（Ap. 16）も可能と考えられる。

　なお，平成 17 年の不動産登記法改正により，隣接する土地の境界を登記官が特定する制度（**筆界特定制度**）が設けられた（不登 131 条以下）。登記官によって筆界が特定された場合でも，境界特定の訴えを提起することはでき，その判決が確定したときは，当該筆界特定は確定判決と抵触する範囲で効力を失う（同 148 条）。

2 訴えの利益

🔧 司法審査に親しむかどうか──審判権の限界

　世の中の「もめごと」にはいろいろなものがあるが，民事裁判で取り上げるにふさわしい「もめごと」には，一定の限界がある。たとえば，自分の学説が正しいかどうかの争いは，法を解釈適用して決められる問題ではないので，司法には親しまない。また，法的な争いであっても，ある法規が憲法に違反するかどうか自体の判定を求める訴えも，具体的な権利や自由にかかわる紛争とはいえないので，民事裁判には親しまない。これは，三権分立制のもとで，立法や行政の領域に司法がふみ込みすぎることは，差し控えるべきであるとする考え方とも関連する。たとえば，国会議員が議会への出席を停止するという処分を受けた場合，この処分の効力は司法審査の対象とならないとするのが判例法である。

　とくに議論があるのは，**宗教団体の内部紛争**である。請求そのものは，不当利得返還請求や建物明渡請求などであっても，前提問題としての不可欠の争点が宗教上の教義の解釈に深くかかわる問題であるときには，法令を適用して解決するに親しまない紛争として（裁3条），裁判所は取り上げない，訴えを不適法として却下する，というのが近時の判例の流れである（判例①，判例②）。これについては，たとえば，団体内で住職を罷免（除籍）する処分をしたから寺院（建物）を明け渡せとの請求については，宗教上の教義問題に立ち入ることなく，もっぱら処分手続の適法性・公正さの観点から審理・判決がなされるべきであって，要は争点形成手続のあり方の工夫の問題に解消できる，と見られる。

　これらの問題は，民事裁判権の限界を画する問題として，「**審判権の限界**」として論じられているが，問題の性質は，以下に見る訴えの利益の一局面である。

個々の訴えと訴えの利益

設例① case1 において，知多さんは有馬さんに「1000万円の給付
請求権があることの確認」の訴えを提起することができるか。

設例② case1 において，有馬さんが知多さんに「1000万円の債権
は存在しないことの確認」の訴えを提起することができるか。

設例③ case2 において，湯河原さんは下田さんを相手取って，「別
紙建物の所有権は自分にあることの確認」の訴えを提起すること
ができるか。

設例④ case2 において，湯河原さんは下田さんを相手取って不法
占拠による過去の損害金だけでなく，明け渡されるまでの将来の
損害の賠償をも支払え，とあらかじめ訴えを提起することができ
るか。

設例⑤ case2 において，下田さんは湯河原さんを相手取って，「両
者間の売買契約は詐欺により取り消す」との請求を掲げて訴えを
提起することはできるか。

(1) 確認の利益

確認の訴えでは，原告が主張する権利または法律関係の存否を
はっきりさせることによって，原告の法律上の地位の危険または不
安が有効かつ適切に除去できる（権利保護の利益・必要性。あるいは
即時確定の利益〔以下3つの基準による説ではその(ⅲ)とする〕が認めら
れる）場合に，訴えの利益が認められる。この場合の訴えの利益を
とくに「**確認の利益**」という。通常は給付訴訟ができるときに，給
付請求権の確認は利益が認められない（上記設例①。(ⅰ)方法選択の適
切性）。また，原則として原告の請求は現在の権利または法律関係
の確認を求める申立てでなければならないとされている（権利保護
の資格。あるいは(ⅱ)対象選択の適切性）。しかし，(a)民事訴訟法134
条は，証書が **真正** なものかどうか（作成者とされる者によって本当
につくられたのかどうか）の事実を確認するものとしての「**証書真否**

確認の訴え」を認めている。これは，当事者間で証書（たとえば遺言書）の真否が争われているときに，その真否の事実が確認されることで当事者間の権利または法律関係をめぐる訴訟が解決，調整される場合もありうると考えられたためである。そして，この民訴法134条については，事実の確認を限定的に認めたものと従来解されてきたが，本条の趣旨を考えると，「事実」を確認することで「法的紛争」の解決，調整がもたらされるのであれば，これ以外の場合でも，確認の利益が認められる余地がある。

　同様に，法は「権利または法律関係の基礎となる法律行為や法律的手続」の有効・無効について例外的に確認の訴えを認めているが（たとえば，会830条），判例は，こうした法定の場合以外でも，権利または法律関係の基礎となる法律行為や法律的手続を確認したほうが紛争の解決，調整に有効適切であると考えられる場合には，確認の利益を認めている（遺言無効確認につき判例③）。

　また，(b)従来の判例や学説では，権利または法律関係は時間がたつにつれて変化していく可能性があるから，過去や将来の権利や法律関係を確認しても意味がなく，したがって，確認の訴えの対象となる権利または法律関係は現在のものに限られると解されてきた。しかし，過去や将来の権利や法律関係を確認することによって現在の紛争が解決，調整される場合もあるので，最近では「過去の権利または法律関係」であっても，それを確認することによって現在の紛争が解決，調整される場合には，確認の利益を認めるのが，判例（遺言者死亡後の遺言無効確認につき前出判例③，遺言者生存中の遺言無効確認の利益を否定した判例④，遺産の範囲の確認につき判例⑤）・通説である。ただし，紛争が「抜本的に」解決されることに根拠を求めるのは，訴訟は紛争解決への一里塚の役割を果たせば足りるとの考え方に反するので，疑問である。

　以上から，上記設例の②・③は訴えの利益が認められる。

(2) 給付の訴えの利益

　給付の訴えでは，原告が給付請求権の主張をしていて，その請求権の履行期がすでに到来しているという場合には，そのことによって，訴えの利益が認められる。請求権の履行期がすでに到来しているのに債務者からの履行がないときには，債権者としては，その権利の実現を強制執行という形でしなければならず，そのためには，訴えの提起を必要とすることになるからである。

note10　将来給付の訴えの利益

　給付の訴えは，原告が被告に対する給付請求権の存在を主張して，その給付についての命令を求める訴えである。この訴えでは，通常は，上述のように履行期がすでに到来した給付請求権の主張がなされる。これを，現在すでに履行期にある請求権の主張という意味で「現在の給付の訴え」という。しかし，まだ履行期の到来していない給付請求権についても，あらかじめその請求をしておくだけの必要性がある場合には，給付の訴えを提起することが許される（135条）。これを「将来の給付の訴え」という。将来給付の訴えは，いまただちに払え，と求めるものではない。

　したがって，たとえば，これまで月額2万円の養育費の支払いを拒絶され，その後再三にわたる請求にもかかわらず支払いが得られない子を監護する元妻は，今後の養育費についても，元夫に対して，将来の給付の訴えを提起できる。この際には，「あらかじめその請求をする必要がある場合」にかぎって，訴えの利益が認められる。上記設例④のように，損害が将来も継続する可能性がある場合については，議論が分かれる（判例⑥）。

　結局，将来給付が認められるかどうかは，現状が将来にわたっても継続する蓋然性がどの程度あるのかの見通しのなかで，将来再度の訴えを原告に提起させるほうが公平か，それとも事情の変更があったことを理由として，被告に債務名義の執行力を排除する負担（請求異議の訴え。民執35条。Ap.22-2）を負わせるほうが公平か，の **起訴負担の公平** の考慮に帰着する。

　なお，現在か将来かは，口頭弁論終結時を基準とするので口頭弁論

終結時までに弁済期が到来したときには，将来の給付の訴えとして提起されたものであっても，現在の給付の訴えに変更したものとして扱われることになる。

(3) 形成の訴えの利益

　形成の訴えは，原告が新しい法律関係の形成のための要件が存在することを主張して，その形成の宣言を求める訴えであり，この訴えは，その主張や要件が法律で個別的に定められているのが原則である（たとえば，会828条・831条・832条参照。取消権行使自体に訴えは必要ない設例⑤では，下田さんは契約の取消しを主張して代金などの返還請求をすれば足りる）。したがって，その要件を備えたものであれば，原則として訴えの利益が認められる。ただし，事情の変化によって形成判決をする必要がなくなった場合には，訴えの利益は否定される。判例は当初，会社役員選任決議の取消訴訟が係属中に，その役員が退任してしまえば形成の利益はなくなるとしていたが（判例⑦），その後は，問題とされる決議が後の手続に影響する場合などには訴えの利益は消滅しないと判断し（判例⑧），両判断の関係，整合性が問題になっている。

3　何をどうするかは当事者の自由

🏄 処分権主義

　刑事事件では，当事者（被害者）の意向がどうであろうと，国家機関が処罰の必要があると判断すれば，捜査や起訴の手続が開始されるのが原則である。しかし，民事では，当事者が訴えを提起しなければ裁判手続は開始されない（「訴えなければ裁判なし」）。訴えの内容を決めるのは当事者であるし，いったん提起した訴えを途中で取り下げたり，和解で終わらせるかどうかを決めるのも，当事者たちである。訴訟そのものを当事者たちが自由にできる原則を **処分**

権主義 という。

　処分権主義の内容の一つに，申し立てるかどうかを含めて，申立ての内容を当事者が決めるという原則もある。民事訴訟では，原告が申し立てていないことについて裁判所が審理判決をすることはできない（**申立事項**＝判決事項。246 条）。たとえば，原告が 1000 万円の支払いを求めているところにそれを超える額の支払いを命じる判決をしたり，原告が土地の所有権の確認を求めているのに建物まで含めて権利関係を確認したり，あるいは明渡しまで命じてしまうことなどは，絶対に許されない。このような判決ができるとすれば，当事者の自治の領域に不当に干渉することになり，余計なお世話であるばかりか，当事者に予測しない結果（不意打ち）を与えてしまうからである。

　したがって，「申立て」は，原告の要求の対象と範囲を明らかにして，被告はそれを目標として主張や立証を行い，裁判所もそれを念頭に置いて審理を行う指標になるという意味で，裁判手続を開始するに重要なスタートラインを設定する。

　申立ては，原告だけが行うわけではない。原告の 1000 万円の支払要求の申立てに，被告も「原告の請求を棄却」してほしいと申し立てるのが通常である。場合によっては，訴えを却下してほしいと申し立てることもある。したがって，原告の申立てに対する被告の態度選択としての申立てがなされて，はじめて審理と判決の範囲が定まるのである。ただし，当事者はいったん行った申立てをその後変えることも，一定の条件の下に許される（たとえば，訴えの変更。Ap. 19-2）。

　申立ては，判決を求める場合だけに限られない。移送の申立て，忌避の申立て，証拠調べの申立て，参加の申立て，抗告の申立てなど，訴訟手続の中で必要な事項の裁判（決定。$\boxed{note22}$）を求めることも「申立て」である。さまざまな事柄を決めるのに，当事者が申

し立てないのに裁判所が独自にそのことを取り上げて決定すること（職権による裁判）は，きわめて限られる。

4 「訴訟上の請求」のメニュー

請求の態様

　当事者間の関係から，一方（原告）が他方（被告）に法的に要求することができる結論（法的効果としての主張）を **訴訟上の請求**（「**訴訟物**」ともいう）としてかかげる。訴状に記載する事項としては，「**請求の趣旨**」（133条2項2号。Ap.9-3）がこれにあたる。特定の物についての所有権の確認，特定の債務の不存在の確認，金銭の給付のほか，不動産の明渡し，建物の撤去（収去という），記事掲載や発行の差止め，取消し（謝罪）広告の掲載，離婚の宣言など，権利関係，法律関係の存否の確認から，金銭の支払いを含む作為請求，特定の行為を禁止する不作為請求，新たな法律関係の形成まで，訴訟上の請求のメニューは多様である。しかし，かかげることができる請求は，原告が主張する事実関係から，法的に生じる効果でなければならない。

　借金を支払わない被告に，「自分（原告）を雇用せよ」とか「謝罪せよ」との請求をかかげても，そのような請求は法的に理由がないものとして中身の審理に入るまでもなく棄却される（**主張自体失当** という）。

　また，Aプロダクションが歌手Bとの専属契約を主張して，Bに対して「×月△日のステージに出演するな」との不作為請求をかかげても，×月△日が過ぎてしまえば差し止める意味はないので，出演してしまえば後は損害賠償請求しかない。つまり，訴訟上の請求は，刻々と移りゆく時の経過の中で，訴訟が一定の時間を要するという現実を加味して適切な要求内容が選択されなければならない。

したがって，訴訟上の請求のメニューは，個々の事件では意外に選択の幅は狭く，仮処分や ADR のほうが状況に応じた多様性と柔軟性を持っているといってよい。

[note11] **請求のメニュー**を増やすにはどうすればよいか

　司法を利用者が使いやすくするためには，訴訟上の請求のメニューを増やすことが考えられてよい。いわば「定食コース」のみのメニューから「アラカルト」方式のメニューをくわえるのである。そのためには，実体法による要件＝効果のメニューを固定的なものと見るのではなく，より弾力化するとともに，申立事項をより柔軟に解釈運用すること，短命な請求にもこたえるよう手続を運用すること，などが検討されるべきである。家庭用ゴミ置場をめぐる判例（判例⑨）はこの点で大いに参考になる。これは，訴訟を仮処分や ADR の方に近づけることを意味する（**訴訟の仮処分化・ADR 化**。Ap. 1–2, Ap. 4）。

訴訟物をめぐる議論

　訴訟上の請求は，訴訟の対象という意味で「訴訟物」ともよばれるが，訴訟物が同じかどうか，一つか二つかを何を基準としてはかるかについては，学説上議論がある。

　たとえば，[case2]で原告が土地所有権は自分にあるということと被告との土地賃貸借契約を解除したので賃貸借契約は終了したことを主張して，土地明渡しを求めた場合，訴訟物は二つなのか，一つなのか。あるいは，同一の原因にもとづいて 1000 万円の支払いを求める場合に，債務不履行にもとづく損害賠償，不法行為にもとづく損害賠償，不当利得にもとづく返還のそれぞれで訴訟物は異なるのか，それとも同じなのか。

　実務は，実体法上の個々の請求権ごとに訴訟物は異なるとする（これを，便宜上，**旧訴訟物理論**とよんでいる）。これに対し，給付の目的が一つであれば，訴訟物は 1 個であり，実体法上の請求権はそれを理由づける法的観点にすぎないとする考え方（**新訴訟物理論**）も，学説では有力である。訴訟物をめぐる新旧理論の争いは，いわ

ば器の争いであって，問題は弁論・証拠調べ（審理）の中味をどうするかである。訴訟物をめぐる議論が近時下火になったのも，従来の議論が肝心の審理過程にあまり響かないレベルにとどまっていたからである。

🎧 一部請求

たとえば，[case1]において，原告が貸金全額の支払いではなくその一部である 300 万円の支払いを求めたり，[case3]において，原告が少なくとも 800 万円は下らないとする損害のうち 500 万円の支払いを求めることができるか。可分な金銭請求について，その一部の支払いを求める訴えを「**一部請求**」とよんでいる。

一部請求が許されるかどうかは，議論があるが，つぎのように考えるのが妥当である。

まず，不法行為にもとづく損害賠償で原告側に前訴で予測しなかったような後遺症が生じた場合のように，原告に前訴で請求することが期待できなかったような追加の請求は許される。被告が再度の訴訟に応訴することになっても，前訴で残部を請求することができなかった場合には，原告の再請求を許すほうが当事者公平の要請に合致する。原告が前訴で全部の請求ができる場合でも，原告が前訴で被告に対して当面の請求が一部であることを予告（明示）していたときは，原則として **残部請求** が許される。被告としては，前訴で当面の請求が一部であることの心づもりを持つことができ，前訴で残部がないことの確認の反訴（反訴一般は 146 条。Ap.19-3）を起す機会が与えられていたので，被告が反訴を提起しないときは，残部請求に応訴することになってもやむをえないと見られるからである。ただし，原告がとくに必要もないのに，何度にも分けて小刻みに一部請求をくり返すような場合は，訴権の濫用として訴えを不適法却下すべきである。また，前訴で一部であることを原告が明示していても，前訴で全部について当事者が主張立証を尽くし，棄却

判決が出たのちは，残部の請求を許さないことが公平にかなう場合もある（判例⑩）。

このように，一部請求が認められるかどうかは，結局，残部請求（再度の訴訟）を取り上げるかどうかの問題になる。そうして，それを決する基準は，上記の考慮に見られるように，残部請求を行う原告とそれに応じる被告との実質的衡平の観点であり，それを決する理論上の枠組みは，既判力がいかなる根拠から何に及ぶか（どういう場合に失権させることができるか），である（Ap.17-4）。

〈参照判例〉
①最判平成 14 年 2 月 22 日判時 1779 号 22 頁
②最判昭和 55 年 1 月 11 日民集 34 巻 1 号 1 頁・百選（5 版）1 事件
③最判昭和 47 年 2 月 15 日民集 26 巻 1 号 30 頁・百選（5 版）23 事件
④最判平成 11 年 6 月 11 日判時 1685 号 36 頁・百選（5 版）26 事件
⑤最判昭和 61 年 3 月 13 日民集 40 巻 2 号 389 頁・百選（5 版）24 事件
⑥最大判昭和 56 年 12 月 16 日民集 35 巻 10 号 1369 頁・百選（5 版）22 事件
⑦最判昭和 45 年 4 月 2 日民集 24 巻 4 号 223 頁・百選（5 版）30 事件
⑧最判令和 2 年 9 月 3 日民集 74 巻 6 号 1557 頁
⑨東京高判平成 8 年 2 月 28 日判時 1575 号 54 頁
⑩最判平成 10 年 6 月 12 日民集 52 巻 4 号 1147 頁・百選（5 版）80 事件

〈ステップアップ〉
①井上治典「訴えの利益」井上＝伊藤＝佐上・これからの民訴 95 頁
②高橋宏志「一部請求」「審判権の限界」「訴えの利益」重点講義（上）97 頁，330 頁，343 頁
③中野貞一郎「将来給付の訴えの利益」論点Ⅰ 134 頁
④中野貞一郎「確認訴訟の対象」「将来の権利関係の確認」論点Ⅱ 38 頁，56 頁
⑤岡庭幹司「明示的一部請求棄却判決確定後の残部請求」伊藤眞先生古稀祝賀『民事手続の現代的使命』（2015 年，有斐閣）97 頁

どの裁判所に訴えを起こしたらよいか

管　轄

1　管轄と第一審裁判所

設例①　case1において，知多さんは，有馬さんを相手取って，神
　戸地方裁判所，名古屋地方裁判所のいずれかに1000万円の返還
　請求の訴えを提起することができる。有馬さんが原告になって，
　債務不存在確認の訴えを提起するときは，名古屋地方裁判所が管
　轄裁判所となる。

設例②　case2において，下田さんが土地・建物の所有権確認訴訟
　を提起する場合には，横浜地方裁判所か東京地方裁判所のいずれ
　かに訴えを提起できる。

設例③　case3において，株式会社日奈久が福岡市に，白骨社が東
　京都に本社を持ち，道後氏が松山市に住所を有するとして，株式
　会社日奈久は，福岡地方裁判所，東京地方裁判所，松山地方裁判
　所のいずれかにまとめて訴えを提起できる。

設例④　case4において，有馬桜子さんは有馬梅助さんを相手取っ
　て，神戸家庭裁判所に離婚の訴えを提起できる。いずれかが別の
　地に住所を持つ場合は，その地を管轄する家庭裁判所を選択する
　こともできる。

職務分担の仕組み——職分管轄

それでは，どのような仕組みからこのような結論が導かれるのか。

以下に見てみよう。

今日，わが国の裁判所には，最高裁判所・高等裁判所・地方裁判所・家庭裁判所・簡易裁判所という5種類のものがあり，最高裁判所を除いて，全国各地に裁判所が置かれている。訴えを提起しようとする者は，どの裁判所を選択すればよいか。

高等裁判所は，各地方ブロックに一つずつおかれて，全国で計8か所（札幌・仙台・東京・名古屋・大阪・広島・高松・福岡）にあるし，地方裁判所と家庭裁判所も，各都府県に一つずつと北海道に四つで，計50か所（地方裁判所，家庭裁判所の支部は203か所），簡易裁判所となると，438か所にもおかれている。

そこで，原告が裁判所を選ぶ指針としても，国の司法事務の分担としても，**裁判権**（司法権）をこれらの複雑な裁判所の間でどのように分担して行使するかについて定めをしておくことが必要になる。こうした国の裁判権を裁判所間で分担することについての定めを**管轄**といい，この管轄の範囲内で，ある裁判所が裁判権を行使できることを **管轄権** という。

裁判権には，民事事件の裁判権と刑事事件の裁判権，そして，行政事件の裁判権があるが，民事事件を扱う裁判所には，訴訟において判決をする作用を担当する裁判所（訴えを受ける裁判所という意味で **受訴裁判所** という）と，強制執行を担当する裁判所（**執行裁判所**）とが区別される。そして，前者の受訴裁判所は，三審制度のうちのどの審級の裁判権を担当するかによって，第一審裁判所・第二審裁判所（控訴裁判所）・第三審裁判所（上告裁判所）の三つに分けられる。そこで，ある裁判所が右のどの裁判所の役割を果たすかを決めておく必要があるが，これらは，裁判についての裁判所間での役割すなわち職務の分担を決めるものであるから，**職分管轄** とよばれる。

この場合，民事訴訟事件は，一般の通常訴訟事件と特別訴訟事件に分けられ（人事訴訟事件は特別訴訟事件に属する），通常訴訟事件

については，簡易裁判所と地方裁判所が（裁33条1項1号・24条1号），人事訴訟事件については，家庭裁判所が（裁31条の3第2号），第一審裁判所とされている。そして，地方裁判所と家庭裁判所の判決に対しては，より上級の裁判所としての高等裁判所へ，また，簡易裁判所の判決に対しては，より上級の裁判所としての地方裁判所へ控訴することができるから，その意味で，高等裁判所と地方裁判所が第二審裁判所となり，さらに，それぞれの判決に対して上告が許される場合には，最高裁判所と高等裁判所が第三審裁判所となる。職分管轄のなかで，このような審級の分担についての定めのことを**審級管轄**とよぶ。

🎐 地裁と簡裁のふり分け——事物管轄

通常訴訟事件では，原告は簡易裁判所か地方裁判所かに訴えを起こすべきことになる。では，簡易裁判所と地方裁判所のどちらに訴えを起こしたらよいのであろうか。

この点については，「訴訟の目的の価額」——**訴額**という（Ap. 9-2）——を基準にして，それが140万円を超えない場合は簡易裁判所，140万円を超える場合は地方裁判所に提起すべきものとされている（裁33条1項1号・24条1号。なお，140万円を超えない場合でも不動産訴訟は複雑なので地裁に提起することも可能である）。こうした第一審裁判所の間での裁判権の分担の定めのことを——事件の目的物のちがいを基準とすることから——**事物管轄**という。ここで「訴訟の目的」というのは，「訴訟の対象」というのと同じ意味で，訴訟において審理・判決（審判）の対象とされるものであり，それは，「原告の権利主張」としての「**請求**」ということになる。

この「原告の権利主張」の価額をどのように評価すればよいかについては，請求が裁判所で認められたときの原告の利益によって計算すべきものとされている。（8条1項。Ap. 9-2）。

ところで，のちに述べるように，原告は，複数の権利主張すなわ

ち複数の請求を一つの「訴え」でまとめてすることも許されている。たとえば，100万円の貸金債権と50万円の売掛債権を同一の相手に有する場合，この二つの請求権の主張を裁判所に一つの「訴え」ですることができるが，この場合の扱いとしては，両請求の価額を合算して訴額を計算するものと決められている（9条1項）。とすれば，合算した訴額が140万円を超えるので，この訴えは，地方裁判所に提起すべきことになる。

しかし，こうしたときでも，原告がたとえば元本についての返還請求権とその利息についての支払請求権とをいっしょに主張する場合のように，両請求の間に主従関係があって，「従の請求」をその発生原因である「主たる請求」とをいっしょに主張するような場合には，「主たる請求」の価額だけで訴額を計算し，「従たる請求」の価額は合算しないものとされている（9条2項）。

なお，会社の設立無効・取消しの訴え（会828条1項1号・832条）や人格権にもとづく差止訴訟のような財産権上の請求でない訴えは，訴額を算定できないから，このときには，その訴額は一律に140万円を超えることとみなして扱うものと決められている（8条2項）。また，財産権上の請求でも，価額の算定がきわめて困難な場合は，140万円を超えるものとみなされる（同条同項）。

2　どの地の裁判所か──土地管轄

✎ 被告のもとへおもむくルール──普通裁判籍

通常訴訟事件で，訴えを提起すべき裁判所が簡易裁判所なり地方裁判所なりに決まったときに，今度は，どこの簡易裁判所なり地方裁判所に訴えを提起したらよいかが問題となる。そこで，この問題を解決するために，まず，日本の全土が簡易裁判所の場合なら438の区域に，地方裁判所の場合なら50の区域に分けられて，それぞ

れの裁判所の担当区域が決められている。そして，この担当区域と関係のある事件が起こったときに，その事件を，その区域の担当裁判所が扱うものとされている。こうした土地との関係から定められる管轄のことを**土地管轄**という。

そこで，Ａという裁判所が担当する区域内に，Ｘという事件が人的または物的な関係を持つ地点があれば，Ｘ事件はＡ裁判所の管轄に服することになるのであり，この地点のことを──事件についての裁判所の管轄の根拠となる地点という意味で── **裁判籍**という。そして，原則的には，事件は，被告とされる者の住所地（これは，担当区域と人的な関係を持つ地点である）を担当区域内に持つ裁判所の管轄に服するものとされている（4条1項）。この場合には，被告の住所地が裁判籍となるわけであり，この裁判籍は，**普通裁判籍**とよばれる。このように被告の住所地を普通裁判籍としたのは，もし原告の住所地の裁判所に訴えを提起するものとすれば，原告が理由のない訴えを提起したようなときでも，訴えられた被告としては場合によっては遠くの原告の住所地の裁判所まで行って争わなければならないことになり，当事者間の公平の理念に反する事態も生じうるからである。

こうして，通常訴訟事件では，原告は，原則として被告の住所地，被告が法人その他の社団または財団であるときには，その主たる事務所または営業所の所在地（4条4項）の簡易裁判所なり地方裁判所に訴えを提起すべきことになる（なお，被告が国であるときには，国を代表する官庁としての法務省の所在地東京都千代田区を管轄する裁判所に訴えを提起するべきものと決められている。4条6項）。

✐ 事件内容から決まる管轄──特別裁判籍

上記の原則のほか，場合によっては被告の住所地以外の裁判所に訴えを起こすことも認められている。

たとえば，不法行為に関する訴えは，その不法行為が発生した地

（これは，物的な関係を持つ地点である）の裁判所に提起することができる（**不法行為地**。5条9号）。したがって，たとえば，大阪に住むYが車を運転して東京にきて，そこでXをはねたという場合に，XがYを相手にして不法行為にもとづく損害賠償請求の訴えを提起するときには，Yの住所地である大阪の裁判所のほか，不法行為が発生した土地である東京の裁判所に訴えを提起することができる。不法行為が行われたような場合には，原告となる被害者の便宜を考えて，訴えを提起しやすくすることが当事者間の公平の理念にそうし，また，現場検証などの証拠調べを実施するうえでも，不法行為地の裁判所が扱うものとするほうが当事者・関係者にも裁判所にも都合がよいと見られるためである。このような特別に認められる裁判籍のことを **特別裁判籍** とよぶ。

　民訴法は5条から7条までで，こうした特別裁判籍を規定している。そこで，原告としては，これらの特別裁判籍を利用して，自分に有利な裁判所を選び，これに訴えを提起することができる。上の交通事故の例では，損害賠償債務の支払場所（**義務履行地**。5条1号）は，特約がなければ債権者の住所地であるから（民484条1項），原告は自分の住所地の裁判所を選ぶこともできる。設例①や設例③でそれぞれ名古屋地方裁判所，福岡地方裁判所に管轄が認められるのは，その理由からである。

　なお，民訴法7条によれば，XがYに対して一つの訴えでAという請求とBという請求をする場合に（これを「請求の併合」という。136条。Ap.19-1），Aという請求について甲という裁判所に管轄権があれば，Bという請求については甲裁判所に管轄権がないときでも，A請求といっしょにB請求も甲裁判所に訴えることができるものとされている。それができれば原告には都合がいいし，被告としても，どうせ訴えられるなら1回ですませたほうがいいし，裁判所の労力節減にもなるからである。これを「**併合請求の裁判籍**」

という（もっとも，後述のいわゆる「共同訴訟」については，38条前段の場合にだけ，併合請求の裁判籍が認められる。7条ただし書）。これは，他の請求との関連において認められる裁判籍であるから，**関連裁判籍**とよばれる。

note12 国際裁判管轄

そもそもわが国の裁判所が民事裁判権を行使することができるのは，事件の内容がわが国と一定の関連性を持っている場合のみである。このように他国との関係で，日本の裁判所で裁判ができるかどうかを定めるのが国際裁判管轄の問題である。

以前は国際裁判管轄に関して明文の規定はなく判例法理に委ねられていたが，2011（平成23）年に民事訴訟法改正によって財産関係事件についての規定（3条の2〜3条の12）が，また，2018（平成30）年に人事訴訟法改正によって身分関係事件についての規定（人訴3条の2〜3条の5）が新設された。

民事訴訟法の規定においては，国際裁判管轄の規定は国内の管轄の規定の仕方とよく似ている。しかし，国際裁判管轄は「管轄」という言葉を使ってはいるが，国内の裁判所間の権限分配を意味するわけではなく，わが国の裁判所がその事件を扱う権限を有しているかどうかを規定するものであるので注意が必要である。以上のような違いから，国内では管轄違いの場合には移送（後述4）による処理がなされるが，国際裁判管轄が否定される場合には訴えが却下される。

note13 **知的財産権関係訴訟** の管轄

近時の技術の高度化にともなう，特許権や実用新案権などの知的財産をめぐる訴訟では，とくに高度な専門技術的な事項が審理の対象となるため，その審理では特別なノウハウが必要とされる。そこで，これらの事件について，その審理の充実および迅速化を図るために，平成15年の改正法は，特許権や実用新案権などに関する事件について，専門的処理体制が整備されている東京地方裁判所（東日本の地方裁判所に管轄権がある場合）と，大阪地方裁判所（西日本の地方裁判所に管轄権がある場合）の管轄に専属することになった。また，控訴審については東京高等裁判所（知的財産に関する事件を特別に取り扱う特

別の支部を有する。「知的財産高等裁判所（知財高裁）」と呼ばれる）を専属の管轄裁判所とした（6条1項・3項）。

意匠権等に関する訴えは，通常の管轄を有する裁判所のほか，特許権訴訟と同様，東京地方裁判所，大阪地方裁判所にも訴えを提起することができるようになった（6条の2。**競合管轄**）。

3　当事者の意向が尊重される場面

合意管轄

以上のように，原告が訴えを提起する第一審裁判所は，法によって一定されている（このような法で定められている管轄のことを **法定管轄** という）。しかし，通常訴訟の第一審裁判所に限っては，当事者が，ある事件について，以上の裁判所とはちがう裁判所で裁判を受けることを書面で合意しているときには，その裁判所に管轄が認められる（11条）。これを **合意管轄** という。これは，以上で述べた管轄ルールも当事者の便宜や公平を考えて定められているのであるから，もしそれと別の裁判所で裁判を受けるほうが当事者にとって都合がよいというのであれば，第一審の裁判所に限っての扱いではあるが，その当事者の便宜を考慮しようという趣旨のものである。逆に，当事者の便宜よりも，裁判所を一定して判決の効力を受ける第三者からの訴訟関与の便を図るといった公益的見地から，ある事件の管轄を一定の裁判所にのみ専属的に認めている場合，これを **専属管轄** という（上の特許権等に関する訴えはこれである）。専属管轄の場合には，合意管轄は許されない（13条1項）。専属管轄でない場合を **任意管轄** というから，結局，合意管轄は，任意管轄の場合だけ許されることになる。不動産の賃貸借契約や保険契約などでは，約款においてあらかじめこうした合意管轄を定めている例がよく見られる。

🎵 応訴管轄

　合意管轄が許されることから，つぎのような扱いも生ずる。すなわち，もし原告が管轄権のない第一審裁判所に訴えを提起したときでも，被告がその裁判所に管轄権がないことを主張しないで，原告の権利主張について口頭弁論において弁論をしたり，弁論準備手続（168条以下。Ap.12-3）において申述をしたりしたときには，その裁判所に管轄権が認められる（12条）。これは，被告が原告の訴えに応じたことによって認められる管轄であるから，**応訴管轄**とよばれる。両当事者に管轄について合意が生じたと見ることができるのであり，したがって，専属管轄の場合には，応訴管轄も許されない。

[note14] 指定管轄

　このようにして，民事訴訟法は，第一審の管轄については，詳細な規定をおいているが，たとえば，県境の山林のなかで不法行為が行われ，その地点がA県側に入るのかB県側に入るのかがはっきりしないので，その不法行為による損害賠償請求事件の管轄裁判所が決められないというような場合も生ずるかもしれないし，また，民事訴訟法の規定によって管轄裁判所が定まったときでも，その裁判所の裁判官が全員拉致されたりして，裁判が実際にできないというような場合なども生じないとは限らない。そこで，民事訴訟法は，こうした場合においても上級の裁判所の指定による方法で管轄する裁判所を決められるようにしている（10条。**指定管轄**）。

[note15] 人事訴訟事件の場合

　平成15年の改正法により（平成16年4月1日施行），**人事訴訟事件** ——婚姻関係事件・実親子関係事件・養子縁組事件などの身分関係の形成または存否確認を目的とする訴えに関する訴訟事件（人訴2条）では，第一審裁判所は，**家庭裁判所**となった（人訴4条）。これは，人事訴訟事件についての調停（「**調停前置主義**」がとられている）・訴訟・附帯処分（人訴32条以下）を家庭裁判所に一本化して，国民にとって便利な，機能的な紛争解決制度を設けることを意図している。

家庭裁判所も全国に50あるから，その土地管轄が定められている。すなわち，人事訴訟法によれば，その訴えで問題となる身分関係の当事者が普通裁判籍としての住所などを持つ地，または，その死亡時に持っていた地を管轄する家庭裁判所の管轄に専属するものとされる（人訴4条1項）。したがって，人事訴訟事件については合意管轄や応訴管轄は許されない。専属管轄とされている理由は，身分関係が社会の基本的な関係であって，社会性を持ち，財産関係のように私人が自由に処分できるものでないので，その適正・迅速な処理を図るための扱いである。

　たとえば，離婚の訴え（設例4）は，夫と妻の婚姻関係を問題とするから，夫または妻の住所地を管轄する家庭裁判所に提起すべきものとなり，人事訴訟では，原告の住所地に訴えが提起される場合もでてくる。この点は，被告の住所地に訴えを提起すべきものとする通常訴訟事件についての普通裁判籍の扱いと異なっている。なお，人事訴訟における請求の原因である事実（たとえば，離婚原因になった不貞）から生じた損害賠償請求（たとえば，慰謝料請求）は，人事訴訟の請求（この場合は，離婚請求）といっしょに一つの訴えで家庭裁判所に提起することが認められているし（人訴17条1項条。なお，判例①），損害賠償請求のみを地方裁判所で起こした場合でも，すでに人事訴訟が係属している家庭裁判所への移送が認められる（人訴8条1項）。

4　提訴された裁判所から他の裁判所へ──移送

移送 とは，A地の裁判所に提起された訴訟をB地の裁判所に移すことである。どの地で裁判をするかは，原告，被告，関係者（代理人を含む）にとっては，かなり深刻な利害事項であるので，被告が移送を申し立てた場合，裁判所は本案の審理を行うに先立って，まず移送すべきかどうかを決定という裁判（決定手続。note22）で判断することになる。

　提訴地に管轄がない場合は，被告の申立てがあれば，受訴裁判所

は管轄権のある裁判所に移送することになるほか，管轄権の存在は訴訟要件であり職権調査事項であるため，被告の申立てがなくとも職権により移送をすることができる（16条）。その裁判所に管轄権があるかどうかは訴えの提起のときを基準として決めるので（15条），その後に被告が引っ越すなどしても，普通裁判籍による管轄権は消滅しない。

　訴訟が提訴地の管轄に属する場合でも，「訴訟の著しい遅滞を避け，又は当事者間の衡平を図るため必要があると認めるとき」には，移送ができる（17条）。この17条の移送は，原告が競合する管轄の中から提訴地を選択する自由を認められているのに対して，被告にも移送申立てを認めることにより，今後の争いの場を決める機会を両当事者に等しく与えるための制度である。

　当事者の衡平をはかる17条移送については，当事者の意見をきいたうえで裁判所が決定で決めることになる（規8条）。その際の考慮要因としては，条文上，「当事者及び尋問を受けるべき証人の住所，使用すべき検証物の所在地その他の事情」とされており，「その他の事情」には，一般に，当事者の資力や健康状態，期日への出席の難易，訴訟代理人の選任と事務所の所在，同種関連訴訟の係属とその併合の利益などがあげられる。なお，この移送問題が決着するまで，本案の審理は事実上ストップすることになる。

　このほか，一方の当事者が申し立て，相手方が同意したときは，第一審裁判所は，その裁判所に管轄があるとしても，事件が専属管轄に属する場合や著しく訴訟手続を遅滞させる場合を除いて，当事者の申し立てる裁判所に訴訟を移送しなければならない（19条1項。必要的移送）。訴え提起後にも，管轄の合意に対応して，当事者による受訴裁判所選択を認めようという趣旨である。たとえば case1 で，知多さんが有馬さんに対し，名古屋地方裁判所に貸金返還請求の訴えを提起したが，有馬さんが請求の中身について弁論する前に

（19条1項ただし書），知多さんの同意を得て，管轄権はないが互い
に交通の便がよい大阪地方裁判所への移送を申し立てれば，名古屋
地裁は大阪地裁へ移送しなければならない。

　さらに管轄違いでなくとも，相当な場合には簡易裁判所から地方
裁判所への移送が認められているなど（18条），簡易裁判所と地方
裁判所との間の事物管轄の壁は弾力化されている（16条2項・19条
1項ただし書・同条2項。判例②。なお，関連請求の簡易裁判所や地方
裁判所からの家庭裁判所への移送については人訴8条）。

note16 移送を分かつもの

　移送すべきかどうかについては，証拠の問題を中心とする審理の便
宜に重点をおきすぎたり，当事者間の経済的格差や消費者と大企業は
対等でないので弱者を保護するという一面的見方にとらわれてはなら
ない。そもそも移送が問題となる時点では，まだ訴状に対する実質的
答弁もなく，本案に十分入っていない段階であることが普通であるか
ら，証拠の所在といっても，本案の争点も，証拠とその必要性につい
ても，予測の域を出ない。また，両当事者の資力に格差がある場合に，
資力のない者の側で審理することが衡平ともいいきれない。経済的に
優位に立つ側がなぜ相手方のところへ出向かなければならないのかと
いう理由が問われる。

　そこで，考慮要因を整理すれば，第一に，紛争地と裁判地をできる
だけ一致させることが望ましい。したがって，裁判前の紛争交渉がど
こで行われたのかが重要な要素となる。第二に，当事者に関しては，
本人の住所地と代理人の事務所所在地が基準となる。ここでは，当事
者が期日に出席する便宜にとどまらず，代理人がホームグラウンドで
ある裁判所に持つ地の利なども含めた，各当事者の訴訟活動上の利害
が問題となる。第三に，証人の住所地も重要となる。証人を単なる証
拠として取り扱うのであれば，**陳述書** や **テレビ会議** システムの利用
（Ap.15-2）も考えられるから，ここではむしろ，裁判前の紛争交渉に
おけるその証人の訴訟関係者として訴訟に関与する姿勢や態度の視点
から検討する必要がある。さらに，第四に，関連する事件が係属して
いることも，重要な考慮要因となる。ここでも，関連訴訟を併合して

統一的審理を図ることよりも，バラバラの裁判所で審理することが当事者の争い方として不公正でないかが問題となる。たとえば，被告に対し，全国各地で同種訴訟が提起されているとしても，各地の原告の間にもともと何もつながりがなく，共同して訴訟活動を行っていく関係にない場合には，被告のために訴訟を一つにまとめて集中させる必要性はそれほど高いとはいえず，審理・判決がさまざまに分かれても，それは当事者の争い方の差として受け止めることができる（判例③）。

note17 裁判官等の **除斥・忌避・回避**

　公正な手続を保障するため，裁判官の独立（憲76条3項）といった一般的保障のほか，担当裁判官が事件の当事者と親戚であるなど一定の関係がある場合には，その者を当該事件の職務執行から排除する制度が設けられている。**除斥**は，法定の除斥原因がある裁判官が法律上当然に職務執行ができなくなる場合である（23条1項）。**忌避**は，除斥原因以外に裁判官が裁判の公正をさまたげるべき事情があるときに，裁判官が職務から排除される場合であり（24条），**回避**は，除斥，忌避に該当する場合に裁判官のほうから職務執行から身を引く場合である（規12条）。これらは，裁判所書記官，専門委員，知的財産に関する事件における裁判所調査官または参与員にも準用されている（27条・92条の6・92条の9，人訴10条）。

　除斥原因のある裁判官が事件について職務を行っているときは申立てによりまたは職権で，忌避については当事者の申立てにもとづいて除斥や忌避の裁判を行う（25条）。除斥や忌避が申し立てられると，その裁判が確定するまで原則的に訴訟手続を停止することになっている（26条）。そのため，訴訟引き延ばしを目的とした忌避申立ての「濫用」が問題とされている。

〈参照判例〉
①最決平成31年2月12日民集73巻2号107頁
②最決平成20年7月18日民集62巻7号2013頁・百選（5版）3事件
③大阪高決平成10年11月11日金商1065号49頁

訴状の記載内容と提出手続

1 訴状の提出と審査

訴状の提出

訴えの提起は，訴状を裁判所に提出しなければならない（133 条1 項。）。

訴状では，当事者および（請求の趣旨・原因の記載により）請求を提示して，裁判所に審理・判決を申し立てる。

訴状 は，被告に送達するためその数に応じた副本その他の添付書類（規 55 条・58 条）とともに，官署としての裁判所の受付窓口に差し出す。地方裁判所であれば，その事件を，あらかじめ定められた順番に従って自動的に特定の裁判部に配布（「配てん」）する。配てんを受けた裁判部は，合議体で審理・裁判をするか，単独の裁判体が裁判をするかを決める。

多種の事件が多数こみあう大都会の裁判所では，たとえば会社訴訟・労働訴訟などの事件を特定の裁判部で扱い，また，科学・技術の革新等にともなって著増を続ける知的財産訴訟・医療関係訴訟・建築関係訴訟などのために，それらを専門的・集中的に扱う裁判部を設けており，専門委員の制度も導入された。さらに，知的財産高等裁判所 が東京高裁の特別の支部として設置され，知的財産に関する事件を専門的に取り扱うことになった（平成 16 年法律 119 号知的

財産高等裁判所設置法）。

訴状の審査

　事件の配布を受けた裁判体では，それを構成する裁判官（合議体なら裁判長）が，訴状の形式が整っているかどうかを審査し，**必要的記載事項**（133条2項）が記載されていない場合，または，手数料相当額の印紙が貼られていない場合には，原告に対して相当の期間を定めて補正を命じる（137条1項）。**補正命令**に従わないと，訴状却下の命令（同条2項・3項）がなされ，事件は訴訟にならずに消滅する。

　審査をパスして訴状が受理されたときは，訴状は，被告に送達される（138条）。訴状のオリジナルである正本は裁判所が表紙をつけて記録に綴じ込み，訴状の送達には，訴え提起の際に添付された訴状の副本が被告に届けられるのである（規58条）。訴状と同時に第1回口頭弁論期日の呼出状も被告に送達する（139条・94条）。

note18　**補正の促し**

　　訴状の必要的記載事項ではないが，請求の原因の記載が不十分であるとか，請求のたて方が最適とはいえない等の場合に，事実上補正を促す裁判所の措置（規56条）。期日前釈明の一態様である。補正を促された当事者がこれに応じなくても，訴状が却下されることはない。この点で，補正命令と区別される。

訴状の送達

　民訴法では訴状や判決などの訴訟書類は裁判所の責任で送達する職権送達主義を採る（98条1項。これに対し，準備書面や証拠説明書などは当事者間で直接の送付〔直送〕をする。規47条）。送達事務は**裁判所書記官**が扱い，通常その実施は郵便集配人が，原則，送達すべき書類を送達を受けるべき本人に住所や事務所などで直接交付する（**交付送達**。101条）。住所などで本人に会えないときには，家族や従業員などで「書類の受領について相当のわきまえのあるもの」

に交付することもできるし（**補充送達**。106条1項），これらの者が正当の理由なく受け取りを拒否する場合には送達すべき場所に書類を置いてくることも許される（**差置送達**。同条3項）。補充送達も差置送達もできない場合，特別の送達方法として，裁判所書記官が書留郵便で書類を発送し，発送時に送達があったものとみなされる，**付郵便送達**（107条）のほか，裁判所の掲示板に「書記官が送達すべき書類を保管し，いつでも名宛人に交付できる」という旨を掲示する，**公示送達**（110〜113条）もある。

事件の「訴訟係属」

　事件がその原告と被告の間で特定の請求につき裁判所で判決手続により審理・裁判されている状態を **訴訟係属** という。訴訟係属は，訴状が被告に送達された時点で生ずる。訴訟は，二当事者対立の構造を持つので，自分に対して訴えが起こされたことを被告が知りようもない段階では，事件が裁判所に係属した効果（反訴の提起〔Ap. 19-3〕，訴訟参加の許容〔Ap. 20-3〕，重複訴訟の禁止〔後述 **5**〕など）を認めることはできないからである。

2　費用の予納

訴訟費用の取扱い

　訴状を提出するには，訴状に印紙を貼らなければならない。裁判手続を開始してもらうためには手数料をあらかじめ納めなければならないが，原告は手数料相当額の印紙を訴状に貼ることによって，それを納めたことの証しとするのである（民訴費8条）。手数料（印紙）の額は，訴訟によって得る経済的利益の額（**訴額** という）を基準に算出される。

　訴額の計算のしかたは，訴額が高くなるにつれて手数料の算出率を減らしていく扱いがとられる（民訴費3条1項・別表第1の1項）。

これによれば，訴額が100万円の請求については1万円，1000万円の請求については5万円。1億円の請求については32万円が，手数料としての印紙額となる。(case3)の謝罪広告掲載請求については，広告掲載料が訴額の算定基準となる。

また，(case4)の離婚訴訟などの財産権上の請求ではない訴えや訴額算定が困難な財産権上の訴えについては，訴額を160万円とみなして1万3000円が手数料と決められている（民訴費4条2項）。

訴訟をするには，こうした裁判所に払う手数料をはじめとして，いろいろな費用（たとえば，送達費用，証拠調べの費用など）がかかるが，これらの費用のうちで，「民事訴訟費用等に関する法律」の2条で認められている範囲のものは，「訴訟費用」として扱われる。この訴訟費用は，原則として，最終的には，訴訟で負けた者が負担するものとなる（61条）。裁判所で通らないような主張をして負けたのであるから，その相手方の訴訟の費用を，敗訴者に負担させるのである。しかし，さしあたりは，原告が訴状に貼る印紙を買ったりしなければならないから，原告が訴訟費用を支出することになる。また，実際には訴訟費用を相手方から取り立てることまではしないのがふつうであるから（判決では訴訟費用の負担割合のみが定められ，具体的にいくらかは別個の手続で決められる仕組みになっている）結局，各自が支出した訴訟費用は，各自の負担となるのが現実である。

(note19) 訴訟援助と法律扶助

貧困のために訴訟費用も支出できない者がいると，その者には「裁判を受ける権利」（憲32条）が保障されない結果ともなるので，こうした貧困者を救済する手段として，「訴訟上の救助」という制度が設けられている。この救助は，その者の訴えが「勝訴の見込みがないとはいえないとき」に許され，この救助の申立てが認められると，印紙を貼らないでも訴状の提出ができるなどの扱いがとられる（82条以下）。しかし，前述の本人訴訟主義との関係もあって，これは，原則として，弁護士費用の支払いの猶予までを含んではいない（ただし，

83条1項2号参照）。そこで，日本弁護士連合会では，弁護士費用の支払いの猶予も含めて，**法律扶助**という制度を設けていた。これは平成16年に制定された「総合法律支援法」（平成16年法律第74号）により日本司法支援センター，通称「法テラス」に引きつがれた。法テラスは，費用面での障壁のみならず，その他司法アクセスを阻む障壁の打破をさまざまな視点から試みている。

3　訴状に記載すべきこと──「請求の趣旨」と「請求の原因」

請求の特定から応訴の促しへ

　すでに見たように，訴状の「**請求の趣旨**」は，請求の内容・範囲を示して，どのような判決を求めているのかをあらわす部分である。実務上は，もし原告の請求を認容すれば判決の主文はこうなるというかたちで記載する。「**請求の原因**」は，その請求を他の請求から区別して特定するために必要な事実を提示するためにある，といわれている。

　たとえば，「請求の趣旨」に「被告は原告に対し1000万円を支払え，との判決を求める」と記載しただけでは，貸金1000万円の返還請求なのか，売買代金1000万円の支払請求なのか，債務不履行あるいは不法行為による損害1000万円の賠償請求なのかわからないし，同じ貸金でも，何時発生した賃借であるかもわからない。そこで，「請求の原因」として，「原告は，被告に対し，いつ，どういう約定で，いくらの金を貸し付けた」というように具体的な事実を記載することによって，はじめて，原告が求めている請求がどんな権利主張なのかを，他の請求と区別できる（特定する）わけである。

　訴えによっては，「請求の趣旨」だけで請求を特定できる場合もある。たとえば，確認の訴えで，訴状の「請求の趣旨」に，「別紙目録記載の土地について原告が所有権を有することを確認する，と

の判決を求める」と記載されていれば，それだけで，請求は，「原告がその土地について所有権を有するとの主張」であると特定できる。民法上，1個の物については所有権は1個しか存在しない（一物一権主義）から，他の請求とまぎれようもない。また，離婚の訴えで，訴状の「請求の趣旨」に，「原告と被告とを離婚する，との判決を求める」と記載されている場合も，同様である。これらの場合には，理論上，請求の特定のためには「請求の原因」の記載は必要がないわけであるが，実際には，訴状の「請求の趣旨」の欄に所有権を取得した事実や離婚原因にあたる事実等が記載されていない訴状はまずない。かりに請求の原因欄の記載のない訴状が提出されても受付窓口で修正を余儀なくされるし，受訴裁判所の書記官によって補正が求められる（**補正の促し。** [note18] ）。

現行民事訴訟法のもとでは，第1回の口頭弁論期日から実効的な審理を行うために，当事者が基本的な主張・立証をできるだけ早期に明らかにすることが必要不可欠であると考えられている。そこで，訴状には，請求の趣旨および（請求を特定するのに必要な事実としての）請求の原因を記載するだけでなく，さらに請求を理由づける事実を具体的に記載し，かつ，立証を要する事由ごとに，当該事実に関連する事実で重要なものおよび証拠を記載しなければならない，と定めている（規53条1項）。

こうなると，請求の原因の記載は請求を特定識別するため，というだけではすまなくなる。請求原因の記載は，請求を理由づけるとともに原告が認識している事実の概要を示すためにある（被告に応答を促し，裁判所に事案の概要をわからせるため）というほうが実践的感覚にマッチする。

[note20] **抽象的差止め** における請求の特定

騒音や振動の差止めを求める場合に，「被告は原告の住居内に毎秒60デシベルを超える騒音を侵入させてはならない」という請求をかか

げれば足りるのか，それとも 60 デシベル以内に押さえるための具体的措置をもかかげて不作為請求に及ぶべきか。抽象的不作為命令を求める申立てで足りるか，それとも具体的作為義務まで特定して不作為請求をなさなければならないか，という問題がある。

判例①は，実体法上抽象的不作為請求権が認められることと，判決確定後に被告が義務を履行しないときには，強制執行として**間接強制**（民執 172 条。Ap. 22-1 note53 ）ができることを理由として，抽象的不作為請求も許されるとした。

騒音の発生源が被告の支配領域内にあり，原告が具体的措置まで特定することは困難であることにくわえて，具体的措置には選択肢があるなかで原告がそれを特定して指定することは，かえって被告に対する干渉となり行きすぎであることから，結論としては上記判例を支持すべきである。ただ，当事者間で具体的措置をめぐって訴訟手続中で攻防がなされた場合は，判決においても具体的措置をかかげた不作為命令を出すことができると解される。

4　望ましい訴状と要件事実

訴状の記載の慣行——要件事実とは何か

訴状は，紛争の経過と要点が示されたうえに，原告は被告との関係で何をどうして欲しいのかが明確に示されていることが望ましい。だらだらと自分の思いを物語風に綴ることでは足りないが，かといって，法的に精錬された用語によって法的効果を理由づけるだけでは，被告とされた者も裁判所も具体的状況がわからず，どう対応し，審理を進めてよいか戸惑うことになる。そこで，ある程度事情をわかってもらいながら，適度のメリハリがきいている訴状が理想的であるということになる。要はメリハリのきかせ方が工夫されなければならない。

現在，裁判官と弁護士との間で共有されているメリハリのきかせ方は，訴状の請求原因の記載として，請求の趣旨にかかげた申立て

としての法律効果を導き出すに必要な法律上の要件に該当する具体的事実を過不足なく正確に摘出して書く，ということである。[case1]に例をとれば，消費貸借契約の成立を導き出す具体的事実として（民587条），消費貸借契約の合意の成立と金銭の授受の事実を具体的に記載する。具体的には，「原告は，被告に対し，平成×年△月○日，返済期を平成□年×月△日とし，利息を年×パーセントと定めて，1000万円を貸し付けた」と記載するのが一般的な実務慣行である（「貸し付けた」という表現の中に，貸借の合意と金銭の授受とが含まれている，と解されている）。[case2]で，湯河原さんが下田さんに新伊東ビル（建て替え後のビル）の収去と甲土地の明渡しを求めるには，原告は甲土地の所有権を取得した原因事実と被告が新伊東ビルを建てて甲土地を占有している事実が，原告の請求権を発生させるに必要な要件事実である，ということになる。**要件事実**は法律要件に該当する抽象的事実（貸借の合意，所有権の取得原因），それに該当する具体的事実を主要事実または直接事実というのが学説では一般的であるが（Ap. 13-2），実務では主要事実のことを要件事実というのがむしろ一般的である。

🏇 **要件事実の問題点と限界**

　この **要件事実（主要事実）** によるメリハリのきかせ方は，法律の要件に合わせてそれに必要なことを書く（主張する）という意味で，法を適用して裁判をするという構造にいかにもふさわしいともいえるが，つぎの諸点で問題点と限界を有する。

　(1)まず，要件事実によるメリハリのきかせ方には，現実の紛争事件では「過不足」がある。たとえば，[case2]で，もし下田さんが湯河原さんの甲土地の所有権そのものは争っておらず，土地を借りていることと取得時効が成立しているかどうかが紛争のポイントであるとした場合，原告が甲土地の所有権取得事実を常に主張しなければならないとするのは，「過ぎたる」ところがあり，逆に，土地貸

借や取得時効の成否が紛争のポイントであるとすれば，そこにこそはじめからふみ込むべきであって，被告が占有しているというだけの主張では「不足している」ところがある。[case3]の名誉毀損訴訟で，原告が被告（ら）の行為は「原告の名誉を毀損し信用を低下させる」との名誉毀損該当性の事実だけを主張し，言辞や報道の目的，情報収集の正確さ，報道内容の正しさについては被告側の主張にゆだねる（要件事実論からは，これらは被告側の抗弁事由。Ap. 14-2）のも，「不足」している（現実の訴状も抗弁事由とされているところにまでふみ込んでこれを否定する主張事実まで記載するのが一般的である）。

(2)要件事実志向は，あらゆる紛争に対して，法律が要件＝効果のメニューをあらかじめ用意しており，裁判は既存の法（メニュー）にあてはめれば自動的に答え（効果）を引き出すことができる，という考え方を前提としている。しかし，裁判にまで持ち込まれる紛争は，既存の実定法規が予定していないような事件，あるいは法の解釈が分かれるような事件も多く，近時ますますその傾向が増大している。いわば，既存のメニューはなく，その事件の中から固有の要件・効果を創造していかなければならない場合には，従来の要件事実による手法はあまり機能しないばかりか，かえってその事件かぎりでの法創造の芽をつみとってしまうことになりかねない。

そこで，メリハリのきかせ方は，それぞれの事件は固有の顔を持っているのであるから，固有のポイントが浮彫りになることが望ましい。つまり，要件事実は必要であるが，その要件事実は，すべての事件に画一的なものとして，一般的，静止的な実定法規範から導き出せばよいというものではなく，その事件固有のものを作出するという意味で，個別的で動態的なものなのである。実定法規も，一つのモデルを提示しているだけで，個別的，動態的に活用されることを許容し，期待していると解すべきである。

5 重複訴訟の禁止

二重起訴禁止

　訴訟が係属すると，当事者は同一事件について重ねて訴えを提起することはできなくなる（142条）。同じ事件を重ねて裁判所で審理することは，必要がないばかりか，判決が二重になって混乱するなどの弊害があるからである。これは「**二重起訴禁止**」といわれてきた（条文は後の訴え却下を意味する）。同一事件として二重起訴にあたるかどうかは，当事者および請求が実質的に同一かどうかによって決められる。たとえば，case1で知多さんの有馬さんに対する債務の支払請求訴訟の係属中，有馬さんが知多さんにその債務の不存在確認の訴えを提起するのは，二重起訴となって許されない。しかし，case2で湯河原さんの下田さんに対する建物収去土地明渡訴訟の係属中に，下田さんが湯河原さんを相手取って，係争地の所有権確認や賃借権確認の訴えを起こすことは，二重起訴とはならない。当事者は同一でも，請求は異なるからである。case4で有馬桜子さんから離婚訴訟を起こされた有馬梅助さんが，自ら桜子さんを相手取って離婚訴訟を提起する場合も，同様に請求は異なるから二重起訴禁止には触れない（ただし，後述のように別訴ではなく反訴すべき場合がある。人訴25条2項参照）。

手続（訴訟）の重複禁止

　それでは，下田さんや有馬梅助さんは，別訴として上記の訴訟を提起することができるか。訴え提起自体は禁止されず，訴えは却下されないとしても，係属中の訴訟手続の中で**訴えの変更**（143条。Ap. 19-2）や**反訴**（146条。Ap. 19-3）を起こすことができるのに，別訴として別個の手続で審理・判断を求めることができるか，という問題がある。これを，二重起訴禁止の延長にある問題として，「**重複訴訟禁止**」とよぶ。一般的には，同一訴訟手続内で自らの請

求を追加するか，それとも別訴を起こすかは，当事者の選択にゆだねられると考えられているが，当事者といっても相手方当事者がおり，相手方当事者との間の公平ないし争いの場のフェアな設定のあり方が考慮されなければならないので，常に別訴が許されると解するべきではない。請求および訴訟資料の共通性・関連性が強く，別訴によることが公平・公正を欠くとみられる場合には，本訴訟の手続の完結を遅らせるなど特段の事情がないかぎり，相手方当事者の申立てによって別訴は許されず，必要に応じ**移送**（17条。Ap. 8-4）したうえで**弁論の併合**（152条1項。Ap. 10-4）が行われるべきである。

[note21] **相殺の抗弁** の場合

訴訟物ではないが，手続の重複，二重起訴が問題とされるものに相殺の抗弁がある（抗弁については Ap. 14-2）。[case1]で知多さんの貸金請求に対して有馬さんが「自分も知多さんに500万円を貸していたからその債権と相殺する」と主張すれば（相殺の抗弁），訴訟物である知多さんの債権とは別の反対債権を訴訟に持ち込み，それも審理の対象とすることになる。また相殺の抗弁が審理され，判決で裁判所が反対債権の存否を認定して判断したときは，その反対債権の不存在について**既判力**が生じる（114条2項。Ap. 17-2, 3）。そこで，同一当事者間における同一債権の重複行使として，二重起訴，重複訴訟の禁止を類推適用すべきかが問われる。

すでに係属中の訴訟で訴訟物となっている債権を自動債権として他の訴訟において相殺の抗弁を主張することが許されるか（別訴先行型），すでに係属中の訴訟において相殺の抗弁により自動債権として主張している債権を別訴において訴求することが許されるか（抗弁先行型）と場合を分けて論じられることが多い。最高裁判例は前者についてしかないところ，142条の趣旨が妥当する（相殺の抗弁は不適法）としたものと（判例②）妥当しないとしたもの（判例③，④）に分かれていて，整合性が問われている。学説はどちらの場合にも二重起訴でないとする説が通説であった。これは，相殺の主張は通常，予備的

になされ（自分の債権を失うことになるので，まず契約の不成立や弁済などの主張を先に立てる），必ず判断されるとは限らない点，相殺の持つ実体法上の簡易決済・担保的機能（現実に弁済する代わりに相互の債権を対等額で差し引いて減殺・消滅させることができる。民505条）を重視する立場である。しかしいずれの場合も重複訴訟に当たるとする説も多く，上記の場合分けにより別訴先行型は重複訴訟となり不適法だが抗弁先行型は適法とする説（抗弁の場合は判断されるとは限らないので別訴可），あるいはその逆とする学説（次述）に分かれるなど争いに決着はついていない。

　別訴先行型は重複訴訟にならず適法とする説は，たとえば前記の例で知多さんの請求に対し有馬さんの相殺の抗弁が出されたのち，有馬さんが別訴を提起して相殺と同一債権を請求したとき（有馬さんについては抗弁先行型），有馬さんは知多さんの訴訟で**反訴**（146条。Ap. 19-3）をすれば済むので別訴をする必要はない，別訴を提起した有馬さんを責めるべきであるから，有馬さんによる別訴において知多さんが先の訴訟物と同一債権で相殺を主張すること（別訴先行型）は許される，という当事者間の公平を基本視点としている。しかしこのような場合分けで一律に決まるわけでもない。結局，重複訴訟になるかどうかは，同一の手続内で請求や主張をしないで別訴することが個別の事件における当事者間の関係から見て公平かどうかで決まる。重複になるとしてどのように処理すべきかは（裁判所が**弁論併合**すべきか，当事者に反訴をさせるべきか，どちらかを訴え却下や手続停止すべきかなど），すでに進行している訴訟の具体的状況を見て判断すべきである。

〈参照判例〉

①名古屋高判昭和 60 年 4 月 12 日判時 1150 号 30 頁・百選（5 版）32 事件
②最判平成 3 年 12 月 17 日民集 45 巻 9 号 1435 頁・百選（5 版）38 ①事件
③最判平成 10 年 6 月 30 日民集 52 巻 4 号 1225 頁・百選（5 版）38 ②事件
④最判令和 2 年 9 月 11 日民集 74 巻 6 号 1693 頁

〈ステップアップ〉
①高橋宏志『民事訴訟法概論』（2016 年，有斐閣）42 頁
②井上治典「請求の特定」井上＝伊藤＝佐上・これからの民訴 47 頁
③井上治典「法律要件求心型手続の問題点」手続論 123 頁
④川嶋四郎「差止請求」ジュリ 981 号 68 頁
⑤安西明子「演習（民事訴訟法）」法教 489 号 130 頁

Ⅳ　口頭弁論

Approach 10　口頭弁論はなぜ必要か
　　　　　　　——口頭弁論の諸原則

Approach 11　第1回口頭弁論における当事者のやりとり
　　　　　　　——被告の対応と審理の計画

Approach 12　争点と証拠を整理する手続
　　　　　　　——弁論準備手続

Approach 13　当事者の主張立証の原理
　　　　　　　——攻撃防御方法の提出

Approach 14　当事者の立証活動の規律
　　　　　　　——立証の責任と負担

Approach 15　当事者による立証のプロセス
　　　　　　　——証拠調べ

口頭弁論はなぜ必要か

口頭弁論の諸原則

1 書面の役割とその限界——口頭主義

口頭主義

　訴訟では，当事者が対峙して互いに自分の言い分を口頭で述べあうという方法がとられる。このような場を **口頭弁論** という（広い意味での口頭弁論には，このほか証拠調べ，判決言渡しなども含まれる）。民事訴訟法は，裁判所から見た審理方式としても，当事者側から見たコミュニケーションのあり方としても，原則として口頭弁論が必要であることを定めている（**必要的口頭弁論の原則**。87条1項本文）。このことは一般に，口頭弁論を行わなければ判決ができないし，口頭弁論にあらわれた主張や証拠だけが裁判資料となる，と説明される。さらに口頭弁論は，口頭主義，公開主義，直接主義といった一定の条件を充たしていなければならない。

　口頭主義 とは，弁論を書面でなく口頭で進めるという原則のことである。これにより，当事者にとってはもちろん，裁判所と傍聴人にとっても陳述が新鮮でわかりやすいものとなる。一方で，口頭の陳述ではいい忘れや不必要なくり返しがなされたり，複雑な事件では事実関係の把握が困難になる。そこで，訴えの提起など重要な場面では，確実を期するために書面の提出が要求され（133条1項・143条2項など），口頭弁論の前にはつぎに主張することなどをまと

めた**準備書面**を提出することになっている（161条・162条。Ap. 12-1）。また口頭弁論の模様は書記官の作成する口頭弁論調書に記載される（160条）。

　もっとも実際の裁判においては，代理人弁護士は口頭弁論の期日で「書面通り陳述します」と発言するばかりで，書かれた言葉としての書面が口頭弁論にとってかわっているという実態は否めない。1回の期日がほんの数分間で終わることも多く，書面による陳述や書面の交換に終始していて，あまり実効的なやりとりが行われていない。その原因は単純ではないが，法専門家が書面でのやりとりに重点をおいていること，裁判所は多くの事件をかかえていて時間的余裕がないし，代理人弁護士もその場にのぞんでの口頭による即応即決のやりとりを一般に歓迎しないということが考えられる。

　けれども，当事者（とりわけ紛争の当事者本人）の立場からすると，「その場に対峙して」の「口頭」によるやりとりこそ，話し合いに重要な要素である。それは，言葉だけでなく，五感の作用をフルに活用して，直接顔を合わせてのリアリティと即応性のある対話・議論が，紛争調整にあっては最も効果的であるからである。コミュニケーションにおいては，言葉以外の要素も欠かせない。

[note22] 口頭弁論をしなくてよい場合──決定手続

　裁判所の判断が判決でなく，決定という裁判形式で出される場合には，口頭弁論をするかどうかを裁判所が決めてよい（**任意的口頭弁論**。87条1項ただし書）。すなわち，本案（請求の中身。[case1], [case2]でいえば，お金を返すかどうか，土地を明け渡すかどうか）については，必ず口頭弁論を開いたうえで判決というかたちで裁判するが（**判決手続**），本案に付随する手続事項については，口頭弁論をせずに，審尋により決定を下すことができるのである（**決定手続**）。**審尋**とは，裁判官室などで形式張らずに，口頭や書面により裁判所が当事者や関係者の言い分を聴く手続である。決定手続がとられる場面には，たとえば他の裁判所に事件を移送するかどうか（16条以下。Ap.8-4），証人

が証言を拒絶できるかどうか（199条。Ap.15-2），証拠となりうる文書の所持者に対して文書提出命令を出すかどうか（223条。Ap.15-3）といった訴訟手続における重要問題のほか，本案訴訟を待てないほど緊急な状況でとりあえずの措置を講ずる民事保全手続（Ap.4）がある。

2 裁判はなぜ公開か

🎧 公開主義とその制限

　口頭弁論を支える諸原則のうち，**公開主義** とは，訴訟の審理・裁判を誰でも傍聴できる原則である（憲82条1項）。これは，国民がモニターすることにより裁判の公正さを担保し，司法への信頼を確保する意味を持つとされ，違反した場合には，それだけで上告理由となる（312条2項5号）。公開主義の趣旨から，訴訟記録についても閲覧することができる（91条1項）。

　しかし最近，民事訴訟においてはこの原則を相対化させる主張が有力となっている。当事者の **プライバシー** が問題となる事件，**営業秘密** の保護が必要となる事件をはじめとして，民事訴訟は刑事ほど公開を厳格にとらえる必要はなく，公開法廷で審理・判決を受けることが，かえって憲法上保障された裁判を受ける権利（憲32条）を害することがあるというのである。

　公開主義が妥当しない場面には，つぎのものがある。たとえば [case4] では，いきなり訴訟で離婚を請求するのではなく，まず調停をすべきこととされているが（**調停前置**。家事257条），この調停は非公開とされている。また，前述の決定手続（[note22]）も通常は口頭弁論が開かれず，非公開である。他方，判決手続においても，訴えが不適法でその不備を補正できないときは，裁判所は口頭弁論を経ることなく訴え却下の判決ができるとされており（140条），この場合も公開でない。さらに，たいていの事件で用いられる，後述の

弁論準備手続は，口頭弁論の準備段階であるとして一般公開とはされず，当事者双方と裁判所が許可した者，当事者の連れてきた関係者だけに制限的に公開される（169条。Ap.12-3）。関係者の話しやすさや細かな争点を詰める際の都合良さを，公開原則に優先させたのである。さらに最近では，プライバシーや営業秘密の保護の観点から，証人らの尋問を非公開で行うことが認められるに至っている。たとえば，(case4)の調停で話し合いが成立しなかった場合，訴訟で離婚請求をするが，そこで夫婦が尋問を受ける際に，裁判所が決定で審理を非公開にすることができる（人訴22条。ほかに特許105条の7など）。

なお，**訴訟記録の閲覧**についても，プライバシーや営業秘密の保護のために，当事者の申立てにより，裁判所が閲覧できる者を当事者のみに制限できる（92条）。

(note23) 公開の実践的意義

たしかに有名事件でもない限り実際の法廷には傍聴者はほとんどいない。もし傍聴者がいたとしてもそこで行われている弁論の内容は十分理解できない。したがって，公開主義の目的を一般公開による裁判の公正担保（専門家監視）ととらえるのでは，あまりに形式的で，現実の訴訟利用者の具体的便宜に及ばない。けれども，公開とは本来，紛争の当事者から見て欠かせない条件なのではないか。公開とは，紛争の処理を，訴訟の当事者だけでなく，関係者や社会一般に開くことにより，当事者がそれらとかかわりを持ちながら行動を選択し展開すること，また，関係者や第三者の側も法廷という現実の空間に立ち会い，当事者の訴訟行動をつぶさに見て，自己の行動や当事者へのかかわり方を選択することを可能とする，重要な手段である。

たとえば，(case1)で知多さんと有馬さんが法廷で裁判所に向かって，尋問する代理人に応えて弁論や供述，証言をするだけでは広がりがない。知多さんと有馬さんが別々に尋問されることなく互いの尋問に同席したり，たとえ証人にならなくても傍聴人として有馬桜子さんがその場を見守ることができれば，互いの関係調整に役立つ (note41) 参

照）。また，case3では当事者は株式会社日奈久の代表者と道後さんと白骨社であるが，会社の事務担当者や道後さんの家族のほかに，山陰さんをはじめとする社宅の住人，「噂の鬼が島」記者の奄美さんらも事件に関心を持っているはずであり，彼らを抜きにして，紛争の調整はできない。傍聴した道後さんの妻が家庭で夫と意見を交わす。傍聴した住民から社宅の井戸端会議がはじまり，道後さんや会社への働きかけにつながる。これを受けて道後さんや会社が自分の認識を変え，さらに周囲に意見を求めるなど，当事者が孤立することなく紛争交渉を進めていくことができる。さらにはこれから同種の事件について訴訟を提起しようとしている者などが傍聴することにより，法廷で互いに相手の様子を認識し，影響を与えあって，のちの訴訟内外の行動を考え，選択する材料，指針にすることができるのである。このように，公開には，当事者の裁判を受ける権利を実質化する実践的な意味，いわば「紛争ネットワーク活性化」（Ap.1-1）の機能がある（ステップアップ③）。

　公開の原則が上記の機能を核心にしているとすれば，安易に原則を後退させる議論（たとえばステップアップ②）は疑問である。

3　直接主義とは何か

🎵 直接主義と集中審理主義

　判決をするのは，当事者の弁論を聴取し，証拠調べを行った裁判官でなければならないとする原則を 直接主義 という（249条1項）。口頭主義と結びついて，裁判官が事件の内容を把握するのに役立ち，適正な裁判につながるとされる。

　ただし，審理の便宜から一部には例外がある。すなわち，裁判所の法廷内で取り調べることが不能または困難な証拠は，合議体を構成する裁判官のうちの1人（**受命裁判官**），または他の裁判所の裁判官に嘱託して（**受託裁判官**）裁判所外で証拠調べをさせることができる（185条・195条）。また，審理の途中で裁判官の交代があった

場合には，弁論や証拠調べをはじめからやり直さなくても，当事者が新裁判官の前でこれまでの口頭弁論の結果を述べればよいこととされている（**弁論の更新**。249条2項。ただし3項）。この弁論更新をおこたって新裁判官が判決した場合には上告理由，再審事由となりうる（312条2項1号・338条1項1号）。

　直接主義を実現するためには，裁判官が転勤などで交代しないうちに，口頭弁論を集中して行うことも必要となる。このように，特定事件のための複数回にわたる口頭弁論を集中的に継続して実施し，判決を終えてから，つぎの事件に移行するやり方を継続審理主義あるいは**集中審理主義**という。わが国では，厳密な意味での集中審理は採られておらず，裁判官が同時に抱える多数の事件を併行して審理しているのが実情であり，準備書面の交換だけの弁論期日を数ヵ月おきに実施する五月雨式の審理がまかり通っていた。そこで，近時は各地で集中審理の実務が工夫されてきたし，民事訴訟法も，争点整理手続（164条以下。Ap.12-2）や集中証拠調べ（182条。Ap.15-2(note41)），計画審理（147条の2以下。Ap.11-4）などのさまざまな規定を配して集中審理を図っている。

(note24) 当事者の視点から見た審理原則

　　ほかの原則と同様に，直接主義も裁判所の判決が目的とされ，集中審理主義も判決に行きつくまでの迅速性や効率性を追求するものとされやすい。しかし，それでは紛争の当事者自身が裁判所の判断形成の客体とされてしまう。そこで，ここでも当事者の視点からとらえ直してみると，**直接主義**には，裁判官自身も当事者とともに手続の関与者として具体的な紛争にたずさわることを保障する意味があると考えられる。同じ裁判官が（法廷という現実空間を当事者らと共有して）一貫して関与することにより，裁判官による手続進行が当事者にとって説得力を持つ。判決をするためだけなら実際の手続過程に関与しなくとも書面を読めば（あるいはウェブ会議で関与すれば）わかるし，むしろそれが中立かつ効率的で合理的だという立場も成り立ちうるので

はないか。つまり，直接主義を判決ではなく当事者とともに進める手続過程中心にとらえ直してこそ，**口頭主義** との結びつきが明確になる。このように考えると，**集中審理主義** にも，制度から見た訴訟の効率化，迅速化ではなく，両当事者の公正かつ公平な訴訟追行とそれによる審理の充実を保障する意味が見出せる。

　以上のとおり，口頭弁論における諸原則は，これまで一般に裁判を目的として，裁判所の判決を中心にとらえられてきたが，当事者の視点からとらえ直す必要がある。従来の裁判所中心のとらえ方では，原則の意義は抽象的にしか把握されず，口頭での弁論は書面にとってかわられ，公開主義も直接主義も審理の便宜のために後退してしまう。けれども当事者の視点，弁論を両当事者のやりとりのプロセスと解する立場からは，諸原則はそれぞれに紛争の調整に欠かせない実践的な機能を持ち，互いに密接に結びついていて，切り離すことができない。こうして視点を転換し，諸原則の実質を取り戻すことにより，形骸化した弁論を活性化することができる（Ap.13-1 も参照）。

4　当事者と裁判所の役割分担

当事者主義と職権主義

　民事訴訟においては，当事者と裁判所のどちらが主体的な役割を果たすかが，審理の局面ごとにふり分けられている。まず，訴えを起こし，そのテーマ，審理対象である請求（訴訟物）を決める，それを基礎づける事実や証拠を提出するという審理の内容，実体面については，当事者が主導権を持つとする考え方（**当事者主義**）が妥当している。私的な紛争処理の場である民事訴訟においては，私的自治が反映して **当事者自治** が基本とされる。

　これに対して，審理の期日をいつ開くか，その期日において口頭弁論や証拠調べをどのような方式で行うかなどの審理の進行，手続面については，裁判所が主導権を持つとする考え方（**職権主義**）が妥当している。民事訴訟法を適用した適正な手続を実現するのは制

度としての裁判所の責任であるとするのである。

審理の実体面における当事者主義は，さらに，審判対象の限定と訴訟の開始・終了に関する **処分権主義**（Ap. 7-3, Ap. 16）と，事実や証拠の収集に関する **弁論主義**（Ap. 13-1）に分かれる。審理の手続面における職権主義は **職権進行主義** とよばれる。

職権進行主義

職権進行主義のもと，裁判所に与えられた権限のことを **訴訟指揮権** という。これは，判決以外の裁判所の行為の総称といってよいほどの広い概念であるが，以下の4つに分けられている。第一は，期日の指定・変更（93条），期間の伸縮（96条，規38条）をはじめ，訴訟の進行に関するものであり，職権進行主義に直結する。第二は，審理を整理し，促進させるための措置であり，弁論の制限・分離・併合（152条1項）や弁論の再開（153条），時機に後れた攻撃防御方法の却下（157条。Ap. 11-4）などがこれにあたる。第三は，期日になされる訴訟行為の整理であり，当事者の発言を命じたり禁じたりするなどの口頭弁論期日における指揮（148条）がこれにあたる。第四は，訴訟関係を明瞭にする処置であり，職権進行主義というよりも弁論主義を補完する釈明権の行使（149条），釈明処分（151条）である（note33）。

ただし，職権進行主義といっても，手続の進行について当事者も申立てをしたり，意見をいうことができるし，裁判所と当事者双方が協議して審理の計画を定めるなど（147条の3。Ap. 11-4），当事者を無視した極端な裁判所主導はとられていない（note25）。つぎに，上記の訴訟指揮権のうち，二つを取り上げて紹介しておく。

（1）期日の指定・変更

審理のための **期日** とは，訴訟関係者が会合して訴訟に関する行為をするために定められる時間のことである。その目的により，口頭弁論期日，証拠調べ期日，和解期日，判決言渡期日などとよぶ。

この期日をいつ開くかを裁判所は職権で指定する。まず最初の期日では，原告から提出された訴状につき形式的要件を審査したうえで（Ap.9-1），裁判長が期日を開く日と時間を定めて当事者をよび出す（139条）。第1回口頭弁論期日は，とくに事情のある場合を除いて，訴えが提起された日から30日以内に開かれることとされている（規60条2項）。裁判所では書記官が呼出状を訴訟関係者に作成・送達して出席を求める。

　裁判所により**期日指定**がなされても，さまざまな事情により期日を開けなくなることがあるので，期日開始前にその指定を取り消して新たな期日を指定すること（**期日変更**）が認められている。とはいえ，いったん指定した期日をむやみに変更することは望ましくないから，これが許される場合は限定されている。第一に，最初の期日は裁判所が必ずしも当事者（被告）の都合を聞かずに定めるので，被告にすでに予定があったり応訴の準備が整っていないなどの場合や，両当事者の合意により期日変更の申立てがあった場合には変更が許される（93条3項ただし書）。しかし2回目以降の期日は，裁判所が当事者の都合を聞いたうえで指定されているから，変更がもっとも考えられるような「顕著な事由」がある場合でなければ変更が許されない（93条3項本文）。たとえば，代理人をつけていない訴訟で当事者本人が急病になるなどの場合にかぎられ，最初の期日の場合より厳格に解される。また，弁論準備手続（Ap.12-3）を経た後の期日の変更は「やむを得ない事由」がある場合にかぎられ（93条4項），顕著な事由より狭く解される。弁論の準備が済んだ段階では，継続・集中して審理する必要性がとくに高いためである。

(2)　弁論の制限・分離・併合・再開

　裁判所は，審理中に，口頭弁論を制限したり，分離，併合したりすることを命じ，またはこれらの命令を取り消したりすることがで

きる（152条1項）。

　口頭弁論の内容が複雑多岐にわたるときに，一つのまとまった事柄を他から切り離して，それだけ先に弁論をさせることを，**弁論の制限** という。本案（請求内容）の審理・判決をする前提要件（訴訟要件。Ap.11-2）が争いとなっている場合など，中間判決（245条）ができるような場合には，その前提として弁論の制限がなされる。もともと原告が一つの訴えに複数の請求を併合しているときには（Ap.19-1，Ap.20-2），別々の訴訟手続に分離することもできる（**弁論の分離**）。たとえば case3 で道後さんと白骨社が共同被告として訴えられたが，白骨社だけが原告の請求を争うような場合には，争っていない道後さんに対する請求を分離して，先に請求認容判決をすることが可能である。

　反対に，原告が別々に係属させた訴訟を，裁判所の手で一つにすることを，**弁論の併合** という。上記 case3 で原告の株式会社日奈久が被告を別々に訴えていたときに，それらを一つの手続にまとめること，case2 で湯河原さんが下田さんにした明渡請求と下田さんから湯河原さんに提起した所有権確認請求をまとめることが可能である。

　また，いったん弁論を終結したのちでも，当事者の主張がはっきりしない点や証拠調べの必要な点が残っていたなど，さらに弁論の必要が生じたような場合には，**弁論の再開** を命ずることができる（153条）。

　これら弁論の制限や再開は，裁判所の裁量により，当事者に申立権はないとされているが，手続的正義を根拠に再開しないことを違法とし，裁判所の弁論再開義務を認めた判例がある（判例①）。

note25　当事者の手続関与

　民事訴訟法は，手続進行について，一定の場合に当事者が関与する機会を認めている。

まず，当事者に申立権が認められている場面として，上述の**期日の指定**（93条1項）のほか，移送（16条〜20条の2。Ap. 8-4），一方当事者から裁判長を通じて相手方に説明を求める釈明（**求釈明，求問権**。149条3項。note33），当事者の提出した主張などをいまさら遅いとして却下する時機に後れた攻撃防御方法の却下（157条。Ap. 11-4）などがある。つまり，一方当事者から裁判所に対して，事件を他の裁判所へ移送してほしい，相手方の主張を却下してほしいなどと申し立てることができる。

　また，手続進行につき「当事者の意見を聴いて」決めるべきこととしている場面もある。これには，後述の弁論準備手続をとる前に当事者に意見を聴く（168条。Ap. 12-3），原則的な順番を変更して証人尋問を行おうとするときに意見を聴くといった場合などがある（202条2項。Ap. 15-2）。同様に，裁判所が「当事者双方と協議」をすることとされている場面として，審理計画の制度がある（147条の3。Ap. 11-4）。

　さらに，当事者の申出，申立てがある場合にはそれに拘束されることとして当事者の意向を反映するようにしている場面として，弁論準備手続をやめてほしいと当事者双方が申し立てた場合に裁判所はその通りにしなければならないとする規定（172条ただし書。Ap. 12-3）などがある（他に19条1項。Ap. 8-4）。

　なお，当事者には裁判所の訴訟手続や相手方の訴訟行為が法規に反している場合に異議を述べ，効力を争う権能を持つ（**責問権**）。逆に言えば，法規違反があっても，当事者があえてその不利益を甘受する意向を示したり，異議を述べることなくやり過ごしてしまったりした場合には，後になって異議を述べ，すでに行われた手続を無効にすることはできない（責問権の喪失。90条）。その根拠は，訴訟手続は一連の訴訟行為の積み重ねであるから，後にその一部の違反を指摘して，後の手続すべてが無効となるのは合理的でないという訴訟運営上の要請もある。しかし，主として，当事者の利益にかかわる事項（任意法規）については，その違反に気づいた当事者が自ら，ただちにそれを指摘して適正手続を行わせる必要があり，その場をやり過ごして後で文句をいうことは当事者間の訴訟におけるかかわりのあり方，争い方

の公平の観点から許されないからである。

〈参照判例〉
①最判昭和 56 年 9 月 24 日民集 35 巻 6 号 1088 頁・百選（5 版）41 事件

〈ステップアップ〉
①春日偉知郎「口頭弁論の意義と必要性」新・争点 156 頁
②中野貞一郎「裁判の公開と秘密保護」論点 II 1 頁
③仁木恒夫「裁判の公開と法専門家」法政研究 60 巻 1 号 123 頁

第1回口頭弁論における当事者のやりとり

被告の対応と審理の計画

1 答弁書の提出と初回期日の弁論

答弁書の提出

　被告に対し，訴状が裁判所から送達されてくるときには，同時に第1回の口頭弁論期日の呼出状（139条・94条）と，答弁書を提出するようにとの催告が送られてくる。**答弁書**とは，原告の訴状に対応する，被告の最初の応答書面であり，最初の期日の内容を準備し，それを原告と裁判所に予告する機能を持つ。被告はこれを最初の期日（別に提出期限が定められていれば，その日）までに作成し提出する（規80条）。

　答弁書の作成については，相手方が準備をするのに必要な期間をおいて裁判所に提出すること（規79条1項），相手の主張する事実を否認する場合にはその理由を記載すること（規79条3項），訴状に記載された事項に対応する形で記載することなど，できるだけ充実した準備ができるよう，期待されている。ただし被告は，期日の直前に訴訟代理人を選任する場合など，原告にくらべて立ち上がりが遅れ，準備に十分時間がとれないことから，実際は期日前に詳しい答弁書を提出しない場合もある。また，被告とされたものは，往々にして早期決着を望まないことがある。そこで，このような場合には，答弁書の提出後すみやかに詳しい書面を提出するよう定め

られている（規80条1項後段・2項後段）。

✒ 初回期日の弁論——要件事実論から見た被告の応答

　こうして迎える第1回口頭弁論の期日には，まず原告が訴状にもとづいて，対する被告が答弁書にもとづいて陳述する。実務では，裁判官が各当事者に「訴状の通りですね」「答弁書通り陳述しますね」などと問いかけ，当事者が「はい」とこたえるだけのことが多い。

　この弁論を **要件事実論**（Ap.9-4）にしたがって見てみよう。まず原告の訴状陳述は，そこに記載した請求の趣旨と請求の原因について陳述していることになる（Ap.9-3, 4）。

　これに対して，被告は答弁書で，まず原告の請求の趣旨に対し，「原告の請求を棄却する，との判決を求める」と反対の申立てをする。または，つぎの **2** で述べるように，訴訟要件が欠けているとして「原告の訴えを却下する，との判決を求める」と申し立てることもある。そのほかに，実際には多くはないが，被告が原告の請求を認めてしまう場合には，請求の認諾となって，そこで訴訟は終わる（Ap.16-2）。

　被告が原告の請求に反対申立てをする場合には，原告の請求原因に対して認否，反論を行う。まず法律上の主張として原告の主張するような権利・法律関係は存在しないと主張し，さらにこれを理由づける事実上の主張をしていくことになる。この事実上の主張の部分を取り出してみると，原告が請求原因とした事実主張に対する四つの応答に分けられる。それは，争う（**否認** という），知らない（**不知**），答えない（**沈黙**），認める（**自白**。Ap.13-3）のいずれかである。はじめの二つは被告が原告の主張を争ったと扱い，当事者同士が争っている事実（争点）につき，さらに証（あかし）を立てて認識をたしかめ合うため，証拠調べをしなければならない。これに対して，おわりの二つは被告が原告の主張を争わない，当事者双方が

一致していると取り扱うので，証拠調べをせずにそのまま判決の基礎にすることになる（179条，159条。詳しくは Ap. 13-3）。case1 では，被告の有馬さんは「原告の請求を棄却する，との判決を求める」としたうえで，「請求原因のうち金員が交付された事実は認めるが，その余の事実は否認する」とする。これは，知多さんの消費貸借契約にもとづく請求につき，要件事実のうち貸借（返還と弁済期）の合意については否認し，金銭の授受については認めていること（自白）になる。

なお，否認には，単純否認と相手方の主張と両立しない事実をあげて争う **理由付否認**（**積極否認**）がある。実効的な弁論のためには否認には理由を付すことが求められるから（規79条3項），有馬さんは単に貸借の合意をしていないというだけでなく，「1000万円は借りた（返す約束をした）のではなく，もらった（贈与。民549条）」などと具体化すべきことになる。

このように，一般的な理解によれば，**口頭弁論**（狭義。すなわち主張の段階）は原告の主張に対して被告の主張をつき合わせ，争点と自白をより分けて，証拠調べの段階へ進める準備をする手続と位置づけられる。そのやりとりが1回の期日で終わることも多いが，終わらない場合にはさらに期日を続行する。

2　審理・判決の前提

訴訟要件とは何か

原告が訴えを提起して訴訟が係属すると（Ap. 9-1），被告は訴訟に引き込まれ，裁判所は審理に入ることになる。しかし，なかには，そもそも本案（請求の中身）に立ち入って審理・判決するまでもない訴えもある。よく用いられる例でいえば，試験の答案を採点する（本案の判断）以前に，その科目の履修登録をしていない，その大学

の学生でないなどの場合に，受験や受講の資格がないというのと同様である。このような場合には，裁判所が本案に立ち入って審理・判決するための前提となる要件（**訴訟要件**）がないから，訴えを取り上げない，実質的な審理をしないという意味で，門前払いの判決をする。この判決を **訴え却下判決** という。訴訟要件にはさまざまなものがあり，統一的な規定はない。つぎに三つの観点から，訴訟要件の主なものをまとめておく。

第一に，裁判所に関するものとして，事件（当事者および請求）がわが国の裁判権に服すること，訴えを提起された裁判所が事件につき **管轄権** を持つこと（Ap.8。ただし，管轄が認められない場合，訴え却下でなく 16 条移送）。

第二に，当事者に関するものとして，当事者が実在すること，当事者が **当事者能力** および **当事者適格** を備えていること（Ap.6-2）。

第三に，請求に関するものとして，請求が特定されていること（Ap.9-3），**訴えの利益** があること（Ap.7-2），同一事件が他の裁判所に係属していないこと（**重複訴訟禁止**，142 条。Ap.9-5），訴え取下げ後の **再訴の禁止** に触れないこと（262 条 2 項。Ap.16-3）。このほかに，既判力に抵触しないこと（Ap.17, 18）をあげる考え方もある。

訴訟要件の審理

提起された訴えに訴訟要件が備わっているかどうかは，公益の要請から，当事者にいわれなくとも裁判所が調べるべき事項（**職権調査事項**）とされ，それに関する事実の収集も裁判所が行う原則（**職権探知主義**。Ap.13-1）をとるものとされてきた。しかし，実際には被告の指摘により問題となることも多いし，さらに，被告が申立てをしなければ取り上げられない事項（**抗弁事項**）もある。また，現在では，訴訟要件の内容に応じて，事実資料の収集，提出を当事者が主体となって行う原則（**弁論主義**。Ap.13-1）をとるべき場合もあるとする立場が有力に主張される。

抗弁事項としては，ある問題について争いが生じたときは訴訟でなく仲裁で処理しましょうとか，裁判所に訴えることはやめましょうという当事者の合意（仲裁契約〔仲裁 14 条〕，不起訴の合意）があること，*case2* においてかりに原告の湯河原さんが海外に居住しているとして，のちに被告の下田さんが勝訴しても訴訟費用を湯河原さんから取り立てられないおそれがあること（訴訟費用の担保不提供。75 条）などがある。また，任意管轄の場合の管轄違いも，被告がそのまま応訴すれば応訴管轄が生じるので（12 条。Ap. 8-3），第1回期日までに被告が移送を申し立てる必要がある。

　訴訟要件は，訴えの提起時に調査すればすぐにあるかどうかがわかる形式的要件ばかりではない。訴えの利益（Ap. 7-2）や当事者適格（Ap. 6-2）のように，本案に深くかかわっているため，本案の審理と並行的にしか審理・判断できない場合があり，むしろこのような要件こそ重要である。したがって，本案の前提問題といっても，訴訟要件の審理だけを本案より先に行うことはできない。そこで，一般に訴訟要件は本案審理をするための要件というより，本案判決をするための要件とされている（本案判決要件）。この考え方によれば，訴訟要件は訴え提起時に備わっていなくとも，本案判決の基礎となる事実資料が提出される最終時点，すなわち事実審の口頭弁論終結時（既判力の基準時。Ap. 17-3）までに充足すればよいことになる。

note26 「訴え却下」と「請求棄却」のちがい

　　訴訟要件がないと判明した場合に，補正が可能であれば裁判所から補正が命じられる。それでも補正がない場合や，補正の可能性がない場合には，訴え却下判決が出される。このように訴訟要件が欠けているために，裁判所が本案に入らないで下す判決を **訴訟判決** という。これに対して，本案について判断した結果として下す判決を **本案判決** といい，このうち，原告の請求が認められた場合には請求認容判決が，

認められなかった場合には請求棄却判決がなされる。

したがって，同じ原告敗訴判決でも，**請求棄却**は問題の中身に入った話し合いの結果であるのに対し，**訴え却下**は中身に入れない，そもそも裁判所で話し合う資格がないという判断であり，大きなちがいがある。

3　当事者が欠席するとどうなるか

> 設例①　被告は，最初の期日は都合がつかないとして，答弁書だけ提出して欠席することができるか。被告が，原告や裁判所に何の連絡もなく，最初の期日に出席しなかった場合には，それ以降どうすればよいか。
>
> 設例②　期日に両当事者とも欠席した場合，裁判所はその後の手続をどう進めたらよいか。それまでに行われた内容に基づいて，判決を下すことが許されるか。

口頭弁論では，両当事者が積極的に主張，立証して，互いにかみ合った攻撃防御を展開することが期待されるが，現実にはさまざまな理由や背景から，当事者が期待通りに行動しないことがある。このような場合を「不熱心な訴訟追行」とよぶ。その典型は，当事者の一方または双方がまったく弁論しないか，そもそも期日に出席しないことである。当事者が欠席した場合にいっさい審理を進められないのでは不都合であるから，民事訴訟法はつぎのような処理を定めている。

🖋 当事者の一方の欠席

上記の設例①の場合，原告は，最初の期日に限って，被告が提出した答弁書に記載した事項を陳述したものとみなして審理を進めることができる（擬制陳述。158条。原告欠席の場合も同様）。これに対して，2回目以降の期日では擬制陳述は認められていない。これは，

書面だけ出せば欠席できるとすれば，口頭弁論の意味がなくなるからである（ただし，簡裁では続行期日にも擬制陳述が認められる。277条）。

　しかし，実務では，しばしば被告が最初から何の書面も提出せずに欠席する。そこでこの場合には，最初の口頭弁論期日に原告が訴状を陳述すると，被告は原告の主張を争っていないものとして（**擬制自白**。159条3項本文），原告の主張通りの判決がなされることが多い。この判決は両当事者が出席していたものとして出されるのであるが，実務上「**欠席判決**」とよばれる。この場合に，判決書を作成しないで，口頭弁論の調書を判決にする形で簡易に判決することもできる（**調書判決**。254条1項1号）。またこのほかに，出席している当事者の申出があれば，後述する審理の現状にもとづく判決も可能である。

当事者双方の欠席

　設例②の場合は弁論が不可能であるから，欠席後，1ヵ月以内に当事者が **期日指定の申立て**（93条1項。note25）をしないと，もはや当事者に訴訟追行の意思がないものとして **訴えの取下げが擬制** される。同様に，両当事者が連続2回欠席した場合にも取下げが擬制される（263条）。

　さらに，「審理の現状及び当事者の訴訟追行の状況を考慮して相当と認めるとき」には，裁判所が当事者欠席のまま弁論を終結し，終局判決を下すことができる（244条）。この制度は，ドイツを参考にしながら，わが国の最高裁判決を明文化したものである。

note27 **審理の現状にもとづく判決**

　通常の終局判決は，「訴訟が裁判をするのに熟したとき」（243条）に出される。243条の「裁判をするのに熟したとき」とは，つぎの二つの側面すなわち，訴訟資料が充実して事案が解明されたという面（情報状態）と，当事者が攻撃防御方法を提出する機会を十分に与え

られたという面（手続保障）と分析されている。

　243条とは別に244条が規定されたのだから，その要件はそれぞれ異なると考えられる。けれども，もし裁判に熟さなくても244条によって終局判決を下せるとなれば，まだ事案が解明されていない場合や当事者が攻撃防御方法を十分出していないのに判決できることになるとして，立法時にもこの規定への反対意見が出されていた。しかし結局この規定は成立し，期日に呼び出しても欠席すれば攻防の機会を逸するという趣旨（包括的失権。後述 4）と解釈されている。この解釈によれば，244条の「相当と認めるとき」とは，243条の「裁判をするのに熟したとき」のうち，手続保障の側面を表すことになる。つまり，二つの条文をまとめてみると，終局判決ができるのは，話し合う機会を与えたのに当事者がそれを使わない場合ということになる。

　この解釈は，終局判決ができるかどうかは裁判官が事案を解明できたがどうか（情報状態）ではなく，当事者の訴訟における行動（手続保障）にかかっているとした点で評価できる。しかし一つ間違えば，攻撃防御の機会を与えた以上は判決を下してもかまわない，「相当と認める」判断は裁判所の裁量であるとして，当事者の手続保障の観点を失権のための正当化に利用することになりかねない。そこで，この規定の適用範囲を限定しようとの主張も強く，実際にもほとんど使われていないようである。しかし，せっかくの規定であるから，これを当事者間の手続保障を促進する方向で運用するための新たな解釈を模索する必要がある。

4　今後の審理の見通し

審理の計画

　最初の口頭弁論期日では，裁判所と当事者の間で今後の審理の見通しが立てられる。口頭弁論前の参考事項の聴取（規61条）により，当事者から訴訟の進行に関する意見や進行にかかわる事情が提示されている場合には，それを考慮する。被告が出席しそうもないのでこれで弁論を終結して判決しようとか，被告の出席を待っても

う一度だけ弁論を続行しようとか，被告が答弁書を提出して積極的に争おうとしている事件では，争点を明確にするために次回は争点整理手続（164条以下。Ap.12-2）に入ろうなどと，見通しを立てていく。被告が出席していて，しかも原告の主張を争ってはいない場合，たとえば債務があるのは認めるけれども今すぐには支払えないなどと被告が主張する場合などは，和解の期日を入れて，支払猶予や分割払いなどの話し合いをすることも考えられる（Ap.16-4）。

　このように，手続の早い段階で裁判所が当事者と協議をし，計画的に審理を進めることが実務の運用改善の動きとして広まっていき，ついには明文で規定されるようになった（計画審理。147条の2。note24 も参照）。この計画審理により，**集中審理主義** を実現し（Ap.10-3），原則として2年以内に第一審の手続を終結させるという裁判迅速化法の目標を達成しようというのである。さらに，審理すべき事項が多い複雑な事件（たとえば医療事件や特許事件など）では，争点整理を行う期間，証人尋問を行う期間，判決言渡しの予定時期といった審理計画を定めるほか，ある事項についての攻撃防御方法の提出期間など，手続の計画的進行に必要な事項をくわえて定めることもできる。それが審理の状況に合わなくなったときには変更もできる（147条の3）。この計画に反して，当事者が不誠実な訴訟追行をした場合，とくに攻撃防御方法を定めた期限に提出しなかった場合には，通常の場合よりも厳しい対応がなされることになっている。

note28 **進行協議期日**

　審理の見通しを立てるための方法として，口頭弁論の期日外に進行を協議する期日を開くこともできる（規95条）。この期日は，両当事者と裁判所が訴訟の進行上，必要な事項について打ち合わせをする場であり，具体的には多数の証人尋問を行う場合の日程調整などを行うものとされている。とくに，当事者や証人が多数にのぼる **大規模訴訟**

（Ap. 20-1）や，特許訴訟・医療訴訟のように法律以外の専門知識を必要とする訴訟（専門訴訟。note31参照）などにおいて活用される。

この期日の目的はあくまで手続進行の協議とされるが，実務では，医療訴訟などで病院におもむき，医療知識や現場の状況を知るといった使い方もなされ（規97条），現実には，単なる手続進行面にとどまらず，一定程度は事件の中身に立ち入ったものとなっている。この意味で，つぎに述べる争点および証拠の整理手続（164条以下。Ap. 12-2, 3）や和解期日と重なる運用も一部に行われている。

なお，この期日は，一方当事者が遠隔地に居住しているなど，裁判所が相当と認めるときは，裁判所および当事者双方が音声の送受信により同時に通話する方法（電話会議。note30参照）によって行うこともできる（規96条）。

攻撃防御方法の提出時期

原告が自分の本案の申立てを基礎づけるために提出する一切の裁判資料（主張と証拠の申出がその中心）を攻撃方法，被告がその反対申立てを基礎づけるために提出する資料を防御方法といい，両方を合わせて 攻撃防御方法 とよぶ。訴訟過程は，裁判官の前で当事者が相互作用を展開する一連のプロセスであるが，当事者はいつでも何の制約もなく攻撃防御方法を提出できるわけではない。民事訴訟法は，攻撃防御方法は訴訟の進行に応じ適切な時期に提出しなければならないとする（適時提出主義。156条）。わが国では，数回の期日にわたって積み上げられる口頭弁論を一体とみるきまり（口頭弁論の一体性）がとられている。これを前提として，旧法では，口頭弁論の終結に至るまで，当事者は攻撃防御方法を原則的に自由に提出できるとする「随時提出主義」がとられていた。しかし弁論の柔軟化のねらいに反して，攻撃防御方法の小刻みな提出を許し，審理を長期化・散漫化させるとの批判から，現行法で適時提出主義が採用されたのである。

この基本原則を支える具体的方策としては，裁判長が準備書面な

どの提出期間を定める制度（162条，301条），争点整理手続（164条以下。Ap.12-2）と集中証拠調べ（Ap.15-2 note41）などがある。

とくに重要なのは，つぎの三つの規律である。まず第一に，当事者が故意または重大な過失によって **時機に後れて提出した攻撃防御方法** は，それを審理すると訴訟の完結を遅延させる場合には，不適法として却下される（157条。具体例として，判例①）。第二に，争点整理手続をへた場合には，その後に新たな攻撃防御方法を提出しようとするとき，相手方の求めがあれば，争点整理の段階で提出できなかった理由を説明しなければならない（167条・174条・178条。Ap.12-2）。第三に，前に述べた **審理計画** の制度（147条の3）として，まず **攻撃防御方法の提出期間** を定めることができ（156条の2），提出期間が定められたのに，これを過ぎて攻撃防御方法が提出された場合には，つぎの場合にその攻撃防御方法を却下できる。すなわち，審理計画に従った訴訟手続の進行に著しい支障を生ずるおそれがあると認められ，提出できなかった当事者が相当の理由を疎明しない場合である（157条の2）。これは，「時機に後れた」とか「故意・過失」が認められなくとも，審理計画の観点から却下を認める趣旨である。

note29 攻撃防御方法の提出を規律する視点

これらの法理は，訴訟の迅速化を図るねらいであるのは間違いないが，単に訴訟運営の効率化という観点からだけとらえるのでは不十分である。157条で問題となるのは「時機に後れた」ことであって「時期に遅れた」ことではない。タイムリーに提出しないことが問題なのである。それ以前の早い段階に提出でき，またすべきであったのに，それを怠りながらあとになって提出して訴訟の終結を引き延ばすことが，相手方当事者の信頼を裏切ることになるので，そのような不誠実な訴訟追行を許さないという考慮が基本にある。「故意または重大な過失」という帰責事由が要求されているのも，その当事者が相手方に対してどのような負担または責任を負うべきかという当事者間の関係，

訴訟過程における争い方の公平の観点が中心におかれていると考えられる。争点整理手続後の新たな攻撃防御方法の提出について，ただちに却下するのではなく，相手方の求めに応じて以前に提出できなかった理由を説明させるという規律の仕方も，裁判所ではなく相手方当事者が理由を問い，提出者は相手方に対して説明するという当事者関係を重視したものと評価できる（Ap.12-2，note32）。平成15年改正による計画審理も，単に審理期間の短縮でなく，当事者にとって手続が目に見える，わかりやすいものとなるように，裁判所の一方的職権によってでなく，当事者から十分に関与でき，動かせるようにする必要がある。攻撃防御方法の提出については，単に時期的に早いか遅いかではなく，それまでの訴訟手続の具体的経過のなかでその当事者にどのような訴訟追行が期待できたかを実質的に考えなければならない。なお，責問権の喪失（90条。note25），自白の撤回（Ap.13-3），既判力の時的限界（Ap.17-3）も，同様に当事者の訴訟におけるコミュニケーションのあり方，争い方の規律の問題ととらえられる。

〈参照判例〉
①最判昭和46年4月23日判時631号55頁・百選（5版）45事件

〈ステップアップ〉
①高橋宏志「訴訟要件」重点講義（下）1頁
②畑瑞穂「訴訟要件の審理・判断」新・争点98頁
③北村賢哲「当事者の欠席」新・争点146頁
④宇野聡「不熱心な訴訟追行に対する対応」塚原朋一ほか編『新民事訴訟法の理論と実務（上）』（1997年，ぎょうせい）279頁
⑤太田勝造「訴訟力裁判ヲ為スニ熟スルトキについて」新堂幸司編著『特別講義民事訴訟法』（1988年，有斐閣）429頁
⑤安西明子「不熱心な訴訟追行」同『民事訴訟における争点形成』（2016年，有斐閣）206頁

Approach 12

争点と証拠を整理する手続

弁論準備手続

1　次回内容の予告──準備書面

　第1回口頭弁論での審理の見通しにより，被告が原告の主張を争う姿勢を見せている事件では，今後の口頭弁論を実効的に実施し，集中的に審理するため，争点および証拠を整理する段階に入る。

　口頭弁論の準備には，準備書面が用いられる。これは，当事者が口頭弁論において提出しようとする主張や証拠，相手方の陳述に対する応答を記載して提出する書面であり，裁判所と相手方に次回期日に行うべき弁論の内容を予告する機能を持つ（161条）。相手方が準備をするのに必要な期間をおいて提出することになっているので（規79条），相手方はそれにどう対応するかの心づもりと準備ができ，裁判所も審理方針を立てておくことができる。被告の答弁書（Ap.11-1）は最初の準備書面である（規79条1項。訴状につき規53条3項）。

　以前は，当事者が裁判所を通して準備書面を相手方に送っていたが，現行民事訴訟規則では，ファクシミリなどで相手方に直接送付することとなった（直送。規83条）。なお，事件が比較的単純で，当事者が遠隔の地に居住しているなどの場合には，書面のみによって争点と証拠の整理をすることもできる（2③。175～178条）。

　当事者は，準備書面を提出して口頭弁論を準備すべきであるが，

提出していなかったり，記載していなかった事実や証拠でも，口頭弁論期日において提出することはできる。しかし，相手方が欠席しているときは，その期日では陳述できない（161条3項）。もし陳述できるとすれば，相手方がその陳述があったことを知らないまま手続が終結してしまい，不意打ちを受けるおそれがあるからである。準備に必要な情報を得るためには，当事者照会（163条。Ap.5-3）も利用できる。

2　争点および証拠の整理手続——三つのメニュー

三つのメニューとその選択

　弁論の準備のうち，中心とされるのが争点および証拠の整理手続（略して 争点整理手続）である。現行法は，①準備的口頭弁論，②弁論準備手続，③書面による準備手続という3種の争点整理手続を用意している。以下では，まず三つの手続について概観し，そのうち最も重要な②については3でさらに検討する。

　まず①の 準備的口頭弁論 とは，口頭弁論を二段階に分け，前半を準備段階として争点や証拠の整理を行う手続である（164条以下）。これも口頭弁論であるから，公開法廷で実施され，争点整理をしながら同時にさまざまな証拠を調べることもできる。一般公開されるのはこの手続だけなので，傍聴人の見込まれる社会的注目を集める事件や当事者や関係者が多数にのぼる事件に適している。

　②の 弁論準備手続 とは，準備室といった名称の会議室のような部屋で実施される方式であり，実際多くの事件に用いられている（168条以下）。この期日には当事者双方が立ち会わなければならない。一般公開されないが，裁判所が認める者の傍聴は許される（169条）。ここでは，証拠の申出に関する裁判（文書提出命令・証拠決定など），その他の口頭弁論の期日外にできる裁判（訴訟引受決定

など）をすることができるほか，文書の証拠調べもできる（170条2項）。しかし，証人や当事者本人を尋問することまでは許されていない。

③の **書面による準備手続** とは，当事者が遠隔地に居住しているなど，当事者がそろって裁判所に出席するのが難しい場合に，書面のやりとりを先行させることによって，準備を進める方式である（175条以下）。

三つの手続のうち，①以外は口頭弁論ではない，特殊な手続とされているから，それらを選択する場合には，当事者の意見を聴かなければならない（168条・175条）。また②の手続を裁判所が選択しても，当事者双方の申立てがあるときは，裁判所はこの手続を取り消さなければならない（172条ただし書）。このように手続の選択は裁判所だけが行うのではなく，当事者に関与の機会が設けられている（note25 参照）。

note30 争点整理手続の IT 化

民事訴訟の立法課題の一つに手続の IT 化がある。現行法では，弁論準備手続（②）と書面準備手続（③）で電話会議システムが認められている（170条3項，176条3項，規88条・91条）。たとえば case1 において名古屋地方裁判所で弁論準備手続が行われる際に，神戸に住む有馬さんの代理人と電話会議システムを用いる場合は，当事者の一方が裁判所に出頭しなければならないので（170条3項ただし書），裁判官，書記官，および知多さんとその代理人は名古屋地裁に，有馬さんとその代理人が神戸の代理人事務所にいて手続が行われる。

現在検討されている IT 化として，訴状などの書面をオンラインで提出することを促進すること（e 提出。132条の10参照），電子メールを用いた送達，記録の電子化（e 事件管理），裁判官，当事者の一方または双方，証人らが裁判所外にいながらウェブ会議システムを用いて主張立証すること（e 法廷。現行法では204条，215条の3など参照）等がある。その第1段階として，2020年2月よりウェブ会議を利用した弁論準備手続が行われている。

IT 化により，審理の充実，手続の迅速化，そして情報共有の容易化が期待されている。たしかに，労力や費用，時間を節約できる点で便利ではあるが，複雑な話には向かないし，物理的に対席していないのでコミュニケーションを取りにくい。話し合いでの相手方の存在や場の雰囲気を直接感じることができず，互いに場を共有しつつ顔を合わせて五感の作用をフルに活用させて対話を行うという口頭弁論の趣旨（公開主義，直接主義。Ap.10-1〜3）から見て，限界がある。

🖋 争点整理手続の内容をまとめる仕組み

争点整理手続が終わると，つぎに証拠調べを集中的に行うことになっている（182 条）。そこで，争点整理手続の終了ないし終結時に，いったん区切りをつける仕組みが設けられている。

第一に，3 種の **争点整理手続** に共通して，争点整理を終わる際には，両当事者と裁判所の間で形成された争点，すなわち何についてその後の証拠調べを行うのかについて確認することとなっている（165 条・170 条 5 項・177 条）。①，②の手続ではこれを争点整理期日の最後に，③の手続では互いがはじめて会う争点整理の直後の口頭弁論期日で行う。

第二に，②の **弁論準備手続** については，その結果を直後の口頭弁論期日で当事者が陳述しなければならないという規定が設けられている（**結果陳述**。173 条）。これについて詳しくは **3** で述べる。

第三に，いずれの手続においても，その終了（終結）後に，確認した以外の新たな **攻撃防御方法**（主張および証拠の申出）を当事者が提出した場合には，相手方当事者は後れた理由の説明を求めることができる（167 条・174 条・178 条）。争点整理手続後の新しい主張を一切許さないという効力（失権効）を及ぼすという方法も考えられるが，手続が硬直化し，かえって闇雲に主張がでて審理が混乱するおそれがあるため採用されなかったのである。むしろこのように，提出が後れた理由を裁判所ではなく相手方当事者が問い，提出者は

相手方に対して説明するという規律の仕方は，訴訟過程における当事者関係の重視，当事者間の争い方の公平という観点から見て評価できる（Ap. 11-4, note29 参照）。

note31 専門委員

　おもに争点整理手続で活用されるように設けられた制度として，専門委員 の制度がある。医療や建築，金融などのいわゆる 専門訴訟 においては，当事者（本人および代理人）と裁判所に専門知識が欠けるために，主張がかみ合わず，争点を形成できない場合がある。そこで，平成 15 年の法改正により，専門家（医師や建築士，会計士など）を選任し，弁論の準備段階から証拠調べや和解に至るまで，裁判所の補助的立場から手続に関与させることができる専門委員の制度が設けられた（92 条の 2 以下）。訴訟に関与する専門家としては以前から鑑定人の制度（212 条以下）があるが，これは事件の争点が明確になり，その判断に高度な専門知識を要する場合に，証拠調べの最終段階で関与するものである。これに対して，専門委員は当事者が争点を形成していく早期段階から，その後も証拠調べや和解に至るまで一貫して手続に関与できる立場にある。

　専門委員の関与については，当事者の意見を聴く。証人や鑑定人などに専門委員が直接質問する際と和解への関与には当事者に同意を得なければならない（92 条の 2 第 2 項・3 項）。また，当事者にわからないところで専門委員が裁判所の判断形成に影響を与えることのないように，争点整理段階の専門委員の説明は書面または当事者の出席する期日において口頭でなされなければならない（92 条の 2 第 1 項）。なお，専門委員は非常勤であり，個別事件に応じて 1 名以上指定される（92 条の 5）。具体的には各裁判所の運用によるが，裁判所が事前に近隣の大学などに依頼し，専門領域ごとに非常勤の専門委員になる者を募って名簿を作成しておき，その中から指定する。

　なお，知的財産に関する事件 では，裁判所調査官 に専門委員と同様の役割をさせることができる。この役割の明確化，透明化のため規定がおかれたが（92 条の 8。その除斥・忌避につき 92 条の 9），この場合には，関与させることについて当事者の意見を聴くことも，証拠

調べにおいて直接発問することにつき当事者の同意を得ることも要求されていない。

3　弁論準備手続の位置づけ

なぜ弁論準備手続はつくられたか

　争点整理手続の中核である弁論準備手続は，かつて実務において広く行われていた「和解兼弁論」を生まれかわらせたものである。かつて実務では，書面の提出・交換と次回期日の設定を行うだけの期日が数ヵ月おきにポツン，ポツンと開かれ（五月雨式審理），当事者が互いに主張をかみ合わせることができないまま，漫然と期日がくり返されていた（漂流型審理）。これを改善しようと，法廷以外の準備室や和解室などの小部屋で，当事者や関係人と裁判所がテーブルを囲んで率直に対話する方式が実務で広がり，「和解兼弁論」とよばれるようになったのである。これは，当事者が主張をかみ合わせて実質的な弁論が行えるうえ，それをふまえて和解にもつなげられる柔軟性を備えていた。しかし，根拠となる法がなく，裁判官によってやり方も異なり，公開主義にも反するなどの点が問題とされるようになったため，現行民事訴訟法は弁論準備手続を創設した。

口頭弁論とどうちがうのか

　参加者の話しやすさ，争点整理の便宜から，弁論準備手続は一般公開とはされていない。公開法廷で実施されないところが，口頭弁論との第一のちがいである。けれども，和解で通常行われる個別ないし**交互面接方式**（裁判所が当事者を片方ずつ部屋に入れて，相手不在で本音をきく方法）をやめ，両当事者の立会い（対席，当事者公開）を保障した（169条1項）。また，裁判所は相当と認める者の傍聴を許すことができ，当事者が連れてくる関係者も，支障がある場合を除き，傍聴が許される（制限的公開。同条2項）。

公開法廷で行われる本来の口頭弁論ではないことから，弁論準備手続では証人調べを行うことはできない。

　口頭弁論は，当事者の意見を聴くことなく当然に開けるが，弁論準備手続は当事者（代理人）の協力が得られなければ所期の目的が達せられないので，当事者の意見を聴くことが必要である（168条）。ただし，意見を聴けばよいのであって，意見に拘束されない。いったん弁論準備手続に付されても，当事者双方がその取消しを申し立てれば，その決定は取り消されることも（172条ただし書），口頭弁論とのちがいである。

　また，弁論準備手続では，その結果を，直後に開かれる口頭弁論期日において当事者が陳述しなければならないことになっている（173条）。公開主義などの基本原則を満たす口頭弁論に上程されない限り，そこで行われた内容を判決の基礎にはできないと考えられているからである。とはいえ実際には，口頭弁論の冒頭に，裁判所が「弁論準備手続の結果を陳述しますね」と問い，代理人弁護士が「はい」と答えるだけといった，非常に形骸化した運用がほとんどである。

　なお，和解兼弁論のように，弁論準備手続の中で和解を進めることができるかどうかについては議論がある。和解はいつでも勧めることができる（89条）として肯定する立場と，弁論準備手続は双方対席であり（169条1項），和解の過程で心証がとられてしまうことを問題にして，和解の実施を否定する（別に和解期日を設定すべきとする）立場がある。これは和解手続の運営のあり方，和解と判決との関係をどう見るかに関係する（Ap.16-4）。

弁論準備手続でできること

　弁論準備手続でできることをここで整理しておこう。

　まず，①準備書面の提出を求めて事前の準備をさせること（170条1項），その提出期間を定めること（170条5項による162条の準

用）。②証拠の申出に関する裁判，文書等（準文書を含む）の証拠調べ，公開法廷ですることを要しない裁判（口頭弁論の期日外で行うことのできる裁判。170条2項。たとえば，訴訟引受けの決定〔50条〕，補助参加の許否の決定〔44条〕など）。③弁論の整序，すなわち口頭弁論における訴訟指揮権の行使（148条），期日内または期日外の釈明権の行使（149～151条。[note33]），弁論の分離・併合・再開の裁判（152条1項・153条），通訳人の立ち会い（154条），弁論能力を欠く者に対する措置（155条）など（170条5項による諸規定の準用）。さらに，攻撃防御方法の提出にかかる裁判（156条を前提に157条・157条の2。Ap.11-4），欠席者などの陳述や自白の擬制（158条・159条。Ap.11-3。170条5項による諸規定の準用）。

　なお，実務では，口頭弁論とは異なり，弁論準備手続を受訴裁判所の構成員である **受命裁判官** に行わせている場合が多い（171条）。この場合には，②の裁判，③のうち，釈明権に対する異議の裁判（150条），審理の計画が定められている場合の攻撃防御方法の却下の裁判（157条の2）はできない（171条2項）。ただし，調査の嘱託（186条），鑑定の嘱託（218条），文書送付嘱託（226条・229条2項・232条）をすることはできるし（171条3項），平成15年の改正により文書の証拠調べもできるようになった。

[note32] 運用の指針

　弁論準備手続 では，証人調べ以外のかなりの内容が行われるから，実質的には準備というより弁論そのものと考えられる。ここから，手続結果のみを後の公開法廷に上程すればよいとわり切ることには問題がある。そこで，弁論準備手続自体に当事者と関係者が出席しやすくするため，一般公開に近づける運用が望まれる（最近の公開原則相対化の主張とこれに対する批判は，Ap.10-2）。

　すると，**弁論準備手続の結果陳述** については公開主義をおぎなうためにするというより，なにかほかの意義を見出さなければならない。実際，この手続を集中証拠調べ前の冒頭陳述と位置づける立場がすで

にある。通常，弁論準備手続では文書の証拠調べまで終わっているので，結果陳述が行われる口頭弁論期日とは，証人や当事者本人を尋問する段階となる。そこで，尋問が実施される直前に，争点をあらためて確認し，証拠調べの目標を明らかにする意味があるというのである（ここから，結果陳述というより冒頭陳述と位置づけられる）。けれども，これも，弁論準備手続に出席していた者にとっては争点確認を口頭でくり返すだけになって実益がない。出席していなかった当事者本人と証人ら，実際にはほとんどいない傍聴者に向けて裁判所や代理人弁護士が語るというのも，せいぜい観客サービスの域を出ず，現在の形骸化した実務運用を脱することはできないだろう。これは，まず利用者本人を口頭弁論の主体と位置づけたうえで，公開主義や口頭主義といった口頭弁論の一般原則から考え直さなければならない大問題である。

　また，争点整理手続後に一方当事者が新たな攻撃防御方法を提出しようとする際の規律については，代理人弁護士同士のなれ合いでせっかくの規定を使わないのは問題であるが，いちいち「詰問権」を行使して提出者の「説明義務」を問う形式的運用になれば，当事者の相互関係を重苦しくし，かえってコミュニケーションを阻害するおそれもある。現に実務では「詰問権」は行使されていない。現行法が失権効を採用しなかった趣旨をふまえ，前の段階で提出できなかった理由のほか，提出した場合の先の見通しを，両当事者の争い方の公平の観点から問題としていく実務の積み上げが待たれる。

〈ステップアップ〉
①新堂幸司・新民訴 539〜552 頁
②林道晴＝太田秀哉編『ライブ争点整理』（2014 年，有斐閣）
③西口元「裁判官の争点整理のスキル」判タ 1134 号 14 頁
④井上治典「弁論の条件」手続論 87 頁

当事者の主張立証の原理

攻撃防御方法の提出

1 なぜ弁論主義がとられるか

🎧 弁論主義の三つの内容

　民事訴訟においては，審理の内容の二つの側面で **当事者主義** がとられている（Ap.10-4）。それは，訴えを起こし，そのテーマ（訴訟物）を決めるという側面（**処分権主義**。Ap.7-3）と，訴訟物を基礎づける事実と証拠を収集するという側面（**弁論主義**）である。弁論主義とは，民事訴訟では裁判所ではなく当事者が事実と証拠を収集し提出するというきまりであり，これにより裁判所の審判の範囲を限定することができる。

　弁論主義の内容はつぎの三つに要約されている。

　1 裁判所は，当事者の主張しない事実を判決の基礎にしてはならない。したがって当事者は事実を主張しておかないと，裁判所に取り上げられず，判断されないという不利益を受ける。これは主張段階のきまりである（**主張責任**。なお，note36 も参照）。

　2 当事者間に争いのない事実（自白された事実）は，そのまま判決の基礎としなければならない（179条）。裁判所は，事実は当事者のいうこととは違うのではないかと思ったとしても証拠調べをしてはならず，当事者の自白に拘束される。これは主張と証拠の段階を分けるきまりである。

3 証拠調べの対象となる証拠は，当事者の申し出たものに限られる（職権証拠調べの禁止）。これは証拠段階のきまりである。

以上のうち，**1**はつぎの2で，**2**は3で，**3**についてはAp. 15-1で検討する。これに対し，判決の効力が広く第三者にも及ぶ人事訴訟では，当事者が主張しない事実も判決の基礎としてよく，職権で証拠調べをすることもできるという職権探知が採られている（人訴20条）。

🎙 弁論主義の根拠

民事訴訟において，なぜ弁論主義がとられるかについては，従来から学説の対立がある。現在の通説は，私的自治の民事訴訟への反映として，弁論主義を民事訴訟の本質に根ざすものと見る説（**本質説**）である。これに対して，事実関係をいちばんよく知るのは当事者なので，その責任により訴訟資料を収集させることが真実発見につながるとして，弁論主義は真実発見の手段として採用されていると見る説（**手段説**）がある。またさらに，弁論主義は私的自治の尊重と真実発見の効率のほか，不意打ちの防止や公平な裁判への信頼確保など，多元的根拠にもとづいてできた歴史的所産と見る説（**多元説**）など，さまざまな学説が主張されてきた。

このうち，手段説には，真実発見の要請が強いとされる人事訴訟などで職権探知主義がとられるのはなぜか，説明できないとの批判がある。さらに，訴訟の主体であるはずの当事者を資料収集の手段と見る点で根本的に問題である。また多元説には，単にさまざまな根拠をあげるだけでは何が核心であるか不明確になるし，不意打ち防止などの事項は弁論主義の根拠というより弁論主義をとった場合に得られる結果ではないかという疑問がある。そこで基本的には本質説が妥当とされているのである。

ただし，本質説では，弁論主義を単に私的自治の反映と見るだけで形式的であり，なぜ訴訟において**当事者自治**が妥当するのかを

積極的に位置づけられていない。とくに，私的自治，当事者自治がすでに破られているからこそ，事件が訴訟の場に持ち込まれている点を強調すれば，もはや当事者に任せられないから裁判所が介入すべきであるという議論に結びつき，本質説では説得力を欠く。そこで，紛争状況によって破られた自治を回復するためにこそ，弁論主義がとられていると見る **新本質説** が主張されている。訴訟における争い方を当事者の自主性にゆだねているのは，訴訟過程において当事者自身が主張・立証を展開すること自体が，いったん機能不全に陥った当事者の自治自律の回復につながると考えられるからである。

note33 釈明権

弁論主義を極端にとらえると，裁判所は当事者の資料収集・提出にいっさい介入すべきでないことになるが，当事者の主張が不明瞭な場合や裁判所から見て当事者の主張が不十分，不適切と感じられる場合などに，そのまま突き放して判決を下すのはあまりに不親切である。そこで，当事者の訴訟活動について，裁判所が問いを発し，不備を補わせたり立証を促したりすることが認められている（釈明。149 条）。

これは，「**釈明権**」とよばれているが，当事者が釈明をする権能ではなく，当事者に釈明を求める裁判所の権能のことである。しかし，事案の内容により，裁判所が釈明をしないままで判決すると不公正となる可能性が高いときには釈明をしなければならない。そのような判決は，釈明権を行使しなかったことが違法とされるのであり，その範囲では，釈明権は「**釈明義務**」でもある。

釈明権は，合議体においては主として裁判長が行使する（149 条 1項）。また当事者は相手方に対して陳述の趣旨を確かめるために，裁判長を通じて発問してもらうことができる（**求釈明。求問権**ともいう。149 条 3 項。note25）。釈明権は口頭弁論期日のほか，期日外においても行使できる（**期日外釈明**）。これは，裁判官が書記官を通じてファクシミリなどの方法で行うが，そのままでは釈明を受ける側の当事者だけに連絡がきて，相手方当事者にはわからないので，重要な場合に

は相手方にも通知することとなっている（149条4項）。実務では，相手方にも同一内容を送信したうえ，訴訟記録として明確に残す扱いである（規63条2項）。

　このほか，裁判所は釈明の準備または補充として，「釈明処分」とよばれる一定の処分をすることもできる（151条）。具体的には，当事者本人に期日への出席を命じるとか，case3のように会社が当事者となっているときに白骨社の社長でなく週刊「噂の鬼が島」編集長や編集者（事務担当者・補助者。Ap.2-2）に出頭を命じるとか，当事者に関係書類を提出させ，それを裁判所で預かるとか，case2で土地や建物を確認するのに現場を検証するなどである。

2　主張と証拠の区別とその相対化

設例①　case1で，かりに「有馬さんに1000万円を渡した」という事実を，知多さんが争点整理手続で主張せず（裁判所も釈明していないものとする），のちに証拠調べの段階になって，知多さんが本人尋問の際にそれを供述した場合，裁判所はこの事実にもとづいて判断することができるか。

設例②　case2で，湯河原さんはかりに，「甲土地と伊東ビルを石和さんから買ったのは，実は自分の父（下田の祖父）である。自分はそれを単独で相続した」と主張したのに対し，下田さんは「石和さんから当該不動産を買ったのは自分の母（湯河原の姉）である」と主張したとする。証拠調べの結果，裁判所は「石和さんから不動産を買ったのは湯河原さんの父であり，彼が下田さんの母に不動産を贈与した」という心証を得たとする。この場合，裁判所は釈明をすることなく，上記の心証にもとづき請求棄却判決をしてよいか。

主要事実と間接事実の区別

　要件事実論によれば（Ap.9-4），民事訴訟における事実は三つに

分類される。それは，法律要件を基準として，権利の発生・障害・消滅という法律効果を判断するのに直接必要な事実（**主要事実＝要件事実**）と，この存否を推認するのに役立つ事実（**間接事実**），証拠の信用性に影響を与える事実（**補助事実**）である。前述したとおり（Ap.9-4），設例①において消費貸借の成立という法律効果を生ずるための法律要件は，民法 587 条により，(A)貸借の合意と，(B)金銭の授受であるから，各要件に当てはまる具体的な事実が主要事実である。かりに，(B)の主要事実である「知多さんが有馬さんに 1000 万円渡した」ということを有馬さんが争っていたとすると，知多さんは「その日に真面目銀行の自分の預金から 1000 万円を引き出した」という事実を主張し，対する有馬さんは「その日に自分は海外旅行中で不在であった（金銭を受け取れない）」という事実をぶつけることになる。このように，主要事実があったらしい，逆になかったのではないかと推認させる事実が間接事実である。さらにこの事実を示す証人を出すとすれば，その証人の誠実さを示す事実は補助事実になる。

　このうち，問題になるのは主要事実と間接事実の区別である。通説・判例は，法律要件に直接該当する主要事実こそ重要であるから，これだけに弁論主義の適用があるとする。

　しかし，主要事実と間接事実の区別もそれほど容易でない。たとえば case3 では，名誉毀損という不法行為にもとづく請求をするのに，(ア)白骨社と道後さんが，株式会社日奈久の社会的評価を低下させるような事実を流布したこと，(イ)白骨社と道後さんに故意または過失があること，(ウ)株式会社日奈久に損害が発生したこと，(エ)上記の(ア)と(ウ)に因果関係があることという四つの要件事実を充たす必要がある。ここで，(イ)の故意・過失を取り上げてみると，「過失」自体が主要事実なのか，それとも「道後さんや白骨社がよく調査もせずに情報を流した」といった具体的な事実が主要事実なのか問題と

なる。このことはとくに，抽象的な不特定概念を用いて要件事実を定めている規定（ほかに信義則，公序良俗違反といった一般条項等）について問題とされる（判例①）。さらに，実際問題としても，主要事実の存在がはっきりしないからこそ訴訟になり，間接事実が争いの焦点となっていることが多いのに，間接事実に弁論主義の適用がないとわり切ることには疑問がある。そこで，主要事実のみならず，少なくとも重要な間接事実については当事者の主張を要するという立場が有力である。

主張と証拠の区別

民事訴訟では，「主張」と「証拠」も段階的に区別される。これらは，法律要件に当たる事実の顕出（主張）と，顕出された事実の採否（採否としての推認活動またはその材料としての証拠）の問題として分けられ，相互に連動するものの，一応異なった作業領域に属する。手続上も，前者は「弁論（期日）」，後者は「証拠調べ（期日）」として区別される。いわゆる「争点整理手続」は主に当事者間の主張の食いちがいを明らかにして整理するものであり，「証拠調べ」はそのようにして明らかになった「争点」について，いずれの側の主張がどの限度で認められるかを証拠という具体的材料を通して吟味していく過程であるということになる。

以上から，上記の設例を考えてみよう。まず設例１では，「知多さんが有馬さんに1000万円を渡した」という事実（**主要事実**）は，弁論主義の**❶**により，当事者が主張しておく責任（**主張責任**）を負っており，当事者の主張がないと裁判所は認定することができない。ここで，当事者の主張＝弁論から得られる裁判の資料（判決の基礎となりうる事実）を**訴訟資料**といい，証拠調べの結果として得られる内容（証言内容や証人の様子など）を**証拠資料**という。つまり，弁論主義の**❶**によれば，訴訟資料と証拠資料が峻別されるということである。そして，主要事実と間接事実の区別に関する通説に

よれば，主要事実については，証拠資料によって訴訟資料を補充することは禁じられる。主要事実は争点整理段階で当事者によって主張されていなければならず，のちに知多さんが当事者本人尋問で供述しても，主張したことにはならないのである。これに対し，「知多さんが真面目銀行の預金から1000万円を引き出した」とか「有馬さんは海外旅行中で不在であった（金銭を受け取れない）」という**間接事実**は当事者による主張がなくても，証拠調べなどの口頭弁論全体からそれが認められれば，裁判所は判決の基礎にできる，というのが通説である（ただし，肝心の主要事実が先に主張されていないと，間接事実だけでは法律要件を充足しない）。同様に，設例②でも，裁判所は釈明をして当事者の主張を引き出すことなく，主張のない事実にもとづいて判決することはできない（判例②）。

　しかし，実務では，それほど形式的に主張と証拠を峻別していない。ある主要事実について明示の主張がなくても，証拠調べを含む**弁論の全趣旨**から主張ありとみなして認定判断する取扱いがしばしば行われ，理論の側もあえてこれに異をとなえるものはあまりない。というのも生の事実は証拠調べを含めた弁論にあらわれていると見られるので，はたして弁論主義に違反していると言わなければならないかどうか疑問とされるのである。

[note34] 区別の相対化

　主要事実と間接事実の区別，主張と証拠の峻別は，裁判所が判決をしやすくするための立論であって，当事者による弁論の過程を十分にとらえていないのではないか。当事者を中心にしたさまざまな関係主体がかかわり合う場として訴訟過程をとらえてみれば，主要事実と間接事実の区別はもちろん，主張と証拠の区別も相対化される。たとえば，[case2]において，弁論準備手続で図面や計算書類などの書証を吟味しながら争点整理を行うことは，日常的に見られる「**証拠を取り込んだ主張**」と言えよう。前述の，弁論の全趣旨から主張があったものと擬制するという取扱いも，同様である。弁護士が代理人として付い

ている事件では，当事者本人が自身の言葉で手続にかかわっていく機会が少ないから，これを埋める方策の一つである当事者本人の尋問が，法の建前では「証拠」であるが，実感としては「主張」の側面を持つ。ほかにも，参考人や当事者本人の審尋（187条）で明らかになった事実なども，主張と証拠が交錯する場合といえる。

3　自白とその撤回

設例③　[case1]で，有馬さんは，答弁書および準備書面で「知多さんから 1000 万円受け取った」としていたのを撤回し，「知多さんから現金を受け取ったことはない」といい直すことができるか。

設例④　また，有馬さんは，貸借の合意を争うとともに，かりに貸借であったとしてもその後に有馬さんが知多さんに 1000 万円相当の絵画を渡したから，すでに債務は代物弁済（民 482 条）によって消滅していると主張したとする。弁論準備期日としての第 3 回期日において，代物弁済につき本格的に争うには，貸借の合意を認めた方がよいとの判断から，有馬さんはいったん貸借も認めた。しかし，知多さんは，あれは有馬さんに保管を依頼されただけだと争い，証拠調べの結果，知多さんの主張が通りそうな状況にある。このような状況で，有馬さんは貸借合意を認めた従前の陳述を撤回して，この点を争い直すことができるか。

🎧 当事者が争わない事実（自白）の取扱い

　上記の設例③・④は，いずれも弁論主義の自白（179条。前述 **1**）にかかわる問題である。自白 がなされると，自白した当事者は，これを自由に撤回することは許されない（不可撤回効）。裁判所にはその事実認定を拘束して証拠調べをしてはならないという効力（審判排除効）が生じる。これらの効力は上級審にも及ぶ（298 条 1 項）。これを，当事者の視点からとらえ直してみると，自白とは，相手方

の主張を争わない旨の態度を表明する行動選択である。これにより
その事実を争点から落とし証拠調べに入らないという意味で，裏か
ら争点を形成していることになる。相手の主張を積極的に認めたの
でなく，沈黙していた場合にも 擬制自白 が成立する（159 条 1 項本
文，3 項本文。Ap.11-3）。陳述の先後も問わない。一方当事者が先
に陳述したことを，後に他方が援用する場合にも自白は成立する
（先行自白）。

自白とは何か

　では，当事者の陳述はどのような場合に拘束力のある自白となる
か。一般に，自白の定義，成立要件としては，「口頭弁論期日また
は争点整理期日においてなされた（裁判外でなされた自白はここにい
う裁判上の自白とは区別され，訴訟法上の効果を生じない）相手方の主
張と一致する，自己に不利益な事実の陳述」であること，とされる。

　とくに問題となるのは，何をもって「不利益」と解するかであり，
証明責任説と敗訴可能性説の対立がある。証明責任説は，自己に不
利益な事実とは相手方が証明責任（Ap.14-2）を負う事実であると
する。上記設例では，知多さんは自分が証明責任を負う事実である，
金銭授受（設例③）や貸借合意（設例④）を証明する負担がなくな
るので，有馬さんに不利益になる。こういう場合，有馬さんに自白
が成立したと見るのである。他方，敗訴可能性説は，相手方が証明
責任を負う事実に限らず，それを認めると敗訴する可能性がある場
合には自白の成立を認める。設例③・④でも，おそらく有馬さんの
敗訴可能性が認められ，自白が成立する。しかし，証明責任説では
自白の成立範囲が狭すぎるといわれており，敗訴可能性説では訴訟
の結果を見なければわからない。そこで，最近では，自白事実が当
事者にとって不利益となるのは結果にすぎないとして，不利益性の
要件は必要ないとする説まで生じている。たしかに不利益性では当
事者の主張過程を規律できないとしても，結果として主張事実が一

致すればよいとする不利益性不要説では，当事者の主張行動をとらえることがまったく放棄されてしまうので，疑問である。

　また，自白の対象となる「事実」につき，前述 2 の通り，**主要事実**だけとするのが通説・判例である（判例③）。その理由として，**間接事実**は主要事実を推認させる証拠資料と同じ機能を有するにすぎないのに，これに自白を認めると裁判官の判断形成を不当に拘束することになる（Ap.14-1 も参照）といわれる。しかし，これも **2**で見たように，弁論主義を主要事実にのみ適用する通説は批判されている。間接事実であっても両当事者に一致があれば，現実には証拠調べをしないし，逆に当事者が自由にいい直せるとすると審理が乱れ，当事者間の争い方の公平が保てないからである。さらに，事実でなく法律上の陳述にも自白を認めるかどうかが問題とされている（**権利自白**。判例④）。

🖋 自白の撤回

　いったん自白が成立したからといって，いかなる理由があろうともそれを撤回できないとすれば，硬直すぎる。そこで，以下の要件のうちどれか一つを充たせば，撤回ができることとされている。それは，①相手方の同意がある場合（自白が，ある事実を争点からはずすという両当事者の選択であるとすれば，再び両者で争点に戻すこともできると考えられるため），②刑事上罰すべき他人の行為（詐欺や脅迫など）により自白した場合（338 条 1 項 5 号参照。この場合，自白者に責任を問うことができないため），③自白が真実に反しているとともに錯誤によってなされた（この両方を自白者が証明できた）場合である（判例⑤）。以上のうち議論があるのは，③の撤回要件（＝「反真実」＋「錯誤」）である。設例③・④でも，①と②の要件が明確に存在しなければ，③の問題となる。

　この要件につき，判例は真実に反したことの証明があれば（設例③では有馬さんが金銭を受け取っていない，設例④では貸借合意はない

と証明すれば），（有馬さんは）錯誤して自白したと認められる（「反真実」→「錯誤」＝撤回）として，**反真実要件**にウエイトをおいている。さらに，反真実の証明は，自白によっていったん相手方から取り除いた証明の負担を撤回者が果たすことになるので，相手方は保護される（知多さんは，有馬さんの自白がなければするはずだった金銭授受や貸借合意の証明をしなくてよい。反対に有馬さんが証明の負担を負う）として，反真実の証明のみを撤回要件とする学説（「反真実」＝撤回）もある。

　しかし，反真実要件には疑問がある。第一に，自白の撤回は主張の問題とされているのに，これを超えて証拠の問題に入ってしまっている。すなわち，自白が成立すると，その事実は証明してはならない，それ以上立ち入らない （case1）で金銭授受や貸借合意についてもはや証拠調べをしてはならない）のがルールであるのに，まだ撤回が認められていない段階で，真実に反するかどうかを証明させること（有馬さんに金銭の授受，貸借合意がなかったと証明をさせること）になる。これは，撤回を認めてその事実の証明に移ったのと同じことになり，反真実要件は撤回要件にはなっていない。第二に，自白はもともと事実の真実性と関係がない。事実であろうとなかろうと，両当事者が争わない以上は，真実かどうか追究しない，立ち入らないというのが自白の趣旨である。このように，反真実要件では，自白は両当事者がある事実を争点としないと選択したという意義が，まったく視野に入らない。

（note35） 撤回要件の考え方

　そこで，禁反言の観点から，自白者が正しく認否できる状況にあったかどうかを問う**錯誤要件**の方が優れていることになる。錯誤証明のみを要件とする最近の学説は，錯誤に過失がないことを要求するなど，議論を深化させている。けれども，この立場には，自白を「争わない意思の表明」として意的要素を強調しすぎているという問題が

ある。何が真の「意思」であるかは他者にはわかりようもないし，人間の行動は理性的な要素だけで決まるものでもない。また口頭での議論を活発にするために，とくに争点整理段階では，撤回をゆるやかに認めるべきとも考えられる。

　このように見ると，当事者間の相互作用的かかわりのなかで行うコミットメントそのものが自白の本体であり，すると，撤回要件も両当事者のかかわり合いの視点から，より柔軟に解すべきことになる。具体的には，錯誤がなくとも撤回を許すべき場合があるし，逆に錯誤があっても撤回させるべきでない場合もある。また撤回を認めた後に反真実証明を常に自白者に負担させるべきでなく，争い方によっては自白者ではなく相手方にさせるのが公平な場合もありうる。結局，錯誤とは，当事者間のフェアなかかわり方，審理過程における当事者の争い方の公平を図るための一つの指標であり，それ自体には過不足がある。撤回を許すかどうかは，自白したときの事情にくわえ，いまあらためて撤回する事情，さらには今後の争いにおける負担分配をも加味して，撤回させる方が当事者関係が公平・対等になるのかどうかを具体的に検討して決めるべきである。上記の設例④についても，簡単に錯誤なしとするのではなく，具体的な争いの経過から見て撤回を許す余地がある。

〈参照判例〉
①最判昭和 36 年 4 月 27 日民集 15 巻 4 号 901 頁・百選（5 版）48 事件
②最判昭和 55 年 2 月 7 日民集 34 巻 2 号 123 頁・百選（5 版）46 事件
③最判昭和 41 年 9 月 22 日民集 20 巻 7 号 1392 頁・百選（5 版）54 事件
④最判昭和 30 年 7 月 5 日民集 9 巻 9 号 985 頁・百選（5 版）55 事件
⑤大判大正 4 年 9 月 29 日民録 21 輯 1520 頁・百選（5 版）56 事件

〈ステップアップ〉
①高橋宏志「弁論主義」「自白」重点講義（上）404 頁，475 頁
②村田渉「主要事実と間接事実の区別」新・争点 158 頁
③佐藤彰一「弁論主義」法教 168 号 27 頁

④池田辰夫「自白撤回制限法理」『新世代の民事裁判』（1996 年，信山社）160
　頁
⑤井上治典「手続保障の第三の波」手続論 29 頁
⑥佐藤鉄男「裁判上の自白」新・争点 162 頁

Approach 14

当事者の立証活動の規律

立証の責任と負担

1 当事者の自由な立証活動のために——自由心証主義

　両当事者により争点が形成されると，争点（要証事実）につき証拠調べの段階に入る（自白された事実のほか，歴史的な事実や裁判官が職務上知りえた事実といった「顕著な事実」は証明を要しない。179条）。当事者は立証活動を行い，これを受けて裁判所が事実の存否を認定することになる。この裁判所の認定につき，民事訴訟法は審理にあらわれたすべての資料や状況にもとづいて，裁判所が自由な心証により判断してよいと規定している（**自由心証主義**。247条）。ここにいう **心証** とは，裁判官の内心に得られた判断のことである。

　かつて裁判官の資質が不十分・不均等であった時代には，たとえば契約の成立を証明するには必ず書面（契約書）がなければならないとか，3人の立会人の証言が一致すれば必ずその証言通りの事実を認定しなければならないなどというルールに従って，裁判官が判断する原則（法定証拠主義）がとられていたこともあった。しかし社会生活が複雑化するとあらかじめのルールで事実認定をすることは不可能になり，また現実に合わなくなったため，自由心証主義がとられるようになったとされている。

　自由心証主義の内容に立ち入ってみると，証拠調べの対象（証拠方法）に制限がなく，また証拠をどの程度考慮してよいかという証

拠の証拠力（証拠価値）の評価も自由であるということになる。また，証拠調べにより得られた証拠資料のほか，口頭弁論にあらわれた一切の資料・状況（**弁論の全趣旨**），たとえば一方当事者が裁判所の釈明にしどろもどろであったなどの当事者の態度も自由に斟酌〔しんしゃく〕できる。

　ただし，弁論主義のもとでは，裁判所が真実発見のためにどこまでも自由に認定できると考えるべきではなく，あくまでも当事者の争いのなかから，その過程を反映した事実認定がなされなければならない。当事者の側からみれば，自由心証主義とは，当事者の自由な立証活動の保障である。ひいては，訴訟の外も含めた当事者間の多様で自律的な紛争処理活動を認める意義がある。訴訟の外での人びとのかかわりを自由に生き生きとさせるために，争いになった場合の訴訟における約束事としても，限定的で固定的な因果法則では対処せず，自由で多様な主張・立証の選択肢を認めるべきだという考え方のあらわれであり，裁判所もそのことをわきまえて訴訟手続に臨むように，ということである。裁判所の自由ではなく，当事者間の行動選択の自由が先行していることを忘れてはならない。

2　証明の仕組み

🖋 証明と立証

　法規を事案に適用して判決を出すためには，適用される法規の法律要件に該当する具体的事実（**主要事実，要件事実**。Ap. 9-4，Ap. 13-2）があるのかどうかを，証拠調べで裁判所が認定しなければならないことになる。[case1]で言えば，知多さんが主張した主要事実（要件事実）(A)貸借の合意（有馬さんが知多さんに 1000 万円返すとの約束），(B)金銭の授受（知多さんが有馬さんに 1000 万円を渡したこと）(Ap. 13-2) のうち，有馬さんが争っている(A)について，両者が互い

に 間接事実 を主張するとともに立証活動をする。その結果，裁判官が(A)の事実が存在するとの確信をもてば，証明ありとして要件が認められ，すべての要件がそろって（case1では(B)につき自白が成立しているため証明の必要がない），消費貸借契約が成立したとして，請求認容判決が出ることになる。

ここで，裁判官がある事実が存在すると認定するに至ることを「証明 された」という。この状態に至らせる当事者の行為のことも証明というが，二つを区別するために，当事者の行為は「立証」とよぶことにする。「証明された」というには，裁判官の心証が一定の程度に達することが必要であり，ここで要求される心証の程度を「証明度」とよんでいる。この証明度は，単にその事実があるらしいという程度では足りないが，反対の可能性がまったくないというほどの絶対的な確信である必要はない。通常人なら誰でも疑いを差し挟まない程度（高度の蓋然性）と定義されている（判例①。なお，確信より低い心証で足る 疎明 につき Ap.4-2）。

証明責任とは何か

では，裁判官が自由な心証により事実認定をしても，主要事実の存否につき確信がもてない，心証が証明度に達しない場合にはどうするか。こうした場合にも，裁判を可能とするために，事実の真偽が不明の場合には，その事実の存在，または不存在を仮定して，どちらか一方当事者に不利な判断を下すことにしている。このとき一方当事者に課されることになる不利益，責任を 証明責任 という。

証明責任についてはつぎの三つの原則がある。

1 証明責任は裁判所が事実について確信できないときにはじめて用いられる。日常的には，立証活動をする義務と考えがちであるが，証明責任は自由心証の尽きたところで機能する結果責任と解されていることに注意してほしい。このことを強調する際には 客観的証明責任 とよぶ。

2 証明責任は一つの事実について一方当事者のみが負う。
[case1]で，金銭授受の事実について知多さんが証明責任を負うとき，
有馬さんはその反対事実である「金銭を受け取っていない」という
事実について同時に証明責任を負うのではない。この事実について
は知多さんにのみ証明責任が課されているのであり，有馬さんは証
明責任を負っていない。しかも，証明責任の所在はあらかじめ決
まっていて，訴訟の状況により移ることもない。証明責任を負う当
事者の立証（これを **本証** という）がうまくいって，裁判官に確信を
持たせられそうになったとき，相手方が反対の証拠を出して立証活
動（**反証** という）せねばならない状況に追い込まれるのは，「立証の
必要」が移ったのであって，証明責任が動いたのではない。

3 証明責任は **主要事実** についてのみ観念される。通説によれ
ば，法律要件に直接かかわる主要事実の存否さえ判断できれば裁判
は可能であり，それで必要にして十分とされる（ただし主要事実と
間接事実の区別への批判は Ap.13-2）。

[note36] 主観的証明責任，主張責任

　弁論主義のもとでは，各当事者は，最終的に真偽不明となって証明
責任を問われないように，十分に立証せねばならない立場に立たされ
る。このように当事者が立証活動をするという負担を，結果責任とし
ての証明責任（客観的証明責任）と区別して，主観的証明責任とよぶ。
さらに当事者の訴訟活動からいえば，立証以前に主張しておかなけれ
ば裁判所に認定されないという意味で，主張責任もある。弁論主義で
は裁判所と当事者の役割分担が問題とされたが（Ap.13-1），ここでは
さらに当事者のうちどちらが主張せねばならないかという，当事者間
の役割分担が示される。そしてこの主張責任の所在は証明責任の分配
にしたがうものとされている。

　このように，主観的証明責任と主張責任は，弁論主義のもと，証明
責任を訴訟過程に投影した当事者の行為規範である。証明責任を負う
当事者が訴訟過程でまず本証をし，これに対して相手方が反証をする，

といったように当事者の行為規範を示している。証明責任は判決段階における基準であると同時に，訴訟の全過程を通じて当事者の訴訟活動と裁判所の訴訟指揮の指標として機能するとされる。

🎞 証明責任の分配——要件事実論

証明責任は訴訟の結果と，そこからさかのぼった訴訟の過程を決めることになるから，両当事者にどのように分配するかが重要となる。現在の通説であり，実務でも前提とされているのは，ある法律要件に該当する主要事実の証明責任はあらかじめ実体法により決まっているとする，**法律要件分類説** である。この説では，権利の発生や消滅などに直接かかわる主要事実が存否不明の場合には，（可能性としてはその事実が存在すると認定する方向もあるが）その事実は存在しないものと扱い，その事実を要件とする法規を適用しないというルール（**法規不適用の原則**）を暗黙の前提とする。その結果，その法規の適用を主張する当事者は自己に有利な法律効果を取得できないというリスクを負う。このリスク分配のルールこそが **証明責任** である。ここでは case1 に例をとれば，消費貸借（民 587 条）の要件(A)貸借の合意，(B)金銭の授受に該当する事実については，この法規の適用を主張する知多さんが証明責任を負担する。ここで有馬さんは，知多さんの主張する(B)の事実（知多さんから 1000 万円受け取った）については **自白** し，(A)につき 1000 万円は借りた（返す約束をした）のではなく，もらった（贈与。民 549 条）と争っている。したがって(A)の事実につき証拠調べをしても裁判所が確信をもてない場合には，その事実がなかったものとして消費貸借の成立が認められず，請求棄却判決となる。

(A)につき有馬さんが贈与を主張したことは，知多さんが証明責任を負う事実を「否認」（**理由付否認**〔積極否認〕。規 79 条 3 項。Ap. 11-1）したことになるが，もし有馬さんが消費貸借については認め（(A)(B)ともに自白），しかしすでに弁済した（民 473 条以下）と主張す

る場合には，弁済の事実については有馬さんに証明責任が課される。このように自分に証明責任がある新たな事実を出して否定することを，相手が証明責任を負う事実を否定する「否認」と区別して，「抗弁」という。

　この通説に対しては，実体法は必ずしも証明責任の所在を考えて立法していないので，法規により機械的に証明責任を分配することはできないとの批判が生じ，立証の難易や証拠への距離などといった利益考量を前面にした固有の証明責任分配規範を立てようとする立場が主張された（利益考量説）。また通説も，規定の不都合を実体法の解釈によって修正していった（たとえば民法588条では条文構造に反して，旧債務の不存在についての証明責任は債務者にあるとされる）。その結果，現在ではいずれの説も結論には大差ない。

　実務では，主張責任・証明責任の観点から実体法規定を見直す作業が司法研修所の教育として積み上げられ，「要件事実論」として重視されている。これは，実体法上ある法律効果が生じるために必要にして十分とされる法律要件はどのように構成されているか，それらの要件事実（＝主要事実）の証明責任をどちらの当事者に負わせることが適切な結果を導くかということを綿密に追求していったものである（Ap.9-4）。

[note37] 要件事実論の限界

　しかしすでに見たとおり，要件事実論には「過不足」があり，事件限りでの法創造の芽をつみとるという限界がある（Ap.9-4）。たとえば，[case3]の名誉毀損訴訟では，要件事実論によると，原告には「被告（ら）の行為が原告会社の名誉を毀損し信用を低下させる」という名誉毀損該当性（この要件事実はAp.13-2）の証明責任が課され，「a. 内容が公共の利害に関し，b. 公益を図る目的にでたものであり，c. 真実である（もしくは真実と信じるにつき相当の理由がある）」という事実は，すべて抗弁として被告に課されることになる。

　けれども，上記三つの抗弁についてはむしろ原告が訴状においてす

でにふみ込んで記載するのが普通である。たとえば「あれは真実に反している。被告・道後さんは根拠のない噂を流し，週刊・噂の鬼が島もずさんな取材しかしていない。ただ雑誌の販売数を増やすために興味本位の記事を載せたのである」などとして，a〜cの反対事実を具体的に記載するのが一般的である。このように，現実の訴訟過程を規律するためのルールとしては要件事実には「不足」がある。

　また，[case3]の名誉毀損の審理において，被告（ら）は報道の目的，情報収集の正確さに関して一定程度の主張立証を行ったにもかかわらず，原告が反論するもののまったく立証活動をしない，審理の進む段階で問題となってくる証拠の提出に応じないなどの状況があったときには，今度は原告に立証を促すとか，それをしないなら被告のそこそこの主張立証活動でひとまず足りるとして，原告に不利益な判断をすることも考えられる（Ap.5，後述 **3** ③，[note39]，[note40]，[note44]参照）。けれども，要件事実論ではそのような事件の固有の法創造，審理の具体的展開に従った立証活動の規律を導きにくい。

　これに対しては，要件事実は法的判断の基本構造を説いたまでで，訴状にどこまで書くか，どちらがどの程度主張や立証を行うかを直接導き出すものではないと反論されるかもしれない。しかし，現実の訴訟活動を有効に規律できない理論ではやはり足りない。それは法規範を静的なものと見て，それを「適用」すれば判断が得られると考える立場の限界である。

3　証明責任を負わない当事者に立証を促す方法

⌇ 証明責任による判決の回避

　証明責任のルールからは訴訟過程において証明責任を負担する当事者が立証活動をすべきことしか導かれない。相手方は，本証が成功しそうになってはじめて反証をすれば足り，それまでは何もしなくてよいことになる。しかし一方当事者だけに立証を任せておくのは不公平で，現実にも合わない。そこで，証拠における当事者平等

（武器対等）の原則のもと，証明責任を負わない当事者も立証に動員し，両当事者の立証活動のなかから事実認定がなされるようにする必要がある。

このように，証明責任による判決を回避するための方策には，さまざまなものがあげられるが（前述 2 の，通説の「解釈による分配修正」，要件事実論もこれに当たる），以下では，①法定されている方策，②裁判官の自由心証の枠のなかで行われるテクニック，③当事者の訴訟活動を原因として導かれる調整の三つに分けて見ていく。

証明責任の転換と法律上の推定

①の法定されている方策として，証明責任の転換と法律上の推定がある。証明責任の転換 の例としてよくあがるのは，自動車損害賠償保障法 3 条ただし書である。これは，不法行為（民 709 条）では加害者の過失に当たる事実の証明責任は被害者である原告に課されるところ，自動車事故（人身）の場合には過失のなかったことにつき加害者である被告に証明責任を転換した規定である。

また，法律上の推定 とは，ある事実があれば，法規により確定的に他の事実や法律関係が推定される場合のことである。たとえば case2 で，自分が所有者だと思って平穏・公然に 10 年以上土地を占有している下田さんは（民 162 条 2 項），民法 186 条 2 項により，占有を開始したときと現在までの占有を証明すれば，その後の一日一日，一刻一刻の状態を証明しなくとも，10 年間ずっとその状態であったことが推定され，土地の時効取得という効果を付与される。これをさせないためには，湯河原さんの方が，10 年間の途中で下田さんは占有していない時期があったなどと立証しなければならない立場におかれるのである。

以上二つは証明責任自体を相手方に転換する手法である。法規によってはじめから一方当事者にのみ立証の負担を課すため，訴訟の経過に応じて各当事者に公平に負担を分配することができない点は，

証明責任分配と変わりない。

事実認定のテクニック

②は，裁判官の心証を介して，個別訴訟の具体的過程に応じて証明責任を負わない者に立証を促す方法である。これにはいくつかの種類があるが，そのなかから代表的なものを紹介する。

（1）　事実上の推定

直接証拠がない場合に，間接事実から主要事実の存在を経験則により認定することを，**事実上の推定** という。これは日常的に，朝，地面がぬれていれば，昨晩は雨が降っていたのだなと思うのと同様である。[case1]で，もし(B)金銭授受が争点となっていたとすると，知多さんが，「平成 25 年 8 月 10 日に真面目銀行の預金から 1000 万円を引き出した」，「その直後に有馬さんが取引先に 900 万円支払った」などの事実を立証すれば，知多さんが有馬さんに 1000 万円渡したという主要事実が推定されていく。その結果，今度は有馬さんが「取引先に支払った金は友人の城崎さんからの借金である」などと立証せねばならない状況に追い込まれる。

事実上の推定のうち定型的な場合に，過失の「**一応の推定**」がある。不法行為訴訟で原告となる被害者は，要件事実である加害者の過失を立証しなければならないが，非常に困難な場合が多い。そこで，高度の蓋然性がある経験則が働く場合には，前提事実の証明があれば細かな認定を飛び越して，ある事実を推定する扱いがなされる。たとえば，皮下注射を受けた跡が化膿して障害を起こした場合，ほかに「特段の事情」がない限り，「注射液の不良か注射器の消毒不完全の過誤があった」という形で加害者の過失が推定される（判例②。類似例として判例③）。ここでは，主要事実に当たる具体的過失は明確にならなくても，選択的な認定や「何らかの過失に当たる事実」という概括的認定が許されることに特徴がある。

推定がなされると，証明責任を負わない当事者（被告である加害

者）は，経験則の適用を妨げる間接事実（「特段の事情」）を具体的に特定して立証しない限り不利益を受ける，という形で立証活動に引き込まれる。前述の例では，「注射のあと患者が他の病院の処方で飲んだ薬が原因である」などと被告が立証せねばならない。

(2) 証明度の引下げ

しばしば推定と場面を同じくして主張されるものに，「**証明度の引下げ**」がある。これは，裁判官が確信に至って証明ありとする心証の程度を通常より引き下げることによって証明責任を負う当事者の負担を軽減する考え方である。その当事者が一定程度の立証をすれば，あとは相手方が反証する番となる。

[note38] **相当な損害額の認定**

損害賠償請求訴訟では，原告は損害額を立証せねばならない。しかし，たとえば事故で死亡した幼児の逸失利益や，[case3]の名誉毀損による損害など，損害の額がいくらになるかという具体的な算定基礎を立証することが困難な場合も多い。このような場合，損害の発生は認定できるのに，損害額の証明が足りないとして請求棄却するのはあまりに形式的であるから，裁判所が口頭弁論の全趣旨および証拠調べの結果から相当額を認定できるものとしている（248条。判例④）。これも，裁判所の自由心証の枠内で，損害額の認定のために必要とされる証明度を低減するものと位置づけられている。

(3) 反証提出責任

「当事者は自己に反証の必要があり，それが困難でない場合には，特段の事情がない限り反証を提出するはずである」という一つの経験則を前提に，証明責任を負わない当事者が反証を提出しないという態度をその者の不利益に認定しようとする学説がある。証明責任を負担する当事者がある程度の立証をしているときには，それに応じて相手方が反証を提出しないという態度，状況をくわえて，裁判所が心証形成し，確信に至らせるものである。証明責任を負わない当事者は「**反証提出責任**」を負う形で立証活動に動員される。

このように上記(1)〜(3)には，訴訟過程で証明責任を負う当事者が一定の負担を果たせば，つぎは相手方に立証を促すという負担分配の側面を見出せる。しかし従来これらは裁判官の心証形成を目的として論じられてきた。行為負担の分配と見るとしても，それが裁判官の心証に従って行われる点で基本的に問題である。

当事者の訴訟活動の観点——証明妨害

　そこで③の，当事者の立証活動自体に着目した調整の手法が浮上する。この手法としては，証明妨害があげられる。「証明妨害」とは，当事者が尋問を拒絶したり，文書提出命令（Ap.15-3）に従わないとか，相手方に使用させないように文書を滅失させるなど，証拠の利用をさまたげることであり，この場合には，妨害された当事者の主張を真実と認め，妨害者に不利益な認定をする（208条，224条。判例⑤）。これは，証拠が利用できないことにより真偽不明として証明責任で判断するのではなく，証明妨害を直接の理由として事実認定をする手法である。明文の規定がない場合も，広く証拠や立証活動一般について，証明責任を負わない当事者が故意または過失により証拠を毀損したり，その利用を妨害した場合に適用できる。

note39 **証明責任を負わない当事者の事案解明義務**

　ドイツの学説に示唆を受けて，証明責任を負わない当事者の立証動員を真正面から説く学説がある。ⓐ証明責任を負う当事者が事実解明できない状況にあり，ⓑこのことにつきその当事者に責任がなく，ⓒ一方で相手方当事者の方が容易に事実解明できる可能性がある場合に，ⓓ証明責任を負う当事者が一定の「手がかり」を主張したときは，相手方に **事案解明義務** が生じるという。そこで，相手方がこの義務を果たさなければ，証明責任を負う当事者の主張が真実と擬制される。たとえば，原子力発電所の付近住民Ｘらが，原子炉設置許可処分をした行政庁Ｙを被告にして，処分の取消しを求めた訴訟の判決は，この考え方によるものと見られている（判例⑥）。この事件で，裁判所は，原子炉設置の安全性に関する具体的審査基準および判断過程などにつ

いては，まずYが自らの判断に不合理な点のないことを主張立証すべきであり，これをしない場合にはYの判断に不合理な点があることが事実上推定されるとしている。

　ただし，相手が多くの証拠を持っている（証拠の偏在）という点を強調しすぎると，必ずしも立証の公平にならない。極端にいえば，努力して証拠を集めた当事者は，「被害者だ，しろうとだ」と言って何もしようとしない相手方の代わりに立証をするいわれはない。証拠偏在という静止的な状態でなく，もともと証拠偏在が生じた原因は何か（上記ⓑの当事者の帰責性の要件），訴訟過程において証明責任を負う当事者が相手方を追いつめたか（上記ⓓの「手がかり」主張の要件），さらには相手方に事案解明義務を課すことが今後の手続において公平かといった，手続過程における当事者の争い方の公平をつぶさに検討する必要がある。

note40 行為責任としての証明責任

　当事者が結果責任を問われるのは，訴訟過程においてなすべき行為をしなかった場合だけである。行うべき立証活動をしたにもかかわらず，事実がわからずに，証明責任で判決を下すのはおかしい。このように，客観的証明責任が訴訟過程とは無関係であることを批判し，まず訴訟過程における当事者の立証すべき負担（行為責任）を打ち立てようとする学説がある（ステップアップ④⑤）。これは，従来の理論を180度転換し，当事者の手続保障の観点から，まず当事者の行為責任を公平に分配することを目的とする。したがって，行為責任を果たしても真偽不明であれば，審理不可能とする判決を出すべきという。

　この説によれば，従来の学説が自由心証の領域に位置づけてきた②を，当事者の立証活動に着目する③に取り込み，すべて当事者の立証活動の公平の問題として統一的に把握することができる。また，審理促進の名のもとに，当事者に訴訟への一般的な協力義務を課し，訴訟の主体であるはずの当事者を裁判官の心証形成の手段におとしめることを防ぐ。

　ただし，当事者に対して訴訟過程のあらゆる場面で，いま，このような立証活動の義務がある，と示す規範が，実体法や取引ルールとして客観的に存在するとは考えにくい。立証負担が一方当事者から他方

に移るかどうかの確認は，やはり個別の弁論の中でしか行えない。訴訟前からの一連の当事者関係から見た弁論のつくり方の問題にほかならない（Ap. 5, note39, note44）。

〈参照判例〉

①最判昭和 50 年 10 月 24 日民集 29 巻 9 号 1417 頁・百選（5 版）57 事件

②最判昭和 39 年 7 月 28 日民集 18 巻 6 号 1241 頁・百選（5 版）59 事件

③最判昭和 43 年 12 月 24 日民集 22 巻 13 号 3428 頁・百選（5 版）60 事件

④東京高判平成 21 年 5 月 28 日判時 2060 号 65 頁・百選（5 版）58 事件

⑤東京高判平成 3 年 1 月 30 日判時 1381 号 49 頁・百選（5 版）61 事件

⑥最判平成 4 年 10 月 29 日民集 46 巻 7 号 1174 頁・百選（5 版）62 事件

〈ステップアップ〉

①高橋宏志「証明責任」重点講義（上）517 頁

②高田昌宏「主張立証の方法」法教 221 号 31 頁

③畑瑞穂「模索的証明・事案解明義務論」鈴木正裕先生古稀祝賀『民事訴訟法の史的展開』（2002 年，有斐閣）607 頁

④佐上善和「立証責任の意義と機能」井上＝伊藤＝佐上・これからの民訴 139 頁

⑤佐藤彰一「証明責任論の課題」新堂幸司編著『特別講義民事訴訟法』（1988 年，有斐閣）464 頁

⑥安西明子「証明責任」法教 434 号 30 頁

当事者による立証のプロセス

1　立証活動は何のためにあるか

立証活動の意義

　証拠調べは，当事者が裁判所に対して特定の証拠方法（証拠調べの対象物）を取り調べるよう申し出ることによって開始する（180条）。裁判所は証拠を自ら収集して調べてはならず，必ず当事者の申し出た証拠によらなければならない（職権証拠調べの禁止。Ap. 13-1**3**。例外として 14 条・207 条 1 項・233 条。なお人訴 20 条）。当事者は，証拠の申出を適時にしなければならず（156 条），その際には，どの証拠方法によってどのような事実を証明しようとするのか，証人については尋問の見込み時間を明らかにするほか，できる限り具体的な尋問事項書を提出しなければならない（規 99 条・106 条・107条）。

　証拠調べは，主として過去の事実についての認識をめぐる当事者の主張の相違（争点）について，どちらが正しいかを明らかにするために，もっぱら裁判官が判決に向けて，その真否を確かめる作業過程であるという受け止め方が一般的である。しかし，前述の弁論主義の**新本質説**（Ap. 13-1）から見て，さらに主張との関係から（note34），証拠調べの手続も，当事者が互いに具体的材料を提出してその意味内容についての認識を互いにぶつけ合い，共同の場でた

しかめ合う，相互疎通の過程の一環と位置づけられる。つまり，証拠調べの手続も，当事者間の相互疎通（主張）が具体的材料を介して展開されているという性質を持つ。単に過去の認識のちがいをどちらかに統一する（ちがいを解消する）ための手法ではなく，ちがいの根拠を互いにたしかめ合い，また，これから先に向けての関係形成の手がかりを示し吟味している過程でもあるという見方をとることが，理論の側にも運用の側にも求められている。

証拠の種類と証拠調べの方法

当事者から証拠の申出があると，裁判所は，それに対する相手方の認否を聞いたうえ，調べる必要があるかどうかを判断し（証拠の採否。181条），必要と認めたものについて証拠調べを行う。その際，裁判所は争点（要証事実）と証拠方法との関連性，当該事実の証拠方法による証明の必要性（自白の有無，別の証拠方法があるか，唯一の証拠方法かなど）といったさまざまな点を考慮する。

証拠方法（立証方法でなく，証拠調べの対象のこと）の種類は大きく人証と物証に分かれ，人証には証人，当事者，鑑定人がある。物証は書証と検証物に分かれる。まず人証のうち，当事者以外の第三者に過去の事実や状況について尋問するのが証人尋問であり，当事者を証拠方法として尋問するのが当事者尋問，特別な学識経験を持つ第三者にその専門知識を基礎にした意見判断を述べてもらう証拠調べが鑑定である。case2でいえば，湯河原さんや下田さんの当事者尋問，下田さんが土地建物を購入したかどうかの事情を知る親戚や貸ビルテナントの証人尋問，伊東ビルが建て替えられたものか改装されたものかなどについて専門的知見が必要となれば建築士による鑑定も考えられる。

つぎに物証のうち，契約書などの文書の証拠調べあるいは証拠方法である文書そのものを書証といい，物体の状態・性質などを調べることを検証という（検証の例として，交通事故の現場検証，

case2でいえば土地建物の検証など）。したがって，書面についても，その内容を読んで証拠資料（証拠調べの結果として得られる内容。Ap. 13-2）を得るのは書証であり，紙質やインクの状態を見ることは検証にあたる。なお，図面，写真，録音テープなどは文書に準ずるものとして，書証の規定が準用される（231条）。コンピュータ用記憶媒体はプリントアウトした文書を書証として扱えば足りることが多いので，準文書とはされておらず，解釈にゆだねられている。

　以下では，各証拠方法につき，順に紹介し，検討する。検証の手続は書証に準ずるので（232条1項），物証については書証を中心に概説する。

　なお，訴訟における証拠調べを待っていたのでは，それが不能または困難となる事情があるときは，提訴の前後を問わず，証拠保全ができる（234条以下。Ap.5-4）。また，提訴予告通知がなされると，訴え提起前にも証拠収集の処分が可能である（132条の4。Ap.5-2）。

2　人が証拠となる場合——人証

証人尋問，当事者尋問

　人証の一つめは「証人」である。当事者以外の第三者には証人となる資格（証人能力）があり，日本の裁判権に服する者には証人尋問に応じる公法上の義務（証人義務）がある（190条）。例外として，公務員などが職務上の秘密につき尋問される場合には，当該監督官庁の承認を得なければならない。この承認は公共の利益を害し，公務遂行に著しい支障を生じるおそれがある場合を除き，拒むことができない（191条）。ただし，現実の訴訟では，無関係の第三者を裁判所を通じてよび出すというよりも，当事者が関係者を証人として同行するのが通常である。つまり，証人といっても客観的な第三者というより，各当事者の応援として訴訟にくわわることが多い。な

お，証言すれば刑事処罰のおそれがある場合や職務上の守秘義務にあたる場合など，一定の事由について証人は証言を拒絶できる（196条・197条）。たとえば，[case3]のような場合には，記者に取材対象者の氏名・住所などの取材源の秘密が認められる可能性がある（類似例として判例①）。

人証の二つ目は，当事者自身を証拠方法として尋問し，その陳述を証拠資料とする「**当事者尋問**」である（証拠資料と訴訟資料の区別とその相対化につき，Ap.13-2）。かつて，当事者尋問については，ほかの証拠方法により裁判所の心証を形成できなかった場合にはじめて行えるという原則（**当事者尋問の補充性**）があった。直接の利害関係を有する当事者に客観的陳述を強いることには無理があるという趣旨である。しかし現行法では，集中証拠調べのため，この原則が緩和されている（207条2項ただし書）。

⚓ 尋問の方法

尋問は，原則として，まずその申請をした当事者が行い（**主尋問**），そののち相手方が尋問し（**反対尋問**），最後に必要とあらば裁判長が補充尋問をする（202条1項，規113条。なお，この順序を変えることもできる〔202条2項〕）。これを **交互尋問** 方式という。[case2]で，被告の下田さん側が，事情を知る親戚の証人尋問と下田さんの当事者本人尋問を申請した場合，まず被告側が主尋問をしたのちに，原告側が反対尋問をすることになる。当事者が主導するこの方式（アメリカ型）は，尋問が当事者の訴訟活動の一部であることから見て，裁判官主導型（ドイツ型）より優れているとされる。

ただし，実際上，反対尋問を効果的に行うには困難がともなう。主尋問では証人や当事者本人と事前に十分な打ち合わせを行えるのに対し，相手方はその人に接触して供述内容を知るのが難しい。そのため，主尋問から相当の期間後に反対尋問を行うなど，人証調べには長期間を要していた。

そこで，実務では，証人や本人が述べる内容をあらかじめ「陳述書」いう書証として提出し，これによって相手方が反対尋問を準備できるようにするとともに（証拠開示機能），法廷での主尋問を短縮し，これに代える扱いがある（主尋問代替機能）。その結果，医療事件など専門訴訟においても集中証拠調べ（182条）が実践されるようになった。しかし，証人らの陳述に弁護士が手を入れる一方的な作文を証拠として用い，本来口頭によるべき交互尋問を書面化することは，かえって反対尋問を難しくし，本来の尋問にならないとの学説の批判がある（このような問題への対応については note41 参照）。

なお，遠隔地に居住する証人の尋問では，当事者の意見を聴いたうえで，テレビ画面を通じて会議できる装置を利用することができる（204条，規123条。その他，犯罪被害者保護としても用いられる。203条の2・203条の3参照）。これは，受訴裁判所に出席した当事者が，テレビ会議システムのある他の裁判所に出向いた証人を尋問する方式である。たとえば case1 で，事件が名古屋地方裁判所で審理されており，証人の1人が神戸に住んでいて名古屋まで出向けない場合，証人は神戸地方裁判所に出て行き，テレビを通じて名古屋地裁の当事者，裁判官とやりとりをする。この方法も困難である場合の補充的手段として，証人に限っては，当事者に異議がないことを要件に，尋問に代わる書面の提出が可能である（205条・210条。ただし簡裁につき278条）。ただし，証人らが期日に当事者や裁判所と直接対面しないこれらの方法は，複雑な事項をめぐるやりとりには適応しないし，口頭弁論の基本原則（Ap.10-1〜3）ひいては紛争処理のあり方から見て，本来的なやり方とはいえない（ note30 も参照）。

鑑定

裁判官の判断能力を補充するため，専門家にその専門知識を基礎にした事実判断を述べてもらう証拠調べであり，とくに医療事件などの専門訴訟で利用される。鑑定は，事実関係についての共通認

識を形成することにより，場合によっては和解促進の機能も持つとされる。

　鑑定に必要な学識経験のある者は鑑定義務を負うが，当事者と一定の関係にあり，証言拒絶権を持つような者はなることができない（212 条）。誠実な鑑定を妨げる事情があるときは当事者が鑑定人を忌避できる（214 条）。

　鑑定の手続としては，当事者が鑑定事項を記載した書面を提出して鑑定の申出をし，相手方に直送する。相手方は意見があれば書面にして裁判所に提出する。これらの意見を聴いたうえで，裁判所が鑑定の採否，誰を鑑定人にするか，鑑定事項を定め，鑑定人に書面で知らせる（213 条，規 129 条）。こののち一定の期限を設けて，裁判所は鑑定人をよび出し，書面または口頭で鑑定意見の報告を受けることになる（215 条）。

　これまで，鑑定は，問題となる事項について専門知識を持つ鑑定人を捜すことが難しいほか，多忙な専門家にとって本来の仕事でない鑑定（とくに鑑定書作成）の負担が重すぎること，口頭弁論では証人と同じように鑑定意見が不利に働く側の当事者から一方的な尋問を受けて不快な思いをする場合が多いことなどから，引き受け手が見つからない状況にあった。そこで鑑定人の負担を減らそうと，テレビ会議システムを利用したり（215 条の 3），複数の専門家による鑑定といったさまざまな実務の工夫を試みている。また，平成 15 年の法改正では，鑑定人尋問が「質問」と位置づけ直され，**鑑定人質問**の期日においては，まず鑑定人が一とおり意見を述べ，そののちに裁判長，鑑定を申し出た当事者，ほかの当事者の順序で質問することとされた（215 条の 2）。ただし，最近では，専門訴訟において争点形成の段階に専門家を関与させるなどの実務の工夫がなされ（note31），これにより鑑定の必要性がなくなって，実際に利用が減っている。

　争点整理手続においてすでに書証は終了しているはずなので，これを除いた人証の取調べが，現行法の予定する **集中証拠調べ** にあたる。そこで以下では，人証調べの集中化のために設けられた規定につき，具体的な運用のあり方を検討してみたい。

　従来の五月雨式かつ漂流型審理（Ap.12-3）では，証人がぽつぽつと申し立てられ，期日では証人に対して断片的な尋問しかなされず，さらに期日間の間隔が開いて前の証拠調べの印象も薄らぐといった散漫な証拠調べであった。これでは **交互尋問** も活性化せず，弁護士の腕の見せ所であるはずの反対尋問も，主尋問の調書ができるのを待ってしばらく期間をおいたのちに，その調書を見たうえで何度も打ち合わせられ，つくり上げた劇のように臨場感がなく，効果的でなかった。

　そこで現行法および規則は，集中的に証拠調べを行うことを規定し（182条），さらに細かな規定を配備した。そのさまざまな工夫を当事者の視点から見てみると，紛争関係者が公開の法廷において一堂に会するための工夫と位置づけることができ，その中心に対質がある（規118条・126条）。**対質** とは，証人や当事者本人が1人ずつ別個に尋問を受けるのではなく，複数人が同時に質問に答え，場合によっては互いに議論する方式である。集中証拠調べでは，一期日で複数の証人や本人の尋問が一挙に行われることが多いので，その際，証人らを同席させ，互いがほかの陳述を聴いたうえで自ら陳述したり，裁判長から同一の問いを受けたり，さらに裁判官を介さずに直接話したりすることができる。一般の傍聴人も入れる法廷で当事者本人や証人らが直接に対決するこの方法によれば，尋問の緊迫感が生まれ，さらには，裁判ではほとんど対峙する場のない紛争の当事者同士が現に対面することで，紛争調整の契機となるという意義がある（note23 も参照）。心証が取りやすいという裁判官側の利点よりも，この利用者の視点こそ重要である。前述の当事者尋問の補充性緩和（207条2項ただし書），専門委員や鑑定人が審理に立ち会い，証人や当事者本人に発問できるとする規定（92条の2第2項後段・規133条）も，この観点から活用されるべきである。

3 物，とくに文書が証拠となる場合──書証

設例① [case1]で，原告の知多さんは，有馬さんが1000万円を事業
資金に使ったのだ（消費貸借であり，家の改築資金の贈与ではな
い）ということを明らかにするため，有馬さんの取引銀行である
ゆとり銀行に対して，有馬さんの口座状況を示す資料の提出を求
めることができるか。

設例② [case3]で，原告の株式会社日奈久が，被告の白骨社に対し
て，道後さんから送られた資料一切につき提出を求めることがで
きるか。できるとすると，被告にはどのような対抗策，防御機会
があるか。提出を強制されても，それにしたがわない場合はどう
なるか。

書証の申出

　書証の申出には三つの方法がある。まず，(1)申し出る当事者が自
分で所持している文書なら，それを裁判所に提出する（219条）。次
に，他者が所持している文書については，その者の協力を期待して，
(2)**文書送付嘱託** をする（226条）。(2)は所持者が任意に提出する可能
性が高い場合に，裁判所から所持者に文書の送付を依頼する方法で
ある。これは，官公庁が保管している文書について行われることが
多いが，私法人や私人に対してもすることができる。ただし，戸籍
謄本など，当事者が法令により文書の正本または謄本の交付を求め
ることができる場合には，自分ですれば足りるので送付嘱託は認め
られない（226条ただし書）。なお，文書送付嘱託は，平成15年の
法改正により，提訴前にも行うことができるようになった（132条
の4第1項1号。Ap.5-2）。第3に，裁判所の協力依頼も拒絶される
ような場合で，文書の所持者に対して強制的に提出させるしかない
状況において，所持者に文書提出義務があることを主張して，所持

者に対して⑶**文書提出命令** を出すよう裁判所に申し立てる方法である（219条・221条）。任意に提出しない相手に出させようとするのであり，一方当事者が提出しない場合には申立人（相手方当事者）の主張が真実とみなされるという重大な効果を生じることから（224条1項），厳しい争いとなる。

上記の設例①では，ゆとり銀行が訴訟に直接の利害関係を持たず，任意提出が期待される場合には，⑵の文書送付嘱託が適切と考えられる。設例②の白骨社は訴訟の相手方であり，文書の性格からしても，⑶の文書提出命令によるしかなさそうである。このケースで，もしかりに裁判所から被告に対して文書提出命令が出されたとしても，被告のもとに乗り込んで捜索するなど，提出を直接強制することはない。提出するかどうかは文書提出命令の相手方（被告）が判断すればよい。ただし，命令に従わずに文書を提出しないときは申立人（原告）の主張が通る。申立人の主張どおりの内容であって不利だから提出しないのだろうと推定されてしまうのである。これは裁判例も多く，理論的にも難しい問題なので，つぎに詳しく検討する。

(note42) 提出書証の処理

原告が書証として提出する文書は「甲第1号証」から提出の順序にしたがって番号を振って表示する。同様に，被告の提出分，参加人の提出分は「乙第○号証」「丙第○号証」と表示する。文書提出命令や文書送付嘱託によって出てきた文書も同様に，当事者が必要なものを特定したうえで文書提出をすることになっている。

また，書証は，その内容を調べる前提として，たしかに作成者とされる者の意思にもとづいてつくられた（偽造などでない）ということが明らかでなければならないから（これを **文書の成立の真正** という），書証を提出する側の当事者は，相手方が争えば，このことを証拠調べにおいて証明しなければならない（228条1項）。

公文書の真正は推定され（同条2項），私文書は本人または代理人

の署名または押印があるときは，真正に成立したものと推定される（同条4項）。

　裁判所ははじめに相手方当事者に書証を示して，その成立について争うかどうかを聴き（書証の認否），その結果を書記官が書証目録（提出されたすべての書証につき，通し番号を振り，その標目と提出期日などをまとめた表）に記載する。相手方がとくに文書の成立を争わない場合には認否の必要はなく，争う場合だけ否認，不知と記載する扱いである。一方が出した書証を相手はむやみに否認できない。否認するときはその理由を明らかにしなければならない（規145条）。

📝 文書提出命令

（1）申立て

　文書提出命令の申立てに際しては，文書の表示（標題，作成者名，作成日時など）と文書の趣旨（文書の内容の概略），所持者（命令の相手方），証明すべき事実（当該文書により証明しようとする事実，推認されるであろう事実），文書提出義務の原因（220条の何号に該当するか）を明らかにしなければならない（221条1項）。

　ただし，提出したい文書が相手方や第三者のもとに集中している場合（証拠の偏在）も多く，文書提出命令の申立人が文書の記載内容などをあらかじめ把握するのが困難で，文書の表示や趣旨を記載できない場合がある。そこでこのような場合には，申立人は，まず所持者がどの文書かわかる程度に特定し，裁判所を介して，所持者に文書の表示または趣旨を明らかにするよう求めることができることになっている（**文書特定手続**。222条）。所持者がこれに応じなくても制裁はない。けれども，当事者の争い方の公平の観点からは，特定されないとしてそのまま申立てを却下せず，所持者の対応を考慮に入れ，特定性を緩和して文書提出命令を発することも可能と考えられる。

note43　文書提出命令の手続

　これは決定手続である（223条1項，note22）。文書提出命令の申立

てがなされると，裁判所は相手方（文書所持者）に意見を聴く。相手方が訴訟当事者であれば口頭弁論においても意見を述べられるが，相手方が第三者である場合には審尋しなければならない（223条2項）。申立てに対する反論は「意見書」として裁判所に提出される（規140条2項）。これを受けて，申立書に必要な事項の記載，対象文書の取調べの必要性，提出義務の有無が審理され，全て認められると文書提出命令が，いずれかが欠けていれば申立却下決定が出される。

　文書提出命令に対しては相手方が，申立却下決定に対しては申立人が，即時抗告により，提出義務に関して不服を申し立てることができる（223条7項。さらに許可抗告337条，Ap.21-4）。

(2) 文書提出義務

文書提出義務の規定は，つぎの4号からなっている。最初の三つは，旧法の規定を引き継いだもので，当事者と所持者の間に一定の関係がある場合である。すなわち，①当事者が訴訟において引用した文書（**引用文書**。220条1号），②証明責任を負う当事者が引渡しまたは閲覧を求める権利を持つ文書（**権利文書**。220条2号），③証明責任を負う当事者の利益のために作成された文書（**利益文書**）または証明責任を負う当事者と文書所持者との法律関係について作成された文書（**法律関係文書**。合わせて220条3号）に提出義務が認められる。しかし，この三つでは，たとえば環境訴訟や製造物責任訴訟などにおける構造的な証拠偏在に対応しにくいことから，旧法下では実務も学説もおもに③の文書の拡大解釈に努めてきた。このような状況を受けて，現行法は，広く文書提出義務を認める方向にふみ出し，④5つの除外事由を定めたうえで，それ以外はすべて提出しなければならない，とする規定を新たに加えた（220条4号）。

　④の提出義務の除外文書となるのは，証言拒絶権が認められる事項が記載された文書（220条4号イ・ロ・ハ。ハにつき判例②），もっぱら文書の所持者の利用に供するために作成された文書（220条4号ニ。判例③），**刑事事件関係文書**（220条4号ホ。判例④⑤）である。

このうち，ロの**公務秘密文書**は，提出すると「公共の利益を害するおそれがあるもの」と「公務の遂行に著しい支障を生ずるおそれがあるもの」でなければならない。証人尋問（191 条）とはちがって監督官庁の承認はいらない。ロに該当するかどうかについて監督官庁の意見を聴かねばならないが（223 条 3 項・4 項），提出義務の存否は裁判所が判断する。ニの**自己利用文書**とは，たとえば個人の日記やメモなどとされ，判例③は銀行などの稟議書（組織内部で会議を開かずに上司の決裁を受けるために回覧する文書）がこれにあたるとした。すなわち，X が，「Y 銀行から融資を受け，そのアドバイスにより証券会社に有価証券の売買を委託したところ多額の損害をこうむった。Y は金融機関が負う顧客の資産運用計画に関する安全配慮義務に違反した」とする Y への損害賠償請求で，X が Y 銀行の貸出稟議書につき文書提出命令を申し立てたところ，稟議書はもっぱら内部利用目的で作成され外部への開示が予定されていない（内部文書性），開示すると銀行の組織内部で融資について自由に意思形成・判断できなくなるなどの著しい不利益がある（不利益性）として，「特段の事情」がない限り，自己利用文書に当たると判断した（文書提出命令の申立てを却下）。

なお，4 号の除外事由のうち，イからニに該当するかどうかを判断するため必要があるときは，文書をいったん提出させて裁判所だけが閲読する特別の手続が利用できる（**イン・カメラ手続**。223 条 6 項）。審理の中で文書の内容の秘密が文書提出命令の申立人や一般に漏れないように配慮した制度であるが，申立人が一切関与できない点，除外文書にあたるので提出しなくてよいと判断した場合にも裁判所はいったん見てしまった印象を消すことができない点が不公正である。

note44 文書提出義務の判断指標

訴訟関係に入ったら当事者は持っている証拠を相手のためにも出す

べきであり，訴訟外の第三者も当事者に協力すべきという考え方がある。これは 220 条 4 号が新設された原動力であった。その後も文書提出義務を 4 号のみとしようとする主張へつながっている。しかし，物事はそれほど単純ではない。夫が妻の浮気を疑うとき，夫婦である，もめごとが起きたというだけで妻，まして電話会社に携帯電話の通信履歴を夫に見せる義務は生じない。同様に，まずは証拠を求める者が疑いの主張を具体化するために自ら調査を尽くし，相手方の持つ対象が証拠として必要であることを示して相手に詰め寄るプロセスが前提となる。この過程において相手が具体的かつ合理的に反論できれば，提出義務の問題に至らない。

　それでは，どのような場合に文書提出義務が認められるか。必要となるのは，内部文書性など文書の性質を問う静止的視点ではなく，訴訟におけるこれまでの争い方とこれからの展開からして申立人が相手方に提出を求めることができるかという動態的視点であろう。申立人がすでに相応の主張立証を行って，つぎは相手方が文書を提出する番だ，という状況まで追い込んでいるならば，内部文書であっても提出義務を認めることができよう。さらに，提出を命じた場合にのちの審理において両当事者の公平が図られるか，不提出の効果を相手に及ぼしても酷ではないかも考慮する必要がある。このような見方からは，文書提出命令の審理においては，4 号よりも，申立人と所持者の関係を問題とする 1 から 3 号を重視すべきであるし，4 号にもとづく申立てについては 4 号でなければならない理由，必要性（221 条 2 項）を十分検討すべきことになる。

　以上については，立証の段階だけでなく，一連の手続における当事者関係を見る必要がある。とくに，訴え提起前の照会（Ap.5），要件事実論の限界（ note37 ），当事者の訴訟活動の観点から見た立証の負担分配（Ap.14-3 ③と note39 ， note40 ）とつながりがある。

(3)　文書不提出の効果

文書提出命令は所持者に提出を直接強制できるわけではない。所持者が命令にしたがわない場合には，それが当事者であればその文書の記載に関する相手方の主張が真実と認められる（224 条 1 項）。

所持者が第三者の場合には過料の制裁がある（225条）。

　さらに現行法は，すでに存在していた学説を受けて，申立人が文書の記載内容を見ることができずにいる場合には，その文書によって証明しようとした事実そのものについての主張を認めることができるようにした（224条3項）。これは，前述の文書特定手続（222条。前述3文書提出命令(1)）と並ぶ証拠偏在への対応策とされている。具体的に説明しよう。たとえば，Y原子力発電所の付近住民Xらが，Yに原子炉の撤去を求めた訴訟で，XがYを相手に，臨界実験装置設置許可申請書などの資料の文書提出命令を申し立てたとする（判例⑥）。Xは文書の記載内容を知りようがないので，文書提出命令の申立書に文書の表示（221条1項1号）は書けたとしても，文書の趣旨（内容。221条1項2号）を具体的に書くことができず，証明すべき事実（221条1項4号）として「原子炉の構造上の欠陥により操業時や事故時に放射能照射の危険性が高いこと」という程度しかあげられない。このような場合，かりに提出命令が出されてYがそれに従わなかったとしても，従来の最高裁判例では真実と擬制されるのは文書の趣旨とされていたので，もともと具体的にされていない内容を真実とされるYは痛くもかゆくもない。そこで現行法は，文書の記載に関して具体的な主張をすること，および当該文書により証明すべき事実を他の証拠により証明することが著しく困難であることという二つの要件のもと，上記の「原子炉の構造上の欠陥により……放射能照射の危険性が高い」というXの概括的な主張をそのまま認めることができるようにしたのである（他に判例⑦）。

〈参照判例〉
①最決平成18年10月3日民集60巻8号2647頁・百選（5版）67事件
②最決平成20年11月25日民集62巻10号2507頁・百選（5版）68事件

③最決平成 11 年 11 月 12 日民集 53 巻 8 号 1787 頁・百選（5 版）69 事件
④最決平成 16 年 5 月 25 日民集 58 巻 5 号 1135 頁・百選（5 版）A23 事件
⑤最決令和 2 年 3 月 24 日判時 2474 号 46 頁
⑥東京高決昭和 47 年 5 月 22 日高民集 25 巻 3 号 209 頁・百選（3 版）81 事件
⑦大阪地決昭和 61 年 5 月 28 日判時 1209 号 16 頁・百選（5 版）71 事件

〈ステップアップ〉
①高橋宏志「証拠調べ」重点講義（下）26 頁
②中野貞一郎＝松浦馨＝鈴木正裕編『新民事訴訟法講義〔第 3 版〕』（2018 年，
　有斐閣）329〜381 頁（春日偉知郎）
③長谷部由起子「文書提出義務(1)」新・争点 194 頁
④佐藤彰一「文書提出命令」講座民訴 5　271 頁
⑤佐上善和「民事訴訟における模索的証明について」民商法雑誌 78 巻臨時増
　刊『法と権利(3)』200 頁
⑦安西明子「文書提出命令の審理手続」同『民事訴訟における争点形成』
　（2016 年，有斐閣）119 頁

V　訴訟手続の終了

Approach 16 　判決によらない訴訟の終了とその後の争い方
　　　　　　　　──訴えの取下げと和解
Approach 17 　「蒸し返し」は認められるか
　　　　　　　　──判決の効力(1) 既判力の客観的範囲
Approach 18 　判決の効力が及ぶ人の範囲
　　　　　　　　──判決の効力(2) 既判力の主観的範囲と
　　　　　　　　　　その他の効力

Approach **16**

判決によらない訴訟の終了とその後の争い方

訴えの取下げと和解

1　判決によらない訴訟の終了

　民事訴訟手続は，いままで見てきたように原告から提起された訴えによって始まり，両当事者が言い分を尽くし，裁判所が判決によって応答することで終了する道筋である。しかし，いったん原告が裁判所の判決を求めて訴えを提起し被告に剣を向けたとしても，被告は争う気がなく降参するかもしれないし（**請求の認諾**），逆に原告が自ら剣を収めることもある（**訴えの取下げ** や **請求の放棄**）。また，被告も剣をとって両者が争っているうちに，お互いが争いを続けることの損得を悟って，両者が剣を収めて解決することもある（**和解**）。

　つまり，原告が裁判所に判決を求めるという形で相手方に要求を突きつけたとしても，被告の応答によって，あるいは訴えを起こしたことで訴訟内外での被告との関係が変化することによって，訴訟手続での紛争の行方も変わるのである。訴訟は実際のところ，判決にまで至らずに終了することが多い。

　民事訴訟は，そもそも私人間の紛争を取り扱う手続であるため，それを利用するかどうか，どのように利用するかが当事者に任されている（処分権主義。Ap.7-3）のと同様に，いったん訴訟手続を選択した後でも請求の放棄・認諾，訴えの取下げ，和解といった形で

当事者自身に手続を終了させる権限が与えられているのである。

2　相手に降参する場合——請求の放棄・認諾

⌕ 請求の放棄・認諾とは

「**請求の放棄**」とは，原告が自分の訴訟上の請求に理由がないと認めて訴訟を終了させることであり，「**請求の認諾**」とは，被告が原告の請求について理由があると認めて訴訟を終了させることである。どちらも訴訟を途中で終了させる点においては 3 で見る「訴えの取下げ」と同様であるが，訴えの取下げが訴え提起時にさかのぼってこれまでの訴訟上の行為をなかったことにするのに対し，請求の放棄・認諾は，これまでの訴訟がまったくなくなるわけではないという点に大きなちがいがある。

⌕ 放棄・認諾調書の効力

　請求の放棄，認諾が有効に行われると，裁判所書記官はその旨を調書に記載し（放棄調書，認諾調書とよばれる），その記載は **確定判決と同一の効力** を有することになる。要するに，請求の放棄・認諾が調書に記載されると「原告の請求を棄却する」あるいは「原告の請求を認容する」といった判決が出たのと同様に既判力（Ap.17）が生じるとともに，給付を内容とする請求の認諾の場合には執行力が生じ，認諾調書を債務名義（民執 22 条 7 号。Ap.18）として強制執行をすることができる。

3　訴えの取下げ

⌕ 訴えの取下げとは

　訴えの取下げ とは，原告が訴えによって裁判所に審理・判決を求めた申立てを撤回するという意思表示のことである。もともと原告

が申し立てた訴えなのだから，原告が撤回すれば裁判所は判決でもって応える必要はなくなる。しかし，原告の訴えに対して，いったん被告も争う姿勢を見せた（つまり本案について，準備書面を提出した，弁論準備手続で申述した，口頭弁論をした，など）場合には，被告も判決で白黒つけることを望んでいると考えられるため，訴えを取り下げるためには被告の同意が必要となる（261条2項）。この被告の同意が得られるならば，判決前であればいつでも取り下げることができ（261条1項），たとえ判決が出たとしても判決が確定する前なら取り下げることができる。また，上級審に移審してからでも訴えの取下げは可能である。

　なお，口頭弁論や弁論準備手続の期日において当事者双方が欠席し，1ヵ月内に新期日の申立てをしない場合，および同一審級で連続して2回欠席した場合には，**不熱心な訴訟追行**として訴えは取り下げられたものとみなされる（**訴え取下げの擬制**。263条。Ap. 11-3参照）。

訴えが取り下げられるとどうなるか

(1) 訴訟係属の遡及的消滅

　訴えが取り下げられるということは，原告の訴え提起行為自体が撤回されたことになり，いったん係属した訴訟手続が最初から係属していなかったものとみなされる（262条1項）。当事者が訴訟上行った攻撃防御方法の提出や訴訟告知，応訴管轄の訴訟法上の効果がさかのぼって消滅し，裁判所の証拠調べなども失効する。上訴審に移審してからの訴えの取下げも同様に，一審段階も含めて訴訟が係属していなかったことになる。

(2) 再訴の禁止

　訴えを取り下げると訴訟係属がはじめからなかったことになるので，その訴えを再び提起することもさまたげられないが，本案について裁判所の判決がなされた後に訴えの取下げをした者は，同一の

訴えをもう一度提起することができなくなる（**再訴の禁止**。262条2項）。

　なぜ再訴が認められないかについては、せっかく裁判所が判決をしたのに、そのあとに訴えを取り下げるのは裁判所の出した解決案を失効させ、徒労に帰せしめたから2度と同一の紛争を請求しても相手にしないという趣旨であるとして、国家による制裁の観点から説明する考えがある。しかしそもそもそのような制裁をくわえるくらいならば取下げ自体を認めなければよいので、制裁説は採ることができない。

　いったん終局判決が出された後に、上訴によってその判決に不服を申し立てるのではなく、訴え自体を取り下げるという手段を原告が選んだのは、当該権利関係について原告はもはや訴訟による解決の必要性がないとして、あえて判決による解決を放棄したと見ることができる。この原告の選択、および訴訟外での紛争解決を信頼した被告の保護に再訴禁止の根拠を求めるのが妥当である。

　なお、以上のような重大な効果が生じるため、訴えの取下げは原則として書面でしなければならない（261条3項）。

(note45) **訴えの取下げ** と **控訴の取下げ**

　控訴審（Ap.21-2）においては、控訴人は控訴審の終局判決があるまでは控訴を取り下げることができるが、終局判決後は控訴の取下げをすることができない（292条）。しかしその場合でも訴えの取下げはできることに注意が必要である。また、すでに見たように訴えの取下げでは訴訟係属自体が訴え提起の時にさかのぼって効力を失うのに対し、控訴の取下げでは、当初から控訴の申立てがなかったと同じ状態になるだけである。よって控訴期間徒過後であれば、控訴取下げによって第一審判決が確定する。なお、このように控訴の取下げは原判決に影響を与えず、被控訴人に不利益を与えないため、被控訴人の同意を必要としない（292条2項は261条2項を準用していない）。

訴え取下げ後の争い直し

設例[1] case1において，知多さんが貸金返還請求訴訟を提起した
のち，知多さんと有馬さんが裁判外で「1. 知多さんは訴えを取
り下げる。2. 有馬さんは500万円支払う」という内容の和解を
した。知多さんはすぐに訴えを取り下げたが，有馬さんはいろい
ろと理由をつけて500万円を支払ってくれない。この場合，知多
さんは訴え取下げの無効を主張し，再び訴訟を復活させることが
できるか。

　従来，訴えの取下げのような訴訟行為は，私法上の取引行為とは
異なり手続に法的安定性の要請がはたらくことから，意思表示に瑕
疵があることを理由にした訴え取下げの無効は認めないと考えられ
てきた（詐欺・脅迫など刑事上罰すべき他人の行為によって訴えが取り
下げられた場合は別とする）。

　確かに訴えの取下げは裁判所に対する意思表示であり，裁判所に
向けられた訴訟行為にはちがいないが，自己が設定した相手方当事
者との争いの場を自ら撤回するのであるから，より重要なのは取下
げ行為によって変化する両当事者間の関係である。訴えが取り下げ
られたということは，相手方当事者にとっては，もはや訴訟の場に
出なくても良いという信頼と期待が生じるが，この信頼と期待を取
り下げた当事者が破ってよいのかどうかが問題となる。このように
考えると，取引行為の場面での契約当事者の意思表示の問題と同様
に考えられ，錯誤無効を認めるという余地も出てくる。

　ただ，設例[1]のような場合，500万円の支払いがなかったことが
錯誤と言えるだろうか。むしろ，取下げ後の事情の変更であり錯誤
とは言えないが，訴え取下げがなされた経緯とその後の紛争の展開
を考慮に入れて，なぜ当事者が訴えの取下げの撤回を主張するに
至ったか，また取下げの無効を認めて訴訟を復活させることが，今

後の当事者間の関係を対等・公正なものにすることになるかどうかなどを考慮のポイントとすべきであろう。

さらに，設例①では裁判外の和解がなされているので，裁判外の和解契約を債務不履行によって解除し，再訴を提起できるとも考えられるが，このような手続負担を，和解契約を守り誠実に行動した側が負わねばならないのは当事者公平の観点から疑問である。むしろ，訴え取下げの撤回を認めて期日指定の申立てにより，比較的容易に従前の訴訟の復活をすることができるとした方が，相手方との関係では公平と言えよう。

4 解決案を自律的に作り出すプロセス──和解

和解の種類

和解とは，争っている当事者が合意によって紛争を解決することを言う。一般に「和解」と言うとき，結果として成立した解決を念頭におくことが多いが，話し合いや交渉の手続そのものも和解である。合意によって紛争を解決するという行為は日常的に行われていることであり，裁判手続の外で行われる場合には，その結果については和解契約として実体法上の効果が承認されている（民696条）。この裁判手続の外での和解は，民法上の和解とよばれている。

これに対し，裁判所の介入のもとで和解をすることを裁判上の和解といい，とくに訴え提起前に裁判官の関与のもとで行われる和解を訴え提起前の和解（275条。Ap.3-3），訴え提起後に裁判所の関与のもとで成立する和解を訴訟上の和解と言う。裁判上の和解はいずれであれ調書に記載されることによって，**確定判決と同一の効力**を持つので，給付を内容とする和解条項について，相手方が和解内容を守らない場合には，強制執行を行うことも可能である（民執22条7号，民訴267条・275条，Ap.22）。

訴訟上の和解は原告が訴えを提起し訴訟係属となった後，訴訟手続の上で和解をすることである。これにより，訴訟は終了する。裁判所は「訴訟がいかなる程度にあるかを問わず」和解を試みることができる（89条）。期日に両当事者が出席して行われる場合のほかに，裁判所が和解条項を提示し，それを当事者が受諾する **書面和解** の制度や（264条），当事者の共同の申立てによって裁判所が事件の解決のために適当な和解条項を定める **裁定和解** の制度（265条）もある（なお，簡易裁判所における和解に代わる決定〔275条の2〕については note3 ）。

🎧 和解でできること──判決とのちがい

> 設例② case1 において，知多さんとしては有馬さんに1000万円貸したが返してもらっていない。先月，知多さんの妻が交通事故にあって入院したことなどもあり，早急にお金が必要となったため，知多さんは少しでもいいからお金を返してもらいたいと思っている。知多さんは有馬さんに連絡をとろうとするが最近は居留守を使って電話にもでないようだ。
> 　①知多さんが有馬さんを相手取って貸金返還請求訴訟を起こした場合，判決ではどのような結果がありうるだろうか。
> 　②和解するとしたら，どのような和解内容が考えられるだろうか。①の場合と比較してみよう。

　知多さんが有馬さんに対して貸金返還請求訴訟を提起した場合，審理の結果知多さんの言い分が認められるならば「被告は原告に対し1000万円を支払え」という請求認容判決が出される。あるいは知多さんの言い分が認められないならば「原告の請求を棄却する」という請求棄却判決が出される。つまり，判決では，原告の求める請求に対して白か黒かの勝ち負けをはっきりつける結果となる（ただし，裁判所が審理の結果，知多さんの貸金債権は300万円のみ認めら

れると認定した場合，知多さんが訴訟の対象とした1000万円を上限とし
て，裁判所が一部の金額〔たとえば300万円〕のみを認めることはでき
る。これを **一部認容判決** と言う。逆に貸金債権の額は1000万円を超え
ると裁判所が心証をとっても，1000万円を超えて判決することはできな
い。申立事項＝判決事項。Ap.7-3）。

　これに対して，和解であれば，「全部で300万円を月々10万円の
分割払いで支払う」，「当面知多さんが必要な金額である200万円を
即時に支払えば，残りは免除する」，「桜子との離婚にあたって家を
売却できれば，500万円を支払う。できない場合は家を引き渡す」
といった内容での解決が可能である。和解では，立てられている請
求や法に必ずしもとらわれない柔軟な解決や将来のことをも含んだ
解決が可能となるのである。そのうえ，和解内容の作成に両当事者
がかかわることから判決よりも比較的確実に任意の履行を期待でき
るというメリットもある。

　また，何よりも友人関係や企業間の継続的契約関係などのトラブ
ルの場合には，白黒をはっきりつけないことにより従来の関係を損
なうことのない処理が期待できることも和解の利点としてあげられ
る。

　なお，少額訴訟（Ap.3-1）においては通常訴訟の判決と異なり，
支払猶予判決や分割払いの判決のような **和解的判決** をすることが
認められている（375条1項・2項，Ap.3-1）。また，通常訴訟で
あっても訴訟後の交渉・和解を実質上促進するような判決が下され
ることもある（判例①）

和解期日の実際

　和解期日 においては，口頭弁論期日と異なり厳格な手続ルールが
存在せず，公開主義や双方審尋主義があてはまらない。そのため，
法廷ではなく和解室や準備室など傍聴人が入ることのできない部屋
で話し合いが行われることがある。

このような場は，法廷と異なりリラックスしたムードで当事者も話ができる点にメリットがあるが，反面，当事者の片方を退席させて，裁判官が一方のみの話を聴くというスタイルをとることがある（交互面接方式）。これは裁判官にとっては当事者の本音をきき出すことができ，実効的な和解案を作成するのに役立つかもしれないし，当事者の感情的な対立を避けることもできるための便利な方式であろう。しかし，当事者は相手方が裁判官に何をいっているのかわからず，反論をすることもできないため，相手が自分に都合の良いことばかりいっているのではないかという当事者間の不信感をあおる結果となることもある。最終的に当事者双方が合意するうまい解決策を裁判官が提示したとしても，それは両当事者が自律的につくり上げたものではないので，履行のインセンティブがどれほどあるかは疑わしいし，ちょっとしたきっかけで，和解そのものをもう一度争うことになるかもしれない。やはり和解手続に含まれる紛争当事者の自律的調整の契機を重視し，対席方式をとるべきであろう。なお，両当事者が同席のうえで片方ずつじっくり話を聞く同席個別方式は，お互いの言い分を理解するために，和解手続の最初の段階では有効であると考えられる。

　裁判所が和解を無理に進めて合意を強制するという本末転倒なことが起きないように，和解手続での裁判所のかかわり方についてはさらなる検討と工夫が必要であろう。

和解後の争い直し

> 設例③ case2において，訴訟の係属中に湯河原さんと下田さんの間で以下のような訴訟上の和解が成立した。
> 「1. 湯河原は下田に 3000 万円で土地を売り渡す。2. 下田は，平成 17 年 8 月末日限りと 9 月末日限り，それぞれ 1500 万円ずつ支払い，完済と同時に所有権移転登記手続をなす。3. 訴訟費用

は各自が負担する」

　ところが，下田さんは支払いをしなかった。

　そこで湯河原さんは「8800万円で買ったのに3000万円で売る和解をしたのは，下田さんが3000万円であればすぐにでも支払えると言ったからだ。長い時間をかけて判決をもらっても本当に下田さんが建物を収去するかどうかはわからないし，強制執行するにしても時間がかかる。また，貸しビルなのでそれぞれの賃借人に出ていってもらうのも大変だろうし，自分も早急にお金が必要だったからお金で素早く片づくならば多少安くてもよいと思い和解をした。下田さんが払わないのであればこんなに安い金額で和解することはなかったので，この和解は要素の錯誤で無効であり，訴訟はまだ終了していない。当初の申立て通り建物の収去と土地明渡しを請求したい」と主張して口頭弁論期日の指定を申し立てた。

　この設例③のように，和解が成立しても当事者が和解内容を履行しないことがある。このような場合は，さきに見たように和解調書によって強制執行が可能であるが，湯河原さんが言うように，もう一度，訴訟をすることができるだろうか。また，できるとして，どのような方法があるのだろうか。

　まず，訴訟上の和解とはいえ，和解契約であるから債務不履行を理由にその契約自体を解除することができる。この解除により，訴訟上の和解による訴訟終了の効果が消滅し，前の訴訟が復活するのかどうかについて，学説の多くは**和解の無効・取消し**の場合と**和解の解除**の場合を区別して，前者については期日指定の申立てによって簡易に前の訴訟を復活させることを認めても，後者についてはそれを認めることはできず，新訴を提起すべきとする。理由としては，解除は無効や取消しと異なり，和解成立後に発生した原因にもとづく権利変動であり，前の紛争とは異なる新たな紛争であるということがあげられる。

これに対して，無効や取消しと解除を同視して，期日指定申立てによることができるとする説がある。これは無効・取消しも解除も，和解が当初から存在しなかったのと同様の効果をもたらす点で異ならないことなどを理由とする。

　要するに，和解の解除を求める当事者が **期日指定の申立て** によって前訴を復活させるのか，新たに訴えを提起するのかという問題となる。期日指定申立ての場合はそれまでの訴えの訴訟状態を利用することができ，申立ての手続が簡便である。また，債務不履行の有無の判断の前提としての和解条項の解釈には，もとの和解に関与した裁判官が適任であろう。しかしその一方で，解除の有効性については，和解後の不履行の有無にかかる新しい紛争であるため，三審級での審理が保障されねばならないのに，とくに上訴審での和解の場合にはこれが難しくなる。新訴を提起するとするならば，これとは逆に三審級は保障されるが，従前の訴訟状態を利用できず，また，訴え提起の負担がかかるという問題となる（判例②③）。

　両手続の長所短所をふまえたうえで，具体的紛争状況においてどちらの手続を選択すべきかは，基本的には当事者の選択にゆだねるべきであろう。

〈参照判例〉
①東京高判平成 8 年 2 月 28 日判時 1575 号 54 頁
②最判昭和 33 年 6 月 14 日民集 12 巻 9 号 1492 頁・百選（5 版）93 事件
③最判昭和 43 年 2 月 15 日民集 22 巻 2 号 184 頁・百選（5 版）94 事件

〈ステップアップ〉
①吉村徳重「訴訟上の和解」三ケ月章ほか編『新版・民事訴訟法演習 2』（1983 年，有斐閣）62 頁
②草野芳郎『新和解技術論』（2020 年，信山社）
③松村和德「訴えの取下げと請求の放棄・認諾」新・争点 246 頁
④安西明子「訴訟上の和解」法教 480 号 32 頁
⑤西川佳代「和解の効力（267 条）」法教 494 号 38 頁

「蒸し返し」は認められるか

判決の効力(1)既判力の客観的範囲

1 判決——裁判所の判断による訴訟の終了

　日常的にもよく使われる「裁判」という語であるが，訴訟法では判決だけではなく決定，命令といった裁判所および裁判官の判断行為を意味する。

　なかでも **判決** は，原則として口頭弁論にもとづいてなされる裁判所の判断であり（必要的口頭弁論の原則〔87条〕。例外として，担保不提供の場合の却下〔78条〕，不適法かつ補正不能な訴えの却下〔140条〕，法令違反のある場合の変更判決〔256条〕など），判決に対する不服申立て方法には，控訴（281条以下），上告（311条以下），特別上告（327条）がある（Ap.21）。

　判決の内容は，まずその基礎となる口頭弁論に関与した裁判官で構成される裁判所によって確定されなければならず（**直接主義**。249条1項。Ap.10-3），また，そののち書面にされ（判決書），これにもとづいて判決が言い渡される（252条）。

　ただし，被告が口頭弁論において原告の主張を争わず，その他何ら防御方法も提出しない場合や，公示送達による呼出しを受けた被告が準備書面を提出せずあるいは口頭弁論に出頭しない場合に，請求を認容するときには，裁判所は判決書の原本ではなく，口頭弁論の調書によって判決を言い渡すことができる。これを **調書判決** と

いう（254条）。なお，少額訴訟では判決の言渡しは原則として判決書の原本にもとづかずにすることができる（374条2項）。迅速な判決の言渡しを可能とするためである（Ap.3-1）。

　また，口頭弁論期日に当事者双方が欠席しても，その期日に訴訟が裁判に熟する場合には弁論を終結して終局判決ができる（審理の現状にもとづく判決。244条。[note27]）。不熱心訴訟追行対策の一つである（Ap.11-3）。

　判決は言渡期日（251条）に公開の法廷で（裁70条），裁判長が判決原本にもとづき主文を朗読して行う（規155条1項）。この言渡しによって判決は効力を生ずる（250条）。判決理由については朗読してもよいし口頭でその要領を告げるのでもよく，裁判長の裁量にゆだねられている。言渡期日は原則として口頭弁論終結の日から2月以内でなければならず（251条1項），当事者が在廷しなくとも言渡しをしてよい（251条2項）。

　上訴によって判決が取り消される余地のなくなることを判決が「確定する」という。確定の時期は，不服申立手段がいつ尽きるかによる。一般には上訴期間を経過した時や，上訴しても上訴の取下げ，上訴却下判決が確定したときとなる。

2　既判力──「蒸し返し」を禁じる効力──とは

なぜ蒸し返しが禁じられるのか

　既判力とは，判決が確定した場合に生じる，訴訟当事者および裁判所に対する拘束力ないし通用性のことである。既判力が生じると前訴の訴訟物の存否判断と矛盾抵触する主張は後訴で排斥されることになり（消極的作用），その結果として，後訴の裁判所もその判断を前提として判決しなければならない（積極的作用）。つまり，積極的作用を導き出すものは，個々の攻撃防御方法レベルで「もはや

その事項を取り上げない」という消極的作用である。したがって当事者双方ともに，前訴の訴訟物に対する判断に矛盾抵触する主張をすることは許されない（遮断効とよばれる）。

　このように，既判力によって裁判所がなした判断に通用性が与えられ，紛争の蒸し返しを禁じることにより，その解決規範としての安定性を確保しようというのが既判力制度の趣旨である。

　既判力の根拠に関しては，既判力を紛争解決という制度目的を達成するために不可欠な制度的効力であるとする立場と，当事者が手続上対等に弁論し訴訟追行する権能と機会を保障されたことを前提とする自己責任の結果と見る立場などがある。単に手続保障があったことに拘束力の根拠を求めると，手続さえ保障していればすべて当事者の責任を問うことができるということになりかねない。しかし，手続保障は過去向きのものではなく，当事者間の関係を「これから先に向けて」対等化していくことに主眼がある。むしろ，手続が保障されていたことを前提として，前訴の具体的状況の中で当事者がどのように争ったのか，そして具体的な当事者の関係において今後の自律を促進するために，蒸し返しを許すべきかどうかにつき，攻撃防御方法レベルで個別に遮断を考えるべきであろう。

🍥 伝統的理解──既判力の作用する三つの類型

　既判力は原則として判決主文の判断，すなわち訴訟物に関する判断に生じるとされている（114条1項）。しかし，相殺の抗弁については理由中の判断であっても既判力が生じるとされているし（114条2項），理論上は判決理由中の判断にも何らかの拘束力を認めるべきとする見解も主張されている。なお，既判力が及んでいるかどうかは職権調査事項であり，当事者が既判力を援用しない場合でも，裁判所は職権で指摘して判決の基礎とすることができる。また，既判力は給付判決，確認判決，形成判決のいずれについても生じる。

実際に紛争の蒸し返しとなるか，つまり既判力が作用するかどうかが問題となるのは，第一の訴訟（「前訴」とよばれる）の終了後に，第二の訴訟（「後訴」とよばれる）が提起された場合である。たとえば，前訴終了後，その確定判決にもとづいて強制執行を申し立てられた場合に，その執行の当否を争う手段である請求異議の訴え（民執35条，Ap.22-2）が提起された場合や，前訴で一部請求をした後に後訴で残部請求する場合などに問題となる。なお，伝統的にはつぎの三つの類型が，既判力の作用する場面としてあげられてきた。

(1) 前訴（＝すでに判決が出て既判力が生じている）と後訴の請求（訴訟物）が同一である場合

たとえば，case2において，湯河原さんと下田さんの間の建物収去土地明渡請求訴訟で湯河原さんの敗訴が確定した後，湯河原さんがふたたび同一被告である下田さんを相手取って同一建物収去土地明渡訴訟を提起したような場合である。

この場合，既判力により，当事者は，後で述べる「**既判力の基準時**」と言われる時点より前の事由を主張立証する攻撃防御方法を提出することがさまたげられ，裁判所は基準時後の事由のみを審理すれば足りることになる。

(2) 前訴の訴訟物が後訴の先決問題となる場合

たとえば，case2において，先に湯河原さんが下田さんを相手に土地所有権確認訴訟を提起し，その確定判決を得たあとで（勝訴，敗訴を問わない），湯河原さんが今度はその土地所有権にもとづいて下田さんに対し土地明渡請求訴訟を提起した場合である。この場合は(1)と異なり，前訴と後訴の訴訟物が異なるが，前の訴訟における訴訟物である「土地所有権」は後の訴訟の訴訟物である「土地明渡」の先決問題，つまり前提問題である。この場合，前訴の判決の帰結が後訴に通用力を持ち（既判力がはたらく），当事者は前訴の訴訟物であった先決的権利関係（土地所有権）を争う攻撃防御方法の

提出は遮断され，裁判所は基準時後に生じた新たな事由と後訴請求に固有の事由に限って審理し明渡義務を判断しなければならない。

(3)　後訴の請求が前訴判決と矛盾関係に立つ場合

たとえば，case2で，湯河原さんが提起した甲土地の所有権確認訴訟において敗訴した下田さんが（つまり所有権は湯河原さんにあると判決が出た），その後，湯河原さんに対して甲土地の所有権確認訴訟（同一の土地が下田さんの所有であることの確認を求める訴え）を提起する場合である。このとき，訴訟物は前訴では「甲土地についての湯河原さんの所有権」であり，後訴では「甲土地についての下田さんの所有権」であるので，訴訟物が異なることになるし，先決問題でもない。しかし，後訴請求は前訴判決に矛盾するため既判力が及び，この場合も基準時後に生じた新たな事由に限って攻撃防御方法の提出および審理判断がなされなければならない。

3　既判力の時的限界と客観的範囲

既判力の基準時

既判力は蒸し返しを禁じ，再審理を許さない強力な効力であるため，その限界・範囲を明確にしておかなければならない。しかしながら刑事事件とちがって，民事訴訟の対象である私法上の権利関係は，時間の経過とともに発生・変更・消滅する可能性がある。そこで，既判力の生じている判断がいつの時点における権利関係の存否を確定したものであるかを明らかにする必要があり，その基準は「**事実審の口頭弁論終結時**」とされている（民執35条2項）。この時点を既判力の「基準時」または「標準時」とよぶ。上告された場合は，たとえ上告審での審理があったとしても上告審は法律審であるから，事実審である控訴審の口頭弁論終結時が基準時となる。

なぜ事実審の口頭弁論終結時が基準時とされるのだろうか。まず，

口頭弁論の一体性（Ap. 11-4）から，弁論は口頭弁論の終結時点まですべて等価値のものとして一体として判断される。当事者としても口頭弁論終結時点までの事由はすべて主張しえたはずのものであるから（つまり当事者には手続が保障されていたから），それについて再審理を封じられても不当でないと考えられている。

　一般に基準時によって既判力の範囲は，画一的に定められるとされている。つぎの設例で具体的に見てみよう。

設例① [case1]で貸金返還請求訴訟において知多さんが勝訴し判決が確定した。つぎのような事情がある場合，有馬さんは請求異議の訴え（民執35条）（Ap. 22-2）を提起してこの判決を争うことができるか。
　　(1)この訴訟のあと有馬さんは弁済をした。
　　(2)この訴訟の口頭弁論終結前に有馬さんは弁済したが，それを主張しないままに弁論は終結し知多さんの勝訴が確定した。

　この場合，貸金返還請求訴訟においては，この訴訟の基準時における貸金返還請求権の存在に既判力が生じる。(1)のように基準時後に弁済がなされたとすれば，この事実については既判力が生じないので，有馬さんは弁済を主張して請求異議の訴えを提起することができる。

　しかし，(2)のように弁済が基準時前に行われた場合，既判力を制度的効力として画一的に考える場合には，基準時前の事由は当然後訴で主張することはできない。また，手続保障と自己責任から既判力を正当化する立場に立っても，貸金返還請求訴訟の弁論で有馬さんはこの事実を主張できたはずであるのに主張せずに（あるいは主張しても裁判所に認められずに）知多さんの勝訴となったのであるから，既判力が生じ請求異議訴訟において弁済を主張することができないということになる。

設例②　設例①の(2)において，口頭弁論終結前に有馬さんは弁済し
ていたのであるが，それは有馬さん自身によるものではなかった。
離れて暮らす有馬さんの母親が有馬さんに代わって知多さんにお
金を渡していたのである。母親はこれで訴訟もなくなると思い込
んでいて，有馬さんにお金を渡した事実をいわないでいるうちに
口頭弁論が終結し判決が出てしまった。
　　このような場合，有馬さんは請求異議の訴えによって，この弁
済を主張することができるだろうか。

　この設例②においては，母親（＝第三者）による弁済の事実は，
確かに口頭弁論終結前，すなわち基準時前の事由である。しかし，
有馬さんは母からその事実を知らされていないため，その事実を主
張することはできない。つまり，第三者弁済の事実については当事
者に「提出可能性」がないといえよう。よって当事者に **提出責任**
は問えず，基準時前の事実であっても後訴で主張できると考えられ
る。

　このように考えるならば，既判力の基準時は一応の区切りではあ
るものの画一的なものではなく，実質的には一つ一つの攻撃防御方
法の提出可能性を考慮することになり，つぎに述べる既判力の客観
的範囲で論じられている問題に吸収される。

既判力の客観的範囲

　訴訟の過程においては，さまざまな権利やそれを根拠づける事実
が主張されるであろうが，それらのすべてにわたって既判力が生ず
るとすれば，当事者は自分の主張した権利や事実について後に矛盾
した主張ができなくなるため，慎重に訴訟活動を行わなければなら
ないことになり，当事者の主張立証が不活発になるおそれがある。

　そこで，既判力は，原則として判決に示された結論，つまり判決

主文（＝訴訟物に関する裁判所の判断）にしか生じないとされている。

(1) 判決主文

既判力は**判決主文**に表示された訴訟物たる権利関係の存否についての判断にのみ生じる（114条1項）。

当事者が攻防の対象とし判決を求めているのは訴訟物たる権利関係の存否であるので当事者の意思を尊重するという側面と，同様に，前提問題についてどのように争うかを当事者の判断にゆだねることによって，結論に至る過程についての当事者の行動選択の自由を確保するという意味を持つ。前提問題についての裁判所の既判力を伴った判断を当事者が求める場合には，中間確認の訴えをすることができる（Ap.19-4）。

他方，裁判所も攻撃防御方法の審理の順序については制約がなく自由に選択できることから，裁判所が任意に取り上げた攻撃防御方法の判断に拘束力が生じるのは妥当ではない，これらから結論にのみ拘束力を及ぼすことが正当化される。このように既判力の範囲を主文に限ることによって，訴訟過程における私的自治の原則や自由心証主義が確保されていると見ることもできよう。

もっとも，主文中の判断といっても，たいていの場合「被告は原告に金○○円を支払え」「原告の請求を棄却する」という形であるという判決書の形式の問題から，いかなる事項について効力が及ぶのかは判決理由中の判断や事実摘示を参照するほかない。

(2) 判決理由中の判断

つぎに，**判決理由中の判断**については伝統的には原則として既判力は生じないと考えられている。たとえば，[case2]で，湯河原さんの下田さんに対する建物収去土地明渡請求訴訟の判決においては，建物収去土地明渡請求権の存否についてのみ既判力が生じ，その基礎となる土地の所有権の帰属についての判断は理由中の判断なので既判力が生じない。

ただし，**相殺の抗弁**については，それが前提問題であり理由中の判断事項であるにしても既判力が及ぶことが法律上認められている（114条2項）。すなわち，被告が相殺の抗弁を提出し，それが審理され被告の反対債権（自働債権）の存否について判断されたときは，相殺をもって対抗した額，つまり訴求債権（受働債権）を消滅させるのに必要な額に限り，反対債権の存否について既判力を生じる。

　このような例外を認めたのは，相殺の抗弁として提出された反対債権の存否についての判断に既判力を認めないと，被告が再び反対債権を行使して紛争を蒸し返す可能性があるからである。たとえば，知多さんの有馬さんに対する1000万円の貸金返還請求に対して，有馬さんが800万円の売買代金債権による相殺を主張し，これが認められて知多さんの請求が200万円の限度で認容されたとする。その後，有馬さんが相殺に使った800万円の債権を再び行使して知多さんに弁済をせまることを封じるためには，有馬さんの800万円の債権もすでに行使済みで存在しないという点に拘束力を及ぼす必要があるのである（有馬さんの反対債権の存在が否定されて，相殺の抗弁が認められなかった場合も同様である）。

　相殺は瞬時に債権を消滅させるという強力な効果を持つから，訴求債権の存在を仮定して，相殺の抗弁によりただちに請求棄却をすることは許されない。裁判所は相殺によらなければ請求認容となることを確かめたうえで（他の防御方法がいずれも理由がないとされるとき），最後の防御方法として相殺の抗弁を審理判断しなければならない。この点，相殺は，弁済や時効の抗弁と取扱いが異なる（弁済や時効の抗弁が効を奏しての棄却の場合は，どちらにしても債権の不存在についてのみ既判力が生じるだけである）。このような審理順序の存在が被告の手続保障を充足することから，判決理由中の判断ではあるが相殺の抗弁については既判力を及ぼすという結果を招くことができるのである（なお，[note21]）。

3　既判力の時的限界と客観的範囲

(3)　争点効

　たとえば所有物返還請求が前訴で認容され確定した後に，敗訴被告が同一物の所有権確認訴訟を提起することは，前訴の判決理由中で所有権の存否についての判断が示されていたとしても，既判力ではさまたげられない。そこで，前訴で当事者が主要な争点として争ったことを根拠として，判決理由中の判断について既判力とは異別の拘束力を認めるという考えが **争点効** という考えである。この争点効理論は当初，紛争の一回的解決の理念から，判決の効力を拡大するものとして提唱されたが，そもそも当事者が争点として争ったということにその拘束力の根拠を見出したことにより，既判力の客観的範囲を前訴の具体的訴訟経過に合わせて調整する可能性を示していると考えられよう。

> ## 4　蒸し返しが問題となる具体例

基準時後の形成権の行使

　基準時前に発生していた取消権・解除権・相殺権・建物買取請求権などの **形成権** を基準時後に行使して，確定判決を争うことができるだろうか。

　形式的に見ると，形成権についてはそれを行使するという意思表示の時にはじめて法律効果の変動が生じるので，基準時後に形成権を行使する場合，その時が変動事由の発生時でありこれは基準時後の事由となるので失権しないという解釈が可能である。しかしながら，形成権の原因である事実は基準時前にすでに存在していたのであり，前訴係属時にそれを行使せずに後からそれを行使して，蒸し返しをすることが認められるかが問題となる。

　従来は，形成権の種類ごとに実体法的性質を考慮してその行使の是非が論じられてきた。

たとえば，取消権・解除権については，瑕疵がより重大な無効事由は遮断されるのにこれらが遮断されないとなると均衡を欠くとして，取消権・解除権の原因である事実が基準時前に存在し，いつでも行使することができたのであれば遮断されるという見方がある（取消権につき判例①）。

　つぎに，相殺権の場合は，訴訟物たる原告の訴求債権自体の成否に必然的にともなう防御方法ではないことなどから失権しないという立場が有力である（判例②）。

　さらに，建物買取請求権（借地借家13条）は，借地人に家屋の価値分の資本を回収する道を用意するという特別な社会法上の考慮によって認められた請求権であり，効果としては代金の確保に尽きるため，基準時後に行使を認めても弊害が少ないということから後訴での提出を許すべきであるとされている（判例③）。

　しかし，これらの問題はそれぞれの形成権の実体法的性質から当然導かれるというよりも，個別ケースにおいて，前訴の攻撃防御過程においてそれらの主張を当然になしておくべきであったか，あとで出すことが相手方との関係で衡平を欠かないかどうかという観点から具体的に考えていくべきであろう。たとえば，前訴において被告としては原告の訴求債権はそもそも存在していないことに全力をあげて主張立証を尽くしているときに，原告の主張する債権を前提とした相殺権の行使を期待することは，被告に矛盾する主張を要求することになる。また，被告にとって相殺権は自己の反対債権の消滅をともなう防御方法であり，被告に前訴で主張すべきであったと期待するのは酷であろう。

　同様に，建物収去土地明渡請求の前訴で被告が建物買取請求権を提出すると，自己の立場を弱めるおそれがあり（結局，被告としては，「土地を明け渡してもいいが建物の代金は払ってくれ」といっているようなものである），訴訟戦術上提出しにくいことを考慮すると，前

訴で常に提出を期待できるものではないといえよう。

　このように、基準時後の形成権の行使の問題は、伝統的には時的限界の問題とされてきたが、その性質としては既判力の客観的範囲の考慮と同一に帰する——つまり、前訴で提出しておくべきであったか否か（提出責任があったか）、今後、訴訟において争うことが、衡平といえるかどうかが問題となる——と考えられよう。

一部請求後の残部請求

　一部請求の問題点はすでに Ap.7-4 で述べた。

　判例理論としては、従来、前訴が「明示の一部請求」ならば残部請求を許し、前訴で明示せずに全部として訴求していた場合には、債権全体が訴訟物とみなされるので残部請求を許さないとしてきた（判例④）。これは原告側の一部請求を利用する便宜と、前訴で予告があれば被告としてはつぎの訴訟を予測でき、不意打ちとならないという被告の側の防御の双方のバランスをとったものであった。しかし、前訴の一部請求について、すでに双方とも残部についても主張立証をつくし、実質的に争った結果、棄却判決が出た場合には、後訴を許さないことが公平にかなう場合もある（判例⑤）。問題はなぜ許されないのかという理由であるが、判例は既判力を直接に持ち出すことはなく信義則によって根拠づけている。しかしそもそも既判力の根拠自体が、原告と被告双方に要求される争い方についての信義則と同様の考慮によるものであり、前訴での争いの態様と後訴を持ち出す必要性など、過去における両当事者の関係をふまえて、将来の自律的関係形成を訴訟の場で行うべきかという観点から後訴を認めるか否かを考慮することになる。したがって、信義則ではなく既判力で対応すべきである。

後遺症にもとづく追加請求

　交通事故による損害賠償請求の認容判決が確定した後に、後遺症にもとづく追加請求をすることができるだろうか。後遺症は残部請

求にあたるとして一部請求理論により追加請求を認める考え方や（判例⑥），基準時後の新事由であり既判力は及ばず事後的に請求できるとする考え方もあるが（判例⑦），どちらも追加請求を認めるための技巧的な理論立てといえよう。むしろ，後遺症のようなケースにおいても，前訴で提出することができずまた提出できないことについて当事者に責任を問えないというところに後訴を認める根拠があると考えられるのであり，当事者救済を前面に出して例外視する必要はないと考えられる。

なお，一括賠償ではなく定期金賠償を命じた判決の場合には，後遺障害の程度など，口頭弁論終結後に損害額の算定の基礎となった事情に著しい変更が生じたことを理由として，確定判決の変更を求める訴えを提起することが認められている（117 条）。口頭弁論終結後の著しい事情の変更によって定期金額が不相当となった場合に，既判力による拘束を維持するのではなく，新たな状況に応じた定期金額を定めることができる。

限定承認の蒸し返し

被告による限定承認の主張にもとづいて，「相続財産の限度での支払いを命ずる」旨の判決が出て確定した後に，敗訴した原告が基準時前の法定単純承認事由（相続財産の隠匿）を主張して相続財産の限度にかかわらない支払いを求める訴えを提起した場合，前訴判決は後訴にどのような影響を与えるのだろうか。

従来の考え方では，「相続財産の限度で」という責任財産の範囲の限定が，訴訟物にあたるのかどうかが議論されてきた。すなわち，責任財産の範囲は執行の場面で問題となるだけであり訴訟物ではないとするならば，責任財産の範囲には既判力が及ばない。これに対して，責任財産の範囲も訴訟物として判決手続における審判対象であるとする立場であれば，後訴は既判力で遮断されることになる。これらは「訴訟物の範囲＝既判力の範囲」という枠組みが前提と

なっている。

しかし最高裁は，前訴の訴訟物は給付請求権の存在および範囲であるとしつつ，限定承認については「これに準ずるもの」として審理判断されるのみならず主文に明示されることから「既判力に準ずる効力」があるとして後訴での法定単純承認の主張を遮断した（判例⑧）。

すなわち，訴訟物ではないが遮断されるということであり，先の「訴訟物の範囲＝既判力の範囲」の枠組みのゆらぎを見ることができる。限定承認について前訴で「審理判断した」ことに「既判力に準ずる効力」が生じるとする点には，前訴で争ったことに効力をおよぼすという争点効と同様の発想を見ることもできよう。しかし，本件の場合，相続財産の隠匿というような法定単純承認事由の存在を，相続人ではない被告が前訴当時知ることができたのかといった点が指摘できる。つまり，たとえ基準時前の事由であっても，前訴で提出できなかったという観点（提出責任）を重視するならば，本件のような場合においても，後訴で新たに主張させることを認めるべきであろう。

〈参照判例〉
①最判昭和 55 年 10 月 23 日民集 34 巻 5 号 747 頁・百選（5 版）77 事件
②最判昭和 40 年 4 月 2 日民集 19 巻 3 号 539 頁
③最判平成 7 年 12 月 15 日民集 49 巻 10 号 3051 頁・百選（5 版）78 事件
④最判昭和 32 年 6 月 7 日民集 11 巻 6 号 948 頁・百選（5 版）81 事件
⑤最判平成 10 年 6 月 12 日民集 52 巻 4 号 1147 頁・百選（5 版）80 事件
⑥最判昭和 42 年 7 月 18 日民集 21 巻 6 号 1559 頁・百選（5 版）82 事件
⑦最判昭和 43 年 4 月 11 日民集 22 巻 4 号 862 頁・百選 II 149 事件
⑧最判昭和 49 年 4 月 26 日民集 28 巻 3 号 503 頁・百選（5 版）85 事件

〈ステップアップ〉

①新堂幸司「提出責任効論の評価」『訴訟物と争点効（下）』（1991年，有斐閣）259頁

②井上正三「『一部請求』の許否をめぐる利益考量と理論構成」法教2期8号79頁

③井上治典「金銭の一部請求訴訟で敗訴した原告が残部請求の訴えを提起することの許否」私法判例リマークス19号123頁

④岡庭幹司「明示的一部請求棄却判決確定後の残部請求」伊藤眞先生古稀祝賀『民事手続の現代的使命』（2015年，有斐閣）97頁

Approach 18

判決の効力が及ぶ人の範囲

判決の効力⑵ 既判力の主観的範囲とその他の効力

1 当事者間効力——相対効の原則

　判決の効力はどのような範囲の人に及ぶか。これは既判力の主観的範囲 の問題である（民事訴訟法で「主観的」というのは，「訴訟主体」という意味である）。

　既判力 は対立する当事者間にのみ及ぶのが原則である（115 条 1 項 1 号）。民事訴訟は，当事者間の私的法律関係をめぐる紛争を解決するものであり，判決は当事者の当該訴訟における行動の結果であるのだから，それに対して責任を負うのも実際に訴訟手続に関与した当事者に限られるべきである。訴訟に関与していない第三者は，自己の利益や主張を訴訟手続に反映させることができなかったのであり，判決結果に拘束されないのは当然である。もしもそのような第三者にまで判決の効力を及ぼすとしたら第三者の「裁判を受ける権利」（憲 32 条）を侵害することになる。

　この相対効の原則によれば，当事者間の関係を越えて，当事者の一方と訴訟外の第三者，あるいは訴訟に関与した代理人との間，共同訴訟人相互の間においても既判力が生じることはない。したがって，[case2]において，湯河原さんと下田さんの間で甲土地の明渡し訴訟が行われ，湯河原さんに土地を明け渡すことが判決で確定したとしても，第三者が甲土地の所有権が自己に帰属することを主張し

て別個に明渡しを求めることができる。

しかしながら，つぎに見るように，一定の場合に当事者以外の第三者にも既判力が及ぶ場合がある。

2　既判力はどのような人にまで広げられるか

🎐 個別第三者への既判力の拡張

115条によれば，以下のように，既判力は当事者と密接な関係にある第三者にも及ぶ。

⑴　訴訟担当の場合の利益帰属主体

他人の権利利益について当事者として訴訟を追行する資格権能を持つ者が受けた判決の既判力は，訴訟物たる利益の帰属主体（当事者としては訴訟の表面にあらわれていないが，実質的利益の帰属主体）に対しても及ぶ（115条1項2号）。たとえば，相続財産について遺言執行者が行った訴訟の判決は相続人に対して効力が及ぶし，また，**選定当事者**（30条。Ap.6-2, Ap.20-1）の受けた判決は選定者に対して効力が及ぶ。

既判力が，訴訟当事者にはなっていない実質的利益帰属主体に拡張される根拠は，**任意的訴訟担当**の場合は本人が訴訟追行を他人にゆだねたという授権意思や担当者に充実した訴訟追行が期待できることに求められ，また，**法定訴訟担当**の場合は法律上，第三者に本人に代わって訴訟を追行する権限が与えられていること，本人のため適切な訴訟追行ができることに求められる。よって，利益帰属主体は，訴訟担当者が訴訟追行権を欠くこと（授権意思がない，担当者の権限がないなど）を主張することは認められるが，これ以外に固有の防御方法を持たない。

⑵　口頭弁論終結後の承継人

既判力の基準時後に，前主たる当事者の一方または訴訟担当の場

合の利益帰属主体から訴訟物たる権利関係にかかわる地位（紛争主体たる地位，紛争対象たる法的利益）を譲渡や相続などによって取得した第三者は，当事者間で下された判決の既判力を受ける。この第三者を「口頭弁論終結後の承継人」とよぶ（115条1項3号）。

[note46] なぜ口頭弁論終結後の承継人に既判力が及ぶのか

　　承継人に既判力が及ぶということは，前訴の当事者間の判決主文の判断は争えないという前提のもとで，承継人自身の実体法上の地位を主張しなければならないということを意味する。その根拠は，承継人は前主（被承継人）の紛争主体たる地位を引き継いだのであるから，前主と相手方との間で形成された地位を自己との関係でもひとまずは前提とするのが，承継人と相手方，および前主との関係で衡平であるという考慮にもとづく。敗訴者たる被告の承継人は，敗訴者が義務を負うことを争えない。他方，承継人に固有の防御方法を提出することは許され，また，被承継人が十分に攻防を展開していない場合，承継人の立場から争うことも許されよう。

　　[case2]で湯河原さんの下田さんに対する土地明渡訴訟で敗訴した下田さんから土地の譲渡を受けた草津さん（承継人）は，下田さんが湯河原さんに土地明渡義務を負うことは争いえないにしても，草津さん固有の攻撃防御方法の提出（たとえば，下田さんが無権利者であることにつき善意であること〔民94条2項〕の主張）はさまたげられない。

　　上述のような場合，草津さんは承継人にあたり既判力が及ぶが固有の攻撃防御方法の提出ができると解する説（形式説。承継人かどうかは形式的に決めたうえで固有の防御方法の提出を許し，その結果承継人を保護するべきかどうかを相手方と承継人との間の本案の問題として判断する）と，草津さんが善意の第三者であることから甲の引渡請求を拒絶できる以上，草津さんは承継人ではないとする立場（実質説。草津さんを保護すべきかの判断を実質的に審理したうえで既判力の拡張を決める）が対立している（判例①）。

　　いずれも固有の防御方法の提出を認めるという結論ではちがいはなく説明の問題にすぎないとされているが，既判力の作用の本質を結局

後訴でいかなる攻撃防御方法を遮断するのかという問題に帰着するととらえるならば，形式説の方が既判力の作用の本体をよりよくあらわしているといえよう（なお，承継執行については，後述3）。

(3) 請求の目的物の所持者

特定物の現実の引渡しを目的とする訴訟の場合で，その目的物の所持につき自己固有の利益をもたずもっぱら当事者，訴訟担当の場合の利益帰属主体またはそれらの承継人のために所持している者（たとえば，受寄者，管理人など）は，当事者の受けた判決の既判力に拘束される（115条1項4号）。目的物が動産であるか，不動産であるかを問わず，引渡請求権が物権的請求権にもとづくか，債権的請求権にもとづくかを問わない。また，基準時前からの所持者もこの場合の所持者にあたる。

請求の目的物の所持者 に既判力が及ぶのは，この場合，所持者は当事者等のために目的物を所持しているのであって自己固有の実体的利益を持たないからであり，引渡請求の当事者等と同視して既判力を及ぼしても裁判を受ける権利を侵害したことにならない。その意味で，自己の利益のために目的物を所持する者（例として賃借人）は，ここでいう所持者にあたらない。また，法定代理人や法人の代表機関などの所持は，当事者のために目的物を所持しているように見えるが，本人や法人自体の所持とみなされるので，ここで言う既判力を受ける所持者にはあたらない。当事者の雇人が物を所持する場合や，家屋明渡訴訟における当事者の同居家族なども，その占有は当事者の占有そのものであり，ここで言う所持者にはあたらない。

なお，判例には所有権移転登記請求の被告から，訴訟係属中に移転登記名義を得た仮装譲受人について，本条の所持者概念を類推して既判力を及ぼしたものがある（判例②）。

(4) 訴訟脱退者

第三者が**独立当事者参加**（47条），**参加承継**（49条・51条），引受

承継（50条・51条）によって係属中の訴訟の当事者となったため（Ap.20-3）、従前の当事者の一方がこれに訴訟追行を譲って脱退した場合、参加または引受けをした第三者とその相手方との間でその後下された判決の効力は、**訴訟脱退者** に対しても及ぶ（48条）。

🏵 一般第三者への既判力の拡張

身分関係や団体関係をめぐる訴訟の場合、訴訟当事者間の相対的効力のみでは十分でない場合があり、このような法律関係の画一的な処理が必要な場合には、当事者間を越えて広く第三者に判決の効力を及ぼすことが妥当とされている。

(1) 既判力の限定的拡張

一定範囲の第三者に対して既判力が拡張される場合がある。破産債権確定訴訟・再生債権確定訴訟の判決は、破産債権者の全員（破131条1項）、再生債権者の全員（民再111条1項）に対してその効力を有する（ほかに民執157条3項など）。これらの場合には、集団的債権処理手続の実効性を確保するために、各債権者の権利の存否、額、優先権の有無などを全員に対する関係で一律に確定する必要があるからである。また、この場合、これらの関係人には異議を述べる機会が与えられており、手続保障に欠けるところはない。

(2) 既判力の一般的拡張（いわゆる **対世効**）

法律関係を画一的に確定する必要がある、身分関係に関する人事訴訟（人訴24条1項）、会社内部の問題に関する訴訟（会838条）などでは、一般の第三者に既判力が拡張される。

このような判決効の拡張に際しては、利害関係を有する第三者の手続保障をどのように考えるかが問題となる。従来、これに対する対応として、①充実した訴訟追行を期待しうる者を原告または被告にすることを定める方法（たとえば民775条、人訴12条・42条。会834条など）、②身分訴訟における処分権主義や弁論主義の制限と職権探知主義の導入（人訴19条・20条）、③できるだけ第三者に参加

の機会を与えること（そのための訴訟係属の通知につき人訴 28 条，訴訟参加を認めた人訴 15 条，行訴 22 条・23 条）や④詐害的な判決がなされた場合に第三者に再審を認めること（行訴 34 条）などがあげられている。

　③のような対世効を及ぼすために手続保障を与えるという発想を転換して，手続が保障されたから対世効を及ぼすだけの根拠があるという考え方の方が既判力の正当化根拠から見て基本であるとの主張もなされている。この場合，第三者の利害関係の態様に応じて手続保障も構想され，判決効を及ぼすかどうかが決定されていくという弾力的な理論へとつながる。すでに現行法においても重婚禁止（民 732 条）違反を理由とする婚姻取消の訴えについて，参加機会が与えられなかった前婚の配偶者には請求棄却の判決効が及ばないと規定されている（人訴 24 条 2 項）。解釈においても，上記の前婚の配偶者や，判決によって争えなくなる権利関係と矛盾関係にある身分関係上の地位にある者（父子嫡出否認訴訟の場合の母）のように，既判力により直接の影響を受ける第三者に対しての訴訟の告知を義務的なものとし，これを欠けば既判力は拡張されないとすることなどが提唱されていた（③の通り一部は平成 15 年人訴法改正により採用されたが，その内容はなお限定的である）。

3　そのほかの判決の効力──執行力と形成力，反射効

(1)　民事執行手続の利用を許す効力──執行力

　執行力 とは判決などの債務名義（民執 22 条各号）に表示された執行債権の実現を求めて民事執行手続を利用できる効力を言う。とくに判決の執行力と言う場合は，給付判決の主文において命ぜられた給付内容を強制執行によって実現できる効力のことをさす。この執行力は，給付判決の確定を待って生ずるのが原則であるが，**仮執行**

宣言 によって確定前にも効力を生ずる（民執22条2号）。

　執行力の範囲は原則として既判力の範囲に準ずるとされるが，債務名義には判決以外のものも多く，すべての債務名義に既判力が生じているわけではない。また，既判力が基準時における権利存否の判断に生じるのに対し，執行力は執行時において債務名義上の権利を強制的に実現できる効力であって，時間的基準は同一ではない。執行の局面でいえば，いったん債務名義が成立すれば，その後に権利の消長があっても反対名義が形成され執行機関に提出されない限りそのまま執行が持続するのが原則である。

　さらに，判決表示とは異なる主体についても執行が許容されることがある。

　たとえば，**口頭弁論終結後の承継人** に対しては執行力が拡張されるので（民執23条1項3号），[case2]において土地明渡訴訟で敗訴した下田さんから土地の譲渡を受けた草津さんに対して，勝訴した湯河原さんは承継執行文（民執27条2項。Ap. 22-2）の付与を受けて強制執行をすることができる。承継人は，**執行文付与に対する異議の訴え**（民執34条）や **請求異議の訴え**（民執35条）などの執行法上の制度を利用して固有の攻撃防御方法を提出することにより争うことが可能であり（Ap. 22-2），むしろ承継人の方が争う場を設定することが，すでに債務名義作成の負担を果たした当事者との手続負担の分配として公平であるということに，承継執行を認める根拠があるといえよう（**起訴責任転換説**）。

　(2)　法律関係をうごかす効力——形成力

　たとえば「原告と被告とを離婚する」という形成訴訟の認容判決が確定すると，法律上の夫婦であった両者に離婚が成立する。このように **形成力** とは，**形成の訴え** において請求認容判決が確定することによって，その判決内容どおりに新たな法律関係を発生させ，または従来の法律関係の変更や消滅を生じさせる効力である。通常，

私法上の権利関係の発生・変更・消滅は，法律行為とその他の法律要件事実があれば当然に生じ，訴えを提起する必要はない（Ap.7-2⑶）。しかし，当事者のみならず社会的に重大な影響を持つ権利関係，たとえば離婚訴訟や株主総会決議取消訴訟などについては，その形成要件の存在や形成の効果の不明確さによる法的生活の不安定を防止し，さらには，形成の効果を第三者との関係でも画一的に生じさせる必要のある場合がある。そこで，あらかじめ訴えの提起によって形成要件の存在を主張させ，裁判所がこれを確定したうえで法律関係の変動を判決によって宣言し，これによってはじめて権利関係の変動を生じさせるのである。

形成力を生じるには正当な当事者間の訴訟で形成判決が言い渡された場合でなければならない。形成力による権利変動の効力が過去の一時点まで遡って生ずるか，あるいは将来に向かってのみ生ずるかは場合によって異なる。これまで前提とされた法律関係を遡って覆す遡及効は，嫡出否認や認知（民784条）など特に必要のある場合に認められる。会社の組織に関する訴えにおける認容判決の場合には将来に向かってのみ効力を生じるとされている（会839条）。会社の決議取消のように決議内容に応じて遡及効が生じるかを判断すべき場合もある。

⑶　反射効

判決の**反射効（反射的効力）**とは，既判力，執行力，形成力のように判決本来の効力とされているものとは異なり，一定内容の判決が確定したことに付随して生じるとされる効力である。

第三者が直接に判決の既判力を受けるわけではないが，当事者間の確定判決により実体的権利変動が発生したのと同視し，当事者と実体法上特定の関係にある第三者に影響を及ぼすのである。たとえば，主たる債務者が債権者との訴訟で勝訴し，債権者に弁済する必要がなければ，保証人は保証債務の付従性（民448条）から債務者

勝訴の判決を援用して自己の保証債務の履行を拒絶できる。つまり，すでに判決を受けた当事者との関係で，ある実体法規定を媒介として一定の効果を受ける関係にある第三者は，当事者が受けた確定判決によって反射的に利益・不利益を受けるのである。これを既判力とは区別して反射効とよぶが，そもそもこのような効力を認めるべきか否かについて見解が対立している（判例は認めていないが，傍論では「肯定的態度を示している」との指摘もある。判例③）。

　そもそも判決の効力は相対的であり，第三者に効果を及ぼすだけの手続保障があるかが重要であるので，実体法関係の整合性から判決の効力を第三者に及ぼすことは認められない。たとえ債権者と保証人との間での訴訟と，債権者と債務者の間の訴訟とで，争点が同一になるとしても，それぞれにつき手続保障が与えられるべきであろう。

〈参照判例〉
①最判昭和 48 年 6 月 21 日民集 27 巻 6 号 712 頁・百選（5 版）87 事件
②大阪高判昭和 46 年 4 月 8 日判時 633 号 73 頁　百選（5 版）A28 事件
③最判昭和 51 年 10 月 21 日民集 30 巻 9 号 903 頁・百選（5 版）90 事件

〈ステップアップ〉
①中野貞一郎「弁論終結後の承継人　いわゆる実質説・形式説の対立の意味」論点 I 213 頁
②水谷暢・判例①評釈・民商法雑誌 71 巻 2 号 173 頁

VI　複雑訴訟形態

Approach 19 | 請求が複数ある訴訟——複数請求訴訟
Approach 20 | 複数の当事者らがかかわる訴訟
　　　　　　——多数当事者訴訟

Approach **19**

請求が複数ある訴訟

複数請求訴訟

1 請求の併合

/ 一つの訴訟で複数の請求を審理する場合

設例① 〔case1〕において，原告が消費貸借を主張しつつ，これが通らない場合に備えて，不当利得を主張した。これは，請求の併合になるか。

設例② 〔case2〕において，原告が建物収去土地明渡しを求めていた訴訟の人証調べ後に，不法占有による損害賠償の請求を追加する申立てを行った。この追加請求は許されるか。

設例③ 〔case4〕において，被告は原告の主張する離婚原因を争って原告の離婚請求は棄却したいが，原告の不貞を理由に離婚はしたいと考えている。被告としては，どのような方法をとることができるか。

設例④ 請求の予備的併合において，主位請求を認容する際に，予備的請求については，どのような判断がなされるか。それはなぜか。

設例⑤ 中間確認の訴えがほとんど利用されないのは，なぜか。

　一対一の訴訟であるからといって，訴訟上の請求が一つであるとは限らない。〔case2〕で原告が建物収去土地明渡しを求める場合，建物と土地とは別個の所有権の対象である以上，「建物収去」と「土

地明渡し」の二つの請求が一つの手続で併合されて審理されていることになる（**請求の併合**）。これに土地所有権確認がくわわれば請求は三つになり、さらに損害賠償請求がくわわれば四つになる（Ap. 7-4）。

　また、原告が訴訟の途中に新たな請求を追加すれば（**訴えの変更**）、その時から請求は複数になり、被告がその訴訟の中で原告を訴え返せば（**反訴**）、原告の請求と被告の請求とが同一手続で審理され判断されることになるから、やはり複数請求を生じさせることになる。請求が複数ある場合の訴訟については、一定の手続上の約束ごと（規律）がある。以下、それぞれに分けて見ていく。

🌀 **はじめから複数の請求をまとめて出す場合**

　同一当事者間では、まったく関連のない請求であっても併合して提起できる。原告としても、一つの手続にまとめたほうが便利であるし、被告としても、別訴で応じることにくらべれば、同一手続で対応するほうが労力の節減になり、文句は言えないからである。

　しかし、現実に請求の併合が見られるのは、上記の例のように、請求相互間に関連があることが多い。この場合には、事実や証拠が共通になるので、当事者にとっても裁判所にとっても、併合して審理するメリットは大きくなる。

　請求の併合（**訴えの客観的併合**）が認められるためには、数個の請求が同種の訴訟手続で審判されるものであることが必要である（136条）。たとえば、離婚請求（人事訴訟手続）とともに離婚原因にもとづく損害賠償の請求をすることはできるが、家財道具の返還請求（民事訴訟手続）を併合することはできない。それぞれの手続ごとに弁論主義や職権探知主義など、弁論や証拠調べにつき異なった手続原則を設けた趣旨に反するからである（もっとも法律がとくに許している場合〔人訴17条、行訴16条〕やこれに準じる場合は別である。この場合はいずれの手続原則により審理すべきかが問題となる）。

また同種の手続による請求でも併合が制限されている場合（行訴16条2項）には，訴えの併合は許されない。

　各請求につき受訴裁判所に**管轄権**のあることを要するが，他の裁判所に専属管轄のある場合を除けば（13条），受訴裁判所に一つの請求につき管轄権があれば，他の請求についても併合請求の管轄権が発生する（7条，人訴5条。Ap.8-2）。

請求併合の形態

　訴えの客観的併合には単純併合，予備的併合および選択的併合の三つの態様がある。

　(1)　**単純併合**は，他の請求の当否とは無関係にすべての請求について審判を求める併合形態である。請求の併合のほとんどは，これにあたる。

　(2)　**予備的併合**（順位的併合）は，相互に矛盾する請求について，原告が各請求に審判の順位をつけて，第1順位の請求（主位請求）が認容されないときには第2順位の請求（予備的請求ないし副位請求）の審判を求める併合形態である。たとえば，売買代金を請求するとともに，売買が無効と判断される場合を配慮して，あらかじめ，そのときのためにすでに引き渡した売買目的物の返還を請求しておくような場合である（上記設例１も同様）。数個の請求が両立しない場合には請求に順位を付けることが期待される。なお，特定物の引渡しを求め，それが執行不能になった場合のために**代償請求**を併合提起するときは，予備的併合でなく単純併合である（損害賠償の履行が，物の引渡しができないときという条件にかかっているだけで，請求は両立する）。

　(3)　**選択的併合**（択一的併合）は，原告が数個の請求のうちどれか一つを認めてもらえれば目的を達して，それ以上審理されなくともよいとする趣旨の併合態様である。つまり，併合した請求につきその一つの認容を解除条件として審理の申立てをする場合である。

たとえば所有権と占有権にもとづく特定物の引渡請求をする場合や不貞行為と悪意の遺棄による離婚請求をする場合である。新訴訟物理論によれば、旧訴訟物理論によって選択的併合とされるこれらの場合には請求の併合はなく、一つの請求を理由づけるための数個の法的視点（複数の実体法上の請求権や形成権）が攻撃防御方法のレベルで選択的に主張されているにすぎないとされるから、そもそも訴えの選択的併合を認める余地はないとされる（**訴訟物理論**につき Ap. 7-4）。しかし、給付の目的物が異なる場合でしかも両立しない請求についても選択的に併合することは、一定の条件下ではあえて不適法とまではいえないので、新訴訟物理論によっても、選択的併合はありうる。

審理・判決のしかた

複数の請求が併合提起されたときは、併合要件は訴訟要件であるから、裁判所は職権でこれを調査する。併合要件を欠いていても、請求の併合が許されないことにとどまるから、裁判所は訴え全体を却下すべきではなく、むしろ各請求ごとに各個の訴えが提起されたものとして、職権で弁論を分離し（152条1項。Ap.10-4）、必要があれば移送することになる（Ap.8-4）。併合要件が備わっているときには、併合された各請求は同一の訴訟手続で審判され、弁論や証拠調べもすべての請求につき共通のものとして行われる。

単純併合においては裁判所は常にすべての請求につき審理判決をしなければならず、すべての請求につき判決に熟すれば全部判決をする（243条1項）。また一部の請求につき弁論を分離・制限し（152条1項。Ap.10-4）、一部判決をすることもできる（243条2項・3項）。しかし、たとえば同じ建物の所有権確認請求と明渡請求とを併合する場合のように、主要な争点を共通にする各請求については、弁論の分離や一部判決は許されないとする見解が有力である。

予備的併合の場合には、裁判所は、原告の付した審判順位に拘束

され（246条），主位請求を認容する場合には予備的請求について審判する必要はなくなるが（設例４），主位請求をしりぞける場合には，必ず予備的請求についても審判しなければならない。選択的併合の場合には，裁判所はどの請求から審判してもよいし，併合されたうちの一つの請求を認容すれば，残りの請求について審判することは必要でなくなるが，原告敗訴の判決をするためには，すべての請求を棄却しなければならない。

　また，予備的ないし選択的併合においては，弁論の分離や一部判決をすることは許されない。そうでないと相互に関連する請求について手続が二分されてしまい，判断の不統一をまねく危険があるからである。控訴審が主位請求ないし一つの請求を認容した第一審判決を不当と認めるときは，第一審では審判の対象とならなかった残りの請求が控訴審で審判の対象となる可能性がある（Ap.21-2，判例①）。

2　訴えの変更

はじめの請求からの変更——追加的変更と交換的変更

　当初の訴えがもはや紛争状況にそぐわなくなったときに，常に原告に対して別訴を要求するとすれば，従来の審理が無駄になるので，当事者，ことに原告にとって不便なばかりでなく，制度設営者の側からも適当とはいえない。そこで，訴訟係属中に，原告が請求の趣旨または請求の原因を変更して請求の同一性やその範囲を変更することのできる場合が認められており，これを 訴えの変更 と言う。たとえば建物の所有権確認請求から明渡請求に請求の趣旨を変更したり，請求原因を利息債権から元本債権に変更することは，訴えの変更になる。しかし，建物明渡請求の根拠を占有権から所有権に変更した場合に，請求の同一性を変更したことになるかをめぐっては

どのような **訴訟物理論** をとるかによって対立がある（Ap.7-4）。旧訴訟物理論では，これは訴えの変更にあたるとされ，新訴訟物理論によれば，訴えの変更にならず，同じ請求を理由づける攻撃方法の変更にすぎないことになる。

　請求の趣旨にかかげた請求額などの数量のみを拡張することが訴えの変更になることには，ほぼ争いはない。しかし，数量のみを減縮することが訴えの変更にあたるかについては，一部請求の可否（Ap.7-4, 17-4）と関連して議論がある。

　訴え変更の態様には，従来の請求をそのままにして別個の請求を追加する場合（**追加的変更**）と従来の請求を新請求に差し替える場合（**交換的変更**）とがある。建物明渡請求に賃料相当の損害金請求を追加する場合が前者であり，特定物引渡請求を目的物の滅失にともなって損害賠償請求に変更する場合が後者である。追加的変更がなされれば，請求相互の関連性により，単純併合，予備的併合，選択的併合の区別を生じる。訴えの交換的変更は追加的変更と訴えの取下げ（261条。Ap.16-3）の組み合わされたもので，独自の訴えの変更類型ではないとの見解もあるが（判例②），旧訴提起による時効の完成猶予の効力を存続させ従来の審理結果や訴訟資料を利用できるためには，交換的変更を独自の訴え変更の類型と認めるべきである。

訴えの変更が許されるかどうか──訴え変更の要件

(1) 「請求の基礎」

　訴えの変更を無制限に許すことは，被告にとっては迷惑で防御を困難にするだけでなく，訴訟を混乱ないし遅延させるおそれがある。現行法は，訴えの変更が認められるためには，まず，**請求の基礎に変更がないこと**を必要とする（143条1項本文）。両請求が同一ないし一連の社会的紛争に関するものであって，かつ主要な争点が共通であれば，請求の基礎に変更がないものと解される。たとえば，請

求金額の増減などの請求の趣旨だけの変更や，売買代金請求に加えて予備的に売買無効の場合の目的物の返還請求をする場合などは請求の基礎の変更はない。甲番地の土地所有権確認請求を乙番地の土地所有権確認請求に変更する場合は，原則として請求の基礎に変更があるといえるが，その請求原因として同一の売買契約や相続による取得が主張されているときには，請求の基礎に変更はないといえる（上記設例②も請求の基礎は同じといえよう）。

　請求の基礎が異なっても被告が同意すれば訴えの変更は認められる。訴え変更の要件は，被告の防御の保護を主眼とするものと解されるからである。この観点からは，相手方が防御方法として主張した事実に立脚しての訴えの変更をする場合にも，被告の防御を困難にすることはないから，許される。

(2)　「著しい遅滞」など

　つぎに，訴えの変更が認められるためには，著しく訴訟手続を遅滞させないことが必要である（143条1項ただし書）。請求の基礎は同一でも，新請求の審判のために従来の資料をあまり利用できず，訴訟の完結が予想以上に遅れるときには，むしろ別訴の提起にゆだねる方が適切だからである（設例②ではこの要件が問題となる）。

　さらに，事実審の口頭弁論終結前でなければならない（143条1項本文）。第一審の口頭弁論終結後でも控訴審の口頭弁論が開かれれば訴えの変更ができる。請求の基礎の同一性が保たれる限りでは，被告は新請求との関係でもすでに第一審で争ったとみなすことができるので，被告の審級の利益を害することがないといえるからである。第一審で全面勝訴した原告も，相手方の控訴に付随して附帯控訴をして訴えの変更をすることはできる。上告審は事実審ではないので，もはや訴えの変更はできない。

　その他，訴訟手続が同種であることや他の裁判所の専属管轄に属しないことなど，訴えの客観的併合と同様の要件を備える必要があ

る。交換的変更においては，訴えの取下げの場合と同様に被告の同意を要する。

(3) 要件の判断

訴えを変更するにはその趣旨を記載する書面を提出しなければならない（143条2項。判例は請求の原因だけの変更については書面を要しないとする。）

訴え変更の要件を欠き不当と認めるときは，裁判所は被告の申立てによりまたは職権で，変更を許さない旨の決定をする（同条4項）か，終局判決の理由中でこの判断を示す。訴え変更を許さないとの決定は，新請求について当面は審理をしない旨の中間的裁判であって，これに対して独立の不服申立てはできず，終局判決に対する上訴とともに上級審の判断を受ける（283条）。

3 反　訴

🖉 被告からの反撃の訴え――単純な反訴と予備的反訴

原告に請求の併合や訴えの変更が認められることに対応して，被告にも原告から訴えられた機会に，同じ手続を利用して原告に対する訴えを提起することを認めることが当事者間の公平上必要となる。また，関連する請求を併合して審判することができれば審理の重複や裁判の不統一を避けることもできる。係属中の訴訟手続において，被告（反訴原告）から原告（反訴被告）に対して提起することの認められる訴えが **反訴** であり，被告による請求の追加的併合の一種である（上記設例3はこの反訴によることができる）。

反訴による併合請求の態様には，単純な反訴と予備的反訴とがある。たとえば，売買代金を請求された被告が売買の効力を争うとともに，予備的に，もし売買が有効であれば，目的物の引渡請求をする場合が予備的反訴の例である。

(1) 本訴請求との「関連性」

　反訴の要件としては，反訴の請求が本訴の請求またはこれに対する防御方法と関連することが必要である（146条1項本文）。これは訴えの変更における「請求の基礎」に対応する要件である。反訴請求が本訴請求と関連するとは，両請求の内容または発生原因において法律上または事実上共通するところがあることである。たとえば，同じ売買契約にもとづく目的物の引渡請求の本訴と代金支払請求の反訴や同一事故にもとづく損害賠償請求の本訴と反訴などである。

　また，反訴請求が本訴の防御方法と関連するとは，本訴に対する抗弁事由や積極否認のための事実などが反訴請求の基礎事実に含まれていることを言う。たとえば，被告が反対債権の一部を相殺の抗弁として使いつつ，残部を反訴として請求したり，建物収去土地明渡請求の本訴に対して土地賃借権の抗弁を提出して争うとともに賃借権確認の反訴を提起する場合がこれにあたる。占有の訴えに対して本権にもとづく反訴を提起するのは，防御方法としての主張（民202条参照）ではなく，本訴請求に関連する反訴として許される（判例③）。

　現実に提起される反訴は，本訴の請求と関連するが防御方法とも関連する場合が多い。case1で有馬さんから債務不存在確認の訴えを提起された知多さんが給付の反訴を提起する場合などが，これにあたる。case4で離婚の訴えを提起された梅助さんが桜子さんの離婚原因の主張を争いつつ，自らの離婚の原因をかかげて離婚の反訴を提起する場合などである（設例③）。したがって，「本訴請求」と「防御方法」とを厳密に分けて，あれかこれかで議論するのは，実践的ではない。また，そもそも，原告が複数の請求を併合提起するには，請求相互の関連性は要求されないこととのバランス上も，被告の反訴提起について厳しい関連性を求めるのは公平を失し妥当で

ない。

(2) その他の要件と要件の判断

反訴の提起は、本訴が事実審に係属し、口頭弁論終結前でなければならない（146条1項本文）。反訴提起後に本訴の却下または取下げがあっても反訴に影響しない（ただし、261条2項ただし書）。控訴審での反訴には反訴被告の審級の利益を保護するためにその同意を要する（300条1項）が、反訴被告が異議なく本案につき弁論すれば同意したものとみなす（300条2項）。一審の経過から審級の利益を害することはないとみられる場合には、反訴被告の同意を要しない。

さらに、訴え変更の場合と同様、反訴の提起により著しく訴訟手続を遅延させないこと（146条1項2号）、同種の訴訟手続で審判され（136条）、反訴請求が他の裁判所の専属管轄（専属的合意管轄は含まない）に属しないこと（146条1項1号。ただし、146条2項参照）など、訴えの客観的併合と同様の要件を備えることを要する。

反訴は訴え提起の実質を持つので、反訴提起の方式は本訴に準じ（146条4項）、反訴である旨を明示した訴状を提出して行う。反訴要件を欠くときは反訴を不適法として終局判決で却下するとするのが通説であるが、反訴要件は併合審理の要件にとどまるから、弁論を分離して別個の訴えとして取り扱う余地がある。

4 中間確認の訴え

係属中の訴訟手続に、本来の訴訟物の判断の前提問題となる権利関係の存否について確認判決を求める申立てが中間確認の訴えである（145条）。前提問題については、判決理由中で判断され既判力が及ばないので（114条1項。Ap.17-3）、この訴えを認める必要がある。たとえば、所有権にもとづく引渡請求訴訟において所有権確認

を申し立てる場合である。この訴えを原告が提起するときは訴えの追加的変更であり，被告が提起するときは反訴にほかならないが，その特殊な場合として別個に規定されたものである。

中間確認の訴えの要件は，訴えの追加的変更や反訴に準じるが，請求の基礎や関連性は当然に具備する。ただ，本来の請求に関する訴訟が事実審に係属中で口頭弁論終結前であることが必要である。先決関係について争いがある限り，常に主要な争点として審理が行われるから，口頭弁論終結直前の中間確認の訴え提起でも訴訟遅延のおそれはない。また控訴審での被告の中間確認の訴え提起にも相手方の同意を要しない。

中間確認の訴えは，実務ではほとんど利用されない。これは，弁護士も裁判官もこれを使うことを嫌うからである。なぜなら，重要な前提問題については，それについて黒白をつけることは，本来の請求の中で行えば足り，わざわざ別個独立に審判を求める必要に乏しいばかりか，中間確認が最終確認の機能を持ち，当事者たちは途中で決着がついたものと受け止めしらけてしまうからである（上記設例⑤）。

〈参照判例〉
①最判昭和58年3月22日判時1074号55頁・百選（5版）111事件
②最判昭和32年2月28日民集11巻2号374頁・百選（5版）33事件
③最判昭和40年3月4日民集19巻2号197頁・百選（5版）34事件

複数の当事者らがかかわる訴訟

1 人的に大規模な訴訟への対策

大規模訴訟の問題点

　全国規模の薬害訴訟，宗教団体の分裂や内部抗争にともなうきわめて多数の信徒ないし会員を当事者とする訴訟，多数の住民が当事者となる環境訴訟，地震等にもとづく保険金請求訴訟や消費者被害の差止めや損害賠償訴訟など，「当事者が著しく多数で，かつ，尋問すべき証人又は当事者本人が著しく多数である訴訟」（268条）を**大規模訴訟**と言う。

　多数の主体が登場する訴訟では，一般的に主張や証拠が膨大になって錯綜し，審理が複雑化してなかなかスムーズには進行しないという傾向を帯びる。法廷は，これらの多数者が出席するには小さすぎるし，多数者の日程を調整するのは困難であるので，期日を入れることにも障害をともなう。当事者側からしても，提出する準備書面や証拠（書証など）の副本も当事者の数に合わせて膨大な数量になるので，その作成には相当の労力と費用を費すことになり，裁判所（書記官）の労力も大きい。

いくつかの対応策

　このような大規模訴訟に対応するには，すでにいくつかの方策はある。

① 団体に当事者資格を認める方法

被害者，住民，会員，消費者などが団体をつくって，その団体の名で代表者を定めて訴える方法がある。(**権利能力なき社団**の当事者能力。Ap.6-2)。

ただし，常に当事者能力が認められる団体が結成されるとは限らないし，団体ができても，個々人の提訴権は奪われないので多数の個々人が出訴したり提訴される途は残されている。

② 統一的な**訴訟代理人**をたてる方法

多数の当事者がいても，同一の訴訟代理人（Ap.6-4）に委任すれば，前述の問題点はある程度緩和ないし軽減される。しかし，多数者がいくつかのグループに分かれてそれぞれで代理人を立てる場合もあり，また代理人を立てないで自分で訴訟を行う者もありうるので，そうなれば問題点は解消されない。

③ 当事者の選定

利害を共通にする多数者の中から代表として当事者を選んで，この選定された代表としての当事者が全員（選定者）の請求を担って訴訟追行にあたる方法である（**選定当事者**。30条。Ap.6-2）。選定当事者が複数いても，これらの者が同一の訴訟代理人（弁護士）に委任すれば，訴訟追行主体としての当事者の数を減らすことができることにくわえて，訴訟代理人間の調整の問題も軽減されるので，①の方法よりも効果的である。

ただ，多数者が当事者選定を行うほどにネットワークを密にすることが期待できない場合が多いし，かりに選定が行われても，選定者の請求も審判の対象となっており，選定者は訴訟追行の主体ではないが，いわば「隠れた当事者」であるので，問題点が全面的に解消されるものではない（たとえば，選定者を尋問するには，当事者尋問の方式による）。

🏃 大規模訴訟の特則

　以上のように，現行制度下では大規模訴訟に対応するにはいずれも限界があるので，民訴法268条・269条で，証人尋問手続と裁判所の構成について特別のルールを定め，さらに民訴規則によって，手続の進行面で一定の配慮をくわえた。

　①　証人尋問の特則

　受訴裁判所の任命した受命裁判官が，裁判所内で，個々人に固有の争点について手分けして証人尋問または当事者尋問を行うことが認められる（268条）。受命裁判官による証拠調べは，ふつうは裁判所外において行うものであるが（裁判所内の証拠調べは受訴裁判所の裁判官全員で行う），この特則は，その例外を設けたのである。そこで，「当事者に異議がないとき」を要件とした。

　②　5人の合議体

　ふつう合議体は3人の裁判官によって構成されるが，地方裁判所に限って，5人に増やすことができるとされている（269条）。

　③　手続の進行等

　進行協議期日等を活用して審理計画をたてることが期待される（147条の3。Ap.11-4）。また，訴訟代理人が連絡担当代理人を裁判所に届け出ること，などの手当ても構じている（規23条の2）。

2　複数の人が共同で訴えまたは訴えられる場合

🏃 共同訴訟

　原告または被告の側に，複数の人が当事者として登場する場合は，決してめずらしいことではない。これを，**共同訴訟**と言う。主体を併合して訴えるという意味で，**訴えの主観的併合**ともよばれる（「主観的」という意味はAp.18-1。職権による弁論の併合につき152条1項。Ap.10-4）。地方裁判所の事件で共同訴訟の形態をとる例は，全体の

3分の1を超えるほどひんぱんに見られる。

🎵 ふつうの共同訴訟

　[case2]で，湯河原さんが下田さんを相手取って建物収去土地明渡しを，建物のテナントSさん，Qさんを相手取って建物退去を求める場合，[case3]で株式会社日奈久とその代表取締役社長八幡氏が，白骨社と道後さんを相手取って謝罪広告と損害賠償を求める場合などが共同訴訟の典型例である。これらの場合は，請求の内容をなす権利義務が同一の事実上および法律上の原因にもとづく関係にあり，主張および証拠も各請求の当事者間で共通するところが多い。民訴法38条は，このほか，権利義務が共通する場合（たとえば，数人に対する同一物の所有権確認），さらには，権利義務が同種で同種の原因にもとづく場合にも共同訴訟ができることを認めている。最後の「同種」という要件は，かなり広く，たとえば，[case2]で下田さんがそれぞれ別々のテナントであるSさんとQさんに賃料を請求する場合などがこれにあたる。

　これらふつうの共同訴訟は，「**通常共同訴訟**」とよばれるが，それは，別々に訴えることができる各人についての請求がたまたま一つの手続に併合されて，共通に審理される，という意味である。同一の事実や原因についての判断はバラバラにならないことが事実上期待されるが，法的に判断の統一が図られなければならないものではない。途中で各訴訟を切り離す（**弁論の分離**。152条1項。Ap. 10-4）こともできるし，各共同訴訟人が行う，あるいはこれに対する訴訟行為は，それぞれ独立である。一方が上訴したからといって，他方が上訴したことにはならないし，一方の主張は他方に影響を及ぼさない。これは，**共同訴訟人独立の原則** といわれる（39条）。

　共同訴訟人独立の原則の下でも，証拠は共同訴訟人の間で共通に使われる（**証拠共通の原則**）。これは，一方が提出した証拠であっても，他方もその証拠の内容や意味について意見を述べたり（書証な

ど），反対尋問の機会が与えられる（人証）など，その証拠調べ手続に関与できるし，現実に関与の実績があるからである。一般には，同一事実については心証は一つしかないとして，裁判官の心証形成の観点から証拠共通の原則を説明するものが多いが，これは付随的理由にとどまる。当事者（共同訴訟人）の手続へのかかわりの内実こそが，この原則の根拠の核心である。

特別の共同訴訟

(1) 合一確定を必要とする共同訴訟

[case3]の株式会社日奈久の取締役 F が，取引会社に無償で会社所有の土地を使用させていたとして，株式会社日奈久の株主 U と W が株式会社における責任追及訴訟（会847条）を提起したとしよう。被告とされた F は，原告 U との間では土地の無償貸与について会社に責任を負わないが，原告 W との間では責任を負うというようなバラバラな帰結になることは，会社関係の訴訟では許されない。そのような不統一な帰結になれば，F や会社（関係者）は，どのように対処すればよいか，収拾がつかないからである。婚姻や養子縁組の有効無効，親子関係の存否などの身分関係訴訟にあっても同様である。

そこで，共同訴訟のうち，共同訴訟人の全員について合一に確定されなければならない場合を「**必要的共同訴訟**」として，合一確定を図るための特別の規律を設けている（40条1項）。これによれば，共同訴訟人の1人がなした訴訟行為は，有利である限り全員に効力を生じるし，相手方の訴訟行為は有利不利を問わず全員に効力を生じる（40条2項）。訴え取下げは全員の同意を要し（判例①），請求の放棄・認諾，自白などの不利な行為は，全員がしなければ効力を生じない。共同訴訟人の1人に中断・中止の事由が生じると，手続は全員につき停止される（40条3項）。

合一確定が要請される共同訴訟のうち，関係者全員が原告または

被告として当事者にならなければならない場合をとくに「固有必要的共同訴訟」とよんでいる。たとえば，$\boxed{case4}$で有馬桜子さんが西脇山男さんと再婚したとして，有馬梅助さんが重婚であるとして婚姻無効確認の訴えを提起するには，有馬桜子さんと西脇さんとの両者を被告にしなければならない（人訴12条2項）。その他，相続財産に関する訴訟では，相続人全員が当事者にされなければならない場合がある（民898条1項。遺産確認訴訟につき判例②。Ap.7-2）。株式会社における責任追及訴訟は，株主全員が原告にならなければならないというものではないので，固有必要的共同訴訟ではない（ただし，合一確定が要請されるので，「類似必要的共同訴訟」とよばれている）。このように，全員が共同訴訟人にならなければならない場合は，それを必要とする特別の要請のある場合に限られている。

(2) 同時審判申出共同訴訟

原告が共同被告に対して実体上両立しない複数の請求を有するときは，原告側の便宜を考慮し，原告の申出があれば，弁論および裁判の分離をしないで裁判する「同時審判申出共同訴訟」が認められる（41条）。この申出は，事実審の口頭弁論終結時までにすることができる（41条2項）。なお，同時審判の申出は，原告が複数の被告に対してなしうるのみであるが，原告側（複数）の被告（単一）に対する請求が両立しない場合にも類推適用すべきである。

(3) 主観的追加的併合

訴え提起段階では共同訴訟になっていないが，後発的に訴訟係属中に共同訴訟になる場合がある。これを「訴えの主観的追加的併合」とよぶ。この形態には，第三者がその意思にもとづき積極的に訴訟に参加する場合（47条・49条・51条前段および52条参照）と，当事者が第三者に対する訴えを従来の訴訟に追加的に併合提起する場合（50条または51条後段による引受承継，民執157条1項による取立訴訟での債権者引込み）がある。問題は明文のない場合にこの形態が認

められるかである。たとえば，交通事故で加害者たるタクシー運転手に損害賠償を請求している訴訟の係属中に，原告がタクシー会社に対する損害賠償を追加的に請求したり，被告であるタクシー運転手が対向車に求償請求を追加する場合である。学説は肯定説が多いが，判例は，第三者に対する別訴を提起したうえで**弁論の併合**（152条1項。Ap.10-4）を裁判所に促すべきで，前者の単純な被告の追加も認められないとする（判例③）。

3　利害関係人が途中から関与する方法——訴訟参加

途中からの関係者の参加

　原告，被告として訴訟主体になる者は，現実の紛争の主体や関係者の中の一部にとどまる場合が少なくない。複雑化し多層化した現代社会では，請求を担う権利または法律関係の主体以外の第三者が，紛争主体または紛争関係人として，当事者間の訴訟の成り行きに利害・関心を持つ場合が増えてきている。

　利害関係を有する第三者が訴訟係属中に他人間訴訟に自ら関与し，または関与させられる現象を，「**訴訟参加**」と言う。

　訴訟参加にもいくつかの態様があるが，最もよく利用されるのは，補助参加であり，ついで権利主張参加としての独立当事者参加（参加承継を含む）である。詐害防止参加としての独立当事者参加および共同訴訟参加は，利用率は低い。

補助参加

（1）　補助参加とは

　訴訟係属中に第三者が訴訟に参加してくる形態の中で，自らの請求をかかげることなく，当事者の一方を勝訴させるために，従たる地位で訴訟に参加する形態である（42条）。**補助参加人**は，当事者ではないが，自己の利益をまもるために当事者に準じる地位を有す

る。補助参加人は，**被参加人**を勝訴させることで自分の利益を実現することを目的とする存在であるから，ある程度の独立性を有し，原則として，独自に攻撃防御方法の提出，異議申立て，上訴提起，再審提起などの訴訟行為ができる（45条1項）。訴訟費用の負担も別個である（66条）。しかし，補助参加人は自らの請求を定立する関与者ではないので，一定の制約を受けることになる。これを「**補助参加人の従属性**」と言う。まず，訴訟行為は，独自にできるが，その行為は被参加人の訴訟行為と抵触しない限りであって，抵触する場合には，効力を有しない（45条2項）。また，訴訟そのものを処分するような訴訟行為はできない。また，第三者であるので，証人適格が認められる。

(2) 補助参加の要件

補助参加が認められるためには，他人間の訴訟の結果に利害関係を持つ者でなければならない（42条）。この「**補助参加の利益**」をめぐっては議論があり，かつては，補助参加人の地位が判決主文中の訴訟物についての判断によって法律上の因果の関係によって決まってくる場合に法律上の利益があるとしてきた。主債務の履行請求訴訟における保証人，不法行為の損害賠償請求訴訟において同一原因による責任を負担する可能性のある者などがこれにあたる。しかし，これでは参加の要件としては狭すぎるため，訴訟物の前提をなす事項についての利害関係でも足りるとするのが現在の多数説である。

(3) 補助参加の効力

被参加人の受けた判決の効力は，敗訴当事者たる被参加人と補助参加人の間でのみ後訴において作用し，かつ判決理由中の判断にも及ぶ。これは，同一当事者側で共同して訴訟を遂行した結果，敗訴の責任分担である公平・禁反言にもとづく効力で，「**参加的効力**」とよばれる（判例④）。たとえば，債権者と保証人間の保証債務履行請求訴訟で，主債務者が保証人側に参加し，主債務の不存在を主

張したが，保証人敗訴に終わったとき，保証人からの求償権行使の後訴において，主債務者は主債務の不存在をもはや争うことはできないが，債権者との関係では再度主債務の不存在を主張して訴訟を提起することができるのである。近時，参加的効力をめぐっては，参加人と相手方との間でも何らかの拘束力を生じさせる必要があるか否か，果たして**既判力**とは異質の効力なのかどうかなどをめぐって議論がある。

⚆ 独立当事者参加

第三者が当事者として訴訟に参加する形態の一つに「**独立当事者参加**」がある（47条）。独立当事者参加とは，第三者が訴訟の係属中に原告および被告双方に対してそれぞれ請求を立て，参加してくる形態である。たとえば，所有権にもとづく建物明渡訴訟において，第三者が原告に対しては所有権確認を，被告に対しては賃料の請求をして参加する場合である。その構造は，三者がそれぞれ対立する当事者として関与する「三面訴訟」と考えられてきた。そして，この三者間では合一確定が要請される。独立当事者参加には，馴れ合い訴訟を防止することを目的とした**詐害防止参加**（47条1項前段）と，積極的に訴訟対象の全部または一部が自己に帰属することを主張することを目的とした**権利主張参加**（47条1項後段）とがある。また，当事者の一方が参加人の主張を争わない場合に，争う当事者だけを相手方とする独立当事者参加も許される。

⚆ 訴訟告知

当事者から第三者に訴訟の存在を知らせて，参加を促す手段が，**訴訟告知**の制度である（53条1項）。訴訟告知を受けた第三者は，訴訟に補助参加することもあるが，たとえ訴訟に参加しなくとも，被告知者には，**参加的効力**が及ぶ（53条4項）。したがって，この制度は，当事者が第三者に参加の機会を与えるとともに，被告知者に責任追及しやすくするために設けられた制度である。ただし，告

知をしただけで判決の効力を及ぼすには，告知を受けた者が告知者の側に補助参加することが当然に期待できる場合でなければならない。

note47 共同訴訟参加と共同訴訟的補助参加

　　共同訴訟参加 は，第三者が原告または被告の共同訴訟人として参加する形態である（52条）。株式会社における責任追及訴訟に出訴適格がある他の株主が原告側に参加する場合（会849条），検察官を被告とする人事訴訟に相続権を害される関係者が被告に参加する場合（人訴15条）がこれにあたる。参加の結果，合一確定が要請される。

　　共同訴訟的補助参加 は，通常の補助参加人よりも強力な地位を参加人に与えるために解釈論上認められる補助参加の一態様である。明文の根拠規定はない。共同訴訟参加とちがって，参加人に当事者適格がなくてもよい。一般に，判決の効力が第三者に及ぶ場合に共同訴訟的補助参加が認められると解されている。しかし，判決の効力が及ばなくても参加人に独立の訴訟追行権限を認めるべき場合があるし，逆に，判決の効力が及ぶからといって，常に訴訟上の地位を強化すべきものでもない（形成判決の効力は，一般第三者に及ぶ）。共同訴訟参加ができる場合でも，（共同訴訟的）補助参加を申し立てることはできる。

note48 債権者代位訴訟と参加

　　case1 で，有馬さんが取引業者の別府さんに対して売掛金債権を有している場合に，知多さんは，有馬さんを代位して別府さんに対して同売掛金債権の支払いを求めて訴えを提起することができる（**債権者代位訴訟**。民423条の3）。有馬さんは，知多さんの自身に対する貸金債権は存在しないと主張するために，知多さんの提起した債権者代位訴訟にどのような方法で参加することができるか。

　　従来は，債権者代位訴訟は訴訟担当の場合であり（Ap.6-2），その判決は被担当者である債務者（有馬さん）に及ぶから（115条1項2号，Ap.18-2），そのような債務者が参加する場合には共同訴訟的補助参加となるべきと考えられた（note47）。ただ，この考えは代位権行使により債務者の被代位債権についての処分権が奪われる（当事者適格がなくなる）とする古い判例を前提としていたが，現行民法は代位

権行使によって債務者による被代位債権の行使が妨げられないことを規定している（民423条の5）。

　この問題については，債務者がどのような主張をして参加したいかに対応して参加の方法を決めることができるとすべきであろう。有馬さんのように代位債権者と争いのある場合には，独立当事者参加をすることができる（判例⑤）。代位債権者と争いのない債務者が自身に対する支払いを求めることも可能となるが，その場合には，従来の共同訴訟的補助参加に加えて，共同訴訟参加をすることができることになる。この場合には，有馬さんへの支払いを命じる判決が出されうるか，といった問題も残る。

訴訟承継

　訴訟の係属中に当事者の死亡や係争物の売買・譲渡などにより実体法上の権利・法律関係が変動し，その結果，紛争主体たる地位（当事者適格）が当事者の一方から第三者に移転する場合がある。「**訴訟承継**」とは，このような場合に，この第三者が当事者となって従来の訴訟を引き継いで追行することを言う。訴訟係属中の権利関係の変動に対する対応としては，当事者適格に影響を与えないとして，当事者の受けた判決は第三者（承継人）に及ぶとする「**当事者恒定**」とよばれる立法例（ドイツなど）などもある。しかし，従来の訴訟追行の結果を維持しつつ，相手方と第三者の公平を図る趣旨から，わが国では新当事者に訴訟状態を引き継がせる訴訟承継制度をとっている。

　訴訟承継には，当事者の死亡など一定の承継原因が生じたときに法律上当然に当事者になる「**当然承継**」(note8) と，係争物の譲渡があった場合に当事者の行為により訴訟承継が生じる「**特定承継**」がある。特定承継は，手続を承継する方法の面から，「**参加承継**」と「**引受承継**」に分けられる。参加承継は，新たな紛争主体が訴訟参加（49条・51条前段）の申出をし，新当事者となる場合である。

引受承継は，承継関係の相手方の承継人に対する訴訟引受の申立て
により（50条・51条後段），その者が新当事者となる場合である。

〈参照判例〉
①最判昭和 46 年 10 月 7 日民集 25 巻 7 号 885 頁・百選（5 版）A31 事件
②最判平成元年 3 月 28 日民集 43 巻 3 号 167 頁・百選（5 版）100 事件
③最判昭和 62 年 7 月 17 日民集 41 巻 5 号 1402 頁・百選（5 版）96 事件
④最判昭和 45 年 10 月 22 日民集 24 巻 11 号 1583 頁・百選（5 版）103 事件
⑤最判昭和 48 年 4 月 24 日民集 27 巻 3 号 596 頁・百選（5 版）108 事件

〈ステップアップ〉
①井上治典『多数当事者訴訟の法理』（1981 年，弘文堂）
②井上治典『多数当事者の訴訟』（1992 年，信山社）
③谷口安平「多数当事者訴訟について考える」法教 86 号 6 頁

VII 裁判に対する不服申立て

Approach 21 │ 不服申立ての仕組み──上訴・再審

不服申立ての仕組み

1 不服申立ての仕組み

上訴と再審

　判決手続においてはすでに見てきたとおり，両当事者が関与する口頭弁論を行い，慎重に判断が下される。しかしながら，慎重とはいっても人間のコミュニケーション能力や認識能力を前提として行われるものであるから，どうしても誤りがないとはいえない。また，たとえ正確であったとしても，敗訴した当事者が不当の思いを持つことは否めないであろう。

　そこで民事訴訟法は，一度なされた判決について争いを再開する機会を当事者に与えている。

　争いを再開する機会について，民事訴訟法は二つのルートを用意している。一つは判決が確定する前に，その判決をした裁判所より上級の裁判所に不服を申し立てて原判決を修正する **上訴** という道であり，もう一つはすでに判決が確定した後に，法定の事由がある場合にのみ認められる **再審** である。

上訴の効力と作用

　上訴は，判決が確定する前に，その裁判をした裁判所よりも上級の裁判所に対し，裁判の取消し，変更を求める不服申立てである。上訴の申立てにより，判決の確定が遮断される（**上訴の確定遮断効。**

116条2項)。事件は上級裁判所においてさらに審理判断される（**上訴の移審効**）。

上訴によって，当事者は，不利・不当な裁判からの救済を受けることができる。他方，上訴された事件が最高裁判所において審判を受けると，法令の解釈が統一されるという作用がある。

⌇ 控訴と上告

上訴には，控訴と上告がある。

控訴 は，第一審の判決に対する上訴であり（281条），**上告** は第二審の判決に対する上訴である（311条）。これにより，一つの事件は原則として合計3回審理されるのであり，このような制度を **三審制** とよぶ（例外として特許関係などで高等裁判所が第一審判決をする場合や〔特許178条〕，**飛躍〔飛越〕上告** 〔控訴をせずに法律審への不服申立てをすること。事実認定に不満を言わず法的観点のみを問題にする場合に用いられる〕の合意〔281条ただし書〕がある場合には，第一審判決に対して上告することができる〔311条〕）。当事者から見れば3回審理の機会を保障されているのであり，このような当事者の利益を **審級の利益** とよぶ。

控訴審 は，事実認定と法規の適用の両面にわたって見直しをはかる **事実審** であるが，上告審は，判決の法令違反だけを取り上げる **法律審** である。判決は，上訴がそれ以上できなくなった場合に確定する（116条）。

第一審判決に対して控訴を提起した者は控訴人とよばれ，提起された者は被控訴人とよばれる。控訴審判決に対して上告を提起した者は上告人とよばれ，提起された者は被上告人とよばれる。上訴審においてもこのように，二当事者対立構造が維持される。また，控訴や上告の対象となるもとの判決のことを原判決，もとの審級を原審とよぶ。

2　第一審判決に対する不服申立て——控訴

なぜ控訴は認められるのか——控訴の利益

　通常，敗訴当事者に控訴が認められるのは，控訴によって原判決よりも有利な判決を求める利益がある，あるいは敗訴当事者の要求が原審で認められなかったことに不服があるということがあげられる。もちろん，わが国では三審制が認められているから当然であるという形式的な理由もあろう。

　しかし，そもそもその敗訴判決は，第一審において当事者が訴訟過程で行ってきたことの結果であり，当事者が自ら作り出した帰結という面もある。そう考えると，不利な結果は自己責任であり，簡単に相手方を控訴審での争いに巻き込むことはできないのではないか。

　このように考えると，控訴が認められるのは原判決に対して不服があるからというだけでは足りない。敗訴当事者には控訴審においては原審と異なった争いを展開できる見通しがあって，相手方と争いを再開し継続することを求めていると考えられよう。控訴を提起するにあたって必要とされる **控訴の利益** は，この争い継続のための理由として十分かどうかを，第一審における当事者の争い方とも関連してとらえられるべきである。

　一般には請求の全部認容判決であれば，被告に控訴の利益があり（原告には控訴の利益はない），請求の全部棄却判決の場合は，原告に控訴の利益がある（被告には控訴の利益はない）。一部認容・一部棄却の場合には，両当事者に控訴の利益があることになる。

　しかしながらたとえば，case4 の桜子さんの梅助さんに対する離婚請求訴訟において，桜子さんの請求が認められず請求棄却判決となった場合，被告である有馬梅助さんとしては形式的には不服はないことになるが，この判決がこのまま確定してしまうと，今度は梅

助さんが桜子さんに離婚請求できなくなる。そこで梅助さんには，控訴審で離婚の反訴を提起するため，控訴の利益が認められよう。

　なお，両当事者が不控訴の合意（281条1項ただし書），または控訴権の放棄（284条。控訴提起前ならば第一審裁判所，控訴提起後は控訴の取下げとともに訴訟記録の存する裁判所に対して申述する。規173条1項・2項）をした場合には，控訴をする権利は消滅する。

note49 控訴の利益

　控訴の利益は，一般に当事者が得た第一審の判決内容に対する不服として把握される。この不服については，裁判所が下した判決に何らかの不服があれば広く控訴を認めるという(1)実質的不服説と，一審での当事者の申立て（要求）と裁判所の判決とを比較して，判決が当事者の要求を完全に満たしていない場合に不服を認めるという(2)形式的不服説（判例①）とがある。

　(1)説では，判決に対して不服があるというだけで控訴を認めることになり，控訴を認める要件としての意味を持たない。また，(2)説もなぜ当事者の自己選択と自己責任で訴訟が行われるシステムのもとで，自己の要求が認められなかったからといって相手方に不服をぶつけることができるのかについて説明ができていない。これらに対して，(3)新実体的不服説は，一審判決の判決効によって失権する場合に控訴を認める（失権しなければ別訴が可能）というものである。この立場は判決効による失権を明確な所与の前提としたうえで，これを原因として上訴できるかどうかの結果を導くことになり（別訴できなければ上訴可能），いかなる場合にどのような根拠・範囲で失権するのか自体が論じられている近時の既判力論や紛争の発展性，流動性への視点がないところに問題がある。

　結局，従来の学説は，第一審での申立てと判決を基軸にして固定的・回顧的に「不服」をとらえているのであり，そこでは原審における訴訟追行の内実を踏まえつつ，控訴審における対話・論争を続けていけるかという展望的視点が乏しいところに問題点がある。本文で述べたように，これから控訴審で争いを再開・継続するだけの理由が，これまでの当事者の関係から見ても存在するのかといった視点から，

控訴の利益をとらえるべきである。

控訴審の仕組み

　すでに第一審判決が出ているということは，通常，当事者からは主張や陳述が出ているし，書証や証人などの証拠調べも行われた上で裁判所の判決が下されていることになる。そこで，この第一審判決に対して控訴が申し立てられると，控訴審においては同じ当事者が同じ事件について主張，立証することになるのだが，この二つの審理をどのように関係づけるかについて，立法論として考え方が分れている。

　たとえば，すでに第一審で当事者の主張立証は尽くされているはずだから，控訴審では第一審で提出された資料を別の裁判官が見直して判決するという **事後審制** という考え方がある。つぎに，新しい審級では，第一審とは別の裁判官の面前でもう一度主張立証をすべてやり直してあたらしい判決を受けるという **覆審制** という考え方がある。そして，これらの中間として，第一審での資料に控訴審で新たに出てきた主張立証による資料をくわえて判決をするという **続審制** という考え方がある。わが国の刑事訴訟法においては控訴審は事後審制をとっているが，民事訴訟法の控訴審は，続審制をとっている。

　なお，少額訴訟（377 条）では手続の簡易・迅速性の要請から控訴が禁じられ（Ap. 3-1），また訴訟費用の負担の裁判（282 条）は本案に付随するものに過ぎないという理由から，独立して控訴をすることが禁止されている。

控訴審の手続

　控訴の提起 は，控訴期間内（285 条。判決書または判決書に代わる調書の送達を受けた日から 2 週間の不変期間内）に，控訴状を第一審裁判所に提出してしなければならない（286 条 1 項）。旧法時代と異なり，控訴裁判所への提出は認められていない。控訴裁判所に提出

された場合には，事件を原裁判所に移送するべきとされる。

控訴状の必要的記載事項は，当事者および法定代理人，原判決およびこれに対し控訴を申し立てる旨の表示である（286条2項）。不服申立ての範囲や不服の理由を記載することもできるが，記載しなかった場合は，控訴提起後50日以内に，これらを記載した書面を控訴裁判所に提出しなければならない（規182条）。これは，控訴審における争点の早期明確化および集中審理を可能にするために求められているが，書面の提出がなくとも控訴が不適法として却下されるものではない。また，被控訴人側には反論書の提出を命ずることができる（規183条）。

控訴提起後は，まず，控訴状の提出を受けた原裁判所が適法性審査を行い，控訴が不適法でその不備を補正することができないことが明らかである場合には，決定で控訴を却下する（287条1項。たとえば，控訴期間徒過後に控訴提起がなされている場合など）。

却下とならない場合，原裁判所の裁判所書記官は，控訴裁判所の裁判所書記官に訴訟記録を送付する。

事件の送付を受けた控訴裁判所の裁判長は，控訴状の審査を行う（288条）。適法な控訴提起があれば，確定遮断効および移審効が発生するが，その際，控訴人が不服申立てをした範囲にかかわらず，原判決の全部についてこの効力が発生する（**控訴不可分の原則**）。

たとえば，[case1]において，知多さんが第一審で1000万円の請求をして全部認容された場合，有馬さんが700万円についてのみ不服を申し立てて控訴したとしても，請求全部である1000万円について確定遮断および移審の効力が発生する。なお，この結果，不服申立ての対象でない300万円は，確定が遮断され移審されるものの，控訴審では争いの対象とならないことになる（296条1項）。控訴裁判所はこの不服申立ての範囲外の部分についてのみ，仮執行宣言（294条）をすることができる。また，この範囲外の部分を控訴審の

争いの対象とするためには，控訴人自身が控訴申立てを拡張するか，被控訴人が **附帯控訴**（控訴審における口頭弁論終結前に，被控訴人が原判決に対してする不服申立て〔293条1項〕）をする必要がある。附帯控訴は控訴権の消滅後においてもすることができるので，これにより，一部認容・一部棄却の第一審判決に対し，相手方の控訴提起をおそれて念のために自分から控訴を提起しておくという必要がなくなる。

控訴審では，第一審でなされた訴訟行為も有効であるほか，第一審で提出しなかった新たな攻撃防御方法を提出することもできる（更新権）。しかし，これがあるので第一審ではまともに攻撃防御せず，控訴審に全力を尽くすということになれば，訴訟遅延となってしまう。そこで，現行法では，先に見たように，控訴理由書に原判決の取消し・変更を求める具体的な理由を記載せねばならず，被控訴人にも反論書の提出が命じられ，また，**攻撃防御方法の提出期間**を定め，それを守らない当事者にその理由を説明させるということもできる（301条）。

控訴の取下げ——訴えの取下げとのちがいに注意

控訴人が控訴を取り下げることは，控訴審の判決が下されるまでいつでも可能である（控訴審の終局判決後は，訴えの取下げは可能であるが，控訴の取下げはできない）。また，控訴の取下げの際には，訴えの取下げと異なり，被控訴人の同意は必要ない（292条）。これは，控訴の取下げがあった場合，控訴期間の徒過によって原判決が確定するからである。さかのぼって訴訟の係属自体が消滅する訴えの取下げとは異なる点に注意を要する。

控訴審の判決

控訴審では，控訴が不適法で補正できないことが明らかな場合の第一審裁判所での控訴却下（決定による），および控訴裁判所での控訴却下（この場合，口頭弁論を経ないで判決により却下できる）のほか，

以下のような判決を下すことができる。

(1) 控訴棄却

控訴人の不服申立ては理由がないと判断し，第一審判決を相当とする場合は，控訴棄却の判決をする（原判決の理由は不当であるが，他の理由からその結論を維持できるときも同様である。302条）。

(2) 控訴認容

控訴審が控訴人の不服申立てを理由があるとし，第一審判決を不当とするときは，第一審判決を取り消し（305条），第一審に代わって自ら判決をする（＝「自判する」という）。これは控訴審が第一審に対して続審制の関係にあるため可能となる（例外として，第一審裁判所への差戻し〔307条・308条〕，管轄違いの場合の移送〔309条〕）。

控訴認容判決の場合，第一審判決の取消し・変更は，不服申立ての範囲でしかできない（304条）。つまり控訴人は，不服を申立てた限度以上に有利に第一審判決を変更されることはないし（**利益変更の禁止**），附帯控訴がない限り不服申立ての範囲を超えて自己に不利益に第一審判決を変更されることもない（**不利益変更の禁止**）。

この原則は，控訴人から見ると，第一審判決よりも不利益になることはないことになるので，とにかく控訴した方が有利だと考えられる。しかし被控訴人側には先に見た附帯控訴があり，これによって第一審判決に対する自分の不服申立てをして，控訴人の不服申立てにより画されていた控訴審の審判範囲を拡張し，自己に有利な変更（控訴人に不利益な変更）を導くことができる。

3 法律審への上訴——上告

上告とは

控訴審判決について不服がある場合に，法律審へ上訴することを上告と言う。事件の事実関係はもはや審理の対象とならない（つま

り，事実関係については控訴審の判断に拘束される。321条1項）。事実認定自体に違法があり，さらに事実審理を要する場合でも，上告審では事実認定を行わず，事実審に差し戻し，事実認定をやり直させることになる。

第一審が地方裁判所で始まる場合と簡易裁判所ではじまる場合があることはすでに述べたが（Ap.8），それに応じて，上告裁判所も最高裁判所である場合と高等裁判所である場合がある。

🏳 上告と上告受理の申立て——最高裁への二つのルート

上告をするには，単に控訴審判決に不服というだけでは足りず，**上告理由** を付さなければ適法な上告とならない。上告裁判所が最高裁判所である場合には，上告理由は憲法違反と **絶対的上告理由** に限られ（312条1項・2項），憲法以外の法令の違反は **上告受理の申立て** によることになる（上告裁判所が高等裁判所である場合には，憲法違反と絶対的上告理由にくわえ，「判決に影響を及ぼすことが明らかな法令の違反」も上告理由となる〔312条1項～3項〕）。これは，従来，上告事件が増加し最高裁判所の過重負担が続いたことから，上告に厳しい制限を付し，最高裁に憲法判断および法令解釈の統一という職責を十分果たさせることを目的としている。

上告受理の申立ては，上告裁判所が最高裁判所である場合に一般の法令違反を主張する場合の手続である（318条）。上告と上告受理の申立ては制度的に区分されているが，当事者が同一の判決につき憲法違反や絶対的上告理由と一般の法令違反の双方を主張する場合には，両者を併用することができる（規188条，民訴費3条3項）。最高裁は上告受理の申立てがあると，「法令の解釈に関する重要な事項を含むものと認められる」かにつき，決定で判断することになり（318条1項），最高裁自身が，法令の重要な解釈問題を含むと認める事件および理由についてのみ，上告審の審理を開始するというものである。

もっとも上告受理の決定がなされること以外，手続の実際の流れは同じである。

🏁 上告の手続

上告の提起 は，原審の判決書の送達を受けた日から2週間の上告期間内に，上告状を上告裁判所にではなく，原裁判所に提出して行う（314条1項・313条・285条）。**上告理由** の記載は上告状になくてもよいが，その場合には上告提起通知書（規189条）の送達を受けた日から50日の提出期間内に上告理由書を原裁判所に提出しなければならない。

上告期間を徒過した後に提起された上告の場合や，上告理由書の提出がなされない場合，上告理由書の記載の方式が違背であるのに補正されない場合などには，原裁判所が決定で上告を却下することができるし（316条），また，原裁判所が却下しないまま上告裁判所に来た場合には，上告裁判所が決定で上告を却下することができる（317条1項）。

最高裁判所が上告裁判所である場合で，記載された理由が明らかに憲法違反や絶対的上告理由にあたらない場合，決定で上告を棄却できる（317条2項）。

上告審の審理は上告理由にもとづき，不服申立ての限度で行う。その際，書面審理が原則である。上告審が，上告状や上告理由書その他の書面により上告を理由なしと認める時は，口頭弁論を開かずに判決で上告を棄却できる（319条）が，上告を認容する場合には，口頭弁論を開かねばならない。

上告を認容する場合には，原判決を破棄することになるが，上告審では事実審理ができないので，必要がある場合には原裁判所に事件を差し戻すことになる。これを **破棄差戻し** と言う。

これに対して，原判決が確定した事実関係だけでその誤った法令の適用を正すことができるときは，上告審が判断を示す。これを

破棄自判と言う。

　なお，最高裁が上告裁判所である場合には，上告理由でない法令違反を取り上げて破棄することもできる（325条2項）。

　差戻しを受けた裁判所は事件についてあらためて口頭弁論を開き，裁判しなければならないが，その際，上告裁判所が破棄の理由とした事実上，法律上の判断に拘束される（**破棄判決の拘束力**。325条3項）。この拘束力により，原裁判所で同じ判断が繰り返され同じ事件が上告審と差戻審の間を何度も行き来することを防ぐことができる。

> ### 4　異議と抗告──決定・命令に対する不服申立て

異　議

　民事手続において，**異議**は多義的な用語である。法廷における証人尋問や本人尋問において，相手方の誘導質問などに対して制限を求めて「異議あり」と発言することがあるが，このよび方には法的根拠はない。民事訴訟法においては，以下のようなかたちで異議が法定されている。

　第一に，異議は手形・小切手訴訟や少額訴訟（Ap.3-1）など，迅速な処理が求められることから控訴が禁じられている場合の不服申立手続として認められている（361条・379条）。

　訴え却下以外の手形・小切手訴訟の終局判決（357条・367条2項）および少額訴訟の終局判決については，判決書または調書判決の場合は調書が送達された日から2週間の不変期間内にその判決をした裁判所に異議を申し立てることができる。異議が不適法でその不備を補正できないときは，口頭弁論を開かずに却下できるが（359条），適法な異議があったときは，訴訟は，口頭弁論の終結前の状態に復し，通常の手続によりその審理および裁判をする（361

条・379 条)。

　また，督促手続における督促異議（390 条・393 条。Ap. 3-2）も，支払督促という裁判所書記官の処分に対する不服申立てであるが，判決手続による審判要求としての意味を持つ。すなわち，督促異議の申立てが適法であれば，支払督促の申立時に訴えの提起があったものとみなされ（395 条），通常の訴訟手続へと移行する。

　第二に，受命裁判官または受託裁判官の裁判に対する不服申立て（329 条。**準抗告**ともよばれる）や，裁判所書記官の処分に対する不服申立て（121 条）もまた異議とよばれる。

　第三に，相手方などの行為に対する拒絶の意思表示としての異議がある。補助参加に対する異議（44 条。Ap. 20-3）や，訴えの取下げに対する異議（261 条 5 項）がこれにあたる。その他，民事執行法には執行異議（民執 11 条），執行文付与に関する異議（民執 32条），配当異議（民執 89 条）が（Ap. 22），民事保全法には保全異議（民保 26 条）がある（Ap. 4-2）。これらの第二，第三の型の異議は決定手続（_note22_）で審理される。

抗　告

　抗告とは，決定や命令に対する不服申立てのことである。民事訴訟の過程においては，判決がなされるまでの間，手続の途中で決定や命令が下されることがある。この決定や命令は，そもそも判決が出てから後に，判決とともに上訴審の判断を受けるのが原則とされるが（283 条），上訴審で判断を受ける機会がない裁判（訴状却下命令，第三者に対する文書提出命令など）や，手続の安定のために迅速な決着がなされるべき裁判（移送決定および移送申立却下決定〔21条〕，除斥または忌避申立却下決定〔25 条 5 項〕）については，判決とは別に上訴を認めるのが適切なので，抗告という上訴制度が設けられている。

　抗告はさまざまに分類される。抗告期間の定めの有無を基準とす

るならば、「通常抗告」と「即時抗告」に分類される。**通常抗告** は抗告期間の定めがなく、抗告の利益がある間はいつでも提起できる。訴訟手続に関する申立てを口頭弁論を経ないで却下した決定および命令に対してや、**違式の裁判**（判決で裁判しなければならないのに決定でしてしまったというような場合）に対しては、通常抗告を申し立てることができる。

　これに対して **即時抗告** は、1週間の抗告期間内に提起しなければならず、法律が特に定めている場合にのみ認められる（332条。なお、破産法や家事事件手続法などには抗告期間を2週間とするものがある）。たとえば移送の裁判に対する即時抗告（21条）、補助参加の異議についての裁判に対する即時抗告（44条3項）、訴状却下命令に対する即時抗告（137条3項）などがある。また、即時抗告は執行停止の効力を有する点で通常抗告と異なる（334条1項）。

　つぎに、決定・命令に対して、最初に行われる抗告は「最初の抗告」と言い、この「最初の抗告」に対する裁判について憲法違反または法令違反を主張してされる法律審への抗告は **再抗告** とよばれる（330条）。つまり、最初の抗告は決定・命令に対する控訴にあたり、再抗告は上告にあたる。

　最後に、憲法81条の規定する最高裁判所の最終的な法令審査権を確保するために、とくに定められた最高裁判所への抗告を **特別抗告**（336条）というのに対し、それ以外の抗告を「一般の抗告」と言う。

最高裁判所への許可抗告

　高等裁判所の決定・命令のうち、法令解釈に関する重要な事項を含むと認められるものについて、原高等裁判所の許可を得て最高裁判所に抗告をすることができる制度を **許可抗告** と言う（337条）。

　抗告許可の申立ては裁判の告知を受けた日から5日の不変期間内に（337条4項による336条2項の準用）、申立書を高等裁判所に提出

して行う。高等裁判所の裁判長は申立書の審査を，高等裁判所は申立ての適法性審査を行い，これらが適法であれば当事者に抗告許可申立通知書を送達する。この通知書の送達を受けた日から14日以内に（規210条2項），当事者は抗告許可申立ての理由書を原高等裁判所に提出し，その裁判所が許可・不許可の決定をする（337条2項）。抗告が許可されたときには，許可抗告があったものとみなされ（同4項），最高裁判所は原則として書面審査を行い，裁判に影響を及ぼすことが明らかな法令違反があれば，原裁判を破棄する。たとえば，第一審である地方裁判所で，文書提出命令の申立てについて決定がなされた場合，これに対しては即時抗告ができるので（223条7項），高等裁判所が抗告審として判断を下す。この抗告審の判断に不服がある場合には，許可抗告を申し立てることによって最高裁の判断を求めることができる（(note43)）。

抗告が許されない場合

　不服申立てを禁止する旨の定めがある決定または命令に対しては，抗告することができない。それぞれに理由がある。たとえば，証拠保全決定（238条）や少額訴訟における通常手続への職権移行決定（373条4項）は緊急性・迅速性の要請から不服申立てが認められていないし，仮執行に関する控訴審の裁判（295条）は仮執行宣言の付随性から，また，執行停止の裁判（403条2項）は仮の措置にすぎないことから，不服申立てが禁じられている。このほか，実質的に当事者への不利益とはならないため不服申立てを許す必要がないと考えられているものもある（除斥・忌避の裁判〔25条〕，鑑定人の忌避の裁判〔214条〕，簡易裁判所での反訴の提起にもとづく移送の決定〔274条〕）。

　また，最高裁判所は最上級裁判所であるため，その裁判に対しては抗告することはできない。さらに最高裁判所は上告事件と特別抗告事件についてのみ管轄権を有するから（裁7条），高等裁判所の

した裁判に対しては抗告をすることができない。

5　再審の訴え──判決確定後のリターンマッチ

◢ 再　審

　一審→二審→三審という上訴の流れとは別に，確定判決に対して
不服申立てをする手段がある。これが **再審の訴え** である。再審の
訴えは，再審事由がある場合にのみ認められる。

　確定判決には既判力や執行力などの効力が発生しており，それに
則して当事者が行動するなど，社会的な影響も大きいので，容易に
は覆すことが認められていない。法律で定めた重大な事由（**再審事
由** という。338 条）がある場合に限って，再審の訴えをもって不服
を申し立て，裁判のやり直しを求めることが認められている。

　再審は再審期間（判決確定後，当事者が再審事由を知った日から 30
日の不変期間。342 条 1 項）内に提起しなければならず，判決確定日
（または判決確定後に再審事由が発生した場合にはその再審事由発生日）
から 5 年経ったときには，当事者が再審事由を知らなくても再審の
訴えを提起することはできない（342 条 2 項）。ただし，代理権を欠
いたこと（338 条 1 項 3 号）を理由とする再審の訴えについては，
これらの規定は適用されない（342 条 3 項）。これは再審の制度目的
の一つである，手続に関与できなかった当事者を保護することを重
視するためである。また，不服の対象となる判決が先行する確定判
決と抵触すること（338 条 1 項 10 号）を理由とする再審の訴えの場
合にも適用されない。

◢ 再審事由

　再審事由としては，重要な手続上の瑕疵に関するものと，裁判の
基礎に関係する瑕疵に関するものとがある。判決裁判所の構成の違
反，判決に関与できないはずの裁判官の関与，代理権の欠缺などが

前者にあたり（338条1項1〜3号），文書偽造や偽証などの犯罪行為の存在（同4〜7号），判決の基礎となった裁判自体の変更（同8号），判断遺脱（同9号），原確定判決と矛盾する先行判決の存在（同10号）が後者にあたる。これらの事由は従来制限列挙であるとされてきたが，近時は拡張解釈も認める傾向にある（判例①）。

　ただし，当事者には上訴という不服申立方法がすでに与えられているので，再審事由にあたる事由を上訴審ですでに主張していたり，あるいはその事由を知っていたのに主張しなかった場合には再審を申し立てることができない（338条1項ただし書）。再審事由についても，通常の不服申立手段である上訴の中で取り扱うべきであるという考え方であり，これを「再審の補充性」という。

　なお，即時抗告（前述4）によって不服申立てができる決定・命令も，それが確定した場合に，再審事由に当たる事由があるときは，再審の訴えに準じて再審の申立てが認められる（準再審という）。

note50 送達と3号再審事由

　訴訟関係書類が当事者に送達されず（Ap.9-1），訴訟に関与する機会がないまま敗訴し，判決が確定した場合について，「法定代理権，訴訟代理権又は代理人が訴訟行為をするのに必要な授権を欠いたこと」（338条1項3号）にあたるとして再審の申立てが可能となると考えられている。

　従来，再審事由は制限列挙とされてきたが，現在，3号は，訴訟に関与する機会が与えられないまま判決がなされたと評価される場合について，拡張して適用される傾向にある。判例①は，有効な訴状送達（補充送達）がないために，被告とされた者に訴訟に関与する機会が与えられずに判決が下されたとして再審を認めた例である。従来は，判決が有効に送達された以上，上訴の機会があったとして「再審の補充性」から再審が認められないと解されていたが，ここでは，「再審の補充性」が妥当するのは，当事者が真に判決正本の送達を知っていて上訴の機会があった場合に限定されるとした。

　また判例②は，（補充）送達としては一応有効と認めながら，送達

の効力と切り離して再審事由の存在を認めたものである。すなわち，受送達者と同居者にその訴訟につき事実上の利害関係の対立があるために同居者から受送達者に訴状等を速やかに交付することが期待できず，実際にも交付されなかったときには，受送達者が訴訟手続に関与する機会を与えられなかったことになるとしたのである。

再審の手続

再審の手続には，その性質に反しない限り，確定判決を出した裁判所の審級に適用される訴訟手続に関する規定が準用される（341条）。

まず最初に再審事由を審理し，その後本案を審理する。再審事由の審理では，再審の訴えが不適法であれば決定で再審の訴えを却下し，適法であっても再審事由が認められない場合には決定で再審請求を棄却する（345条）。再審の訴えが適法で再審事由が認められる場合には被告を審尋した上で再審開始決定をし（346条），それが確定すると，不服申立ての限度で本案の審理を再開し，もとの訴訟手続の規律に従う。

審理の結果，もとの判決と同一の結論になれば，再審請求を棄却する判決をする（348条2項）。この場合，もとの確定判決の内容が維持されるとの判断についての既判力の基準時はもとの判決の基準時ではなく再審手続の口頭弁論終結時となる。

もとの判決結果を維持できないとの結論に至った場合には，その確定判決を取り消し，新たな判決をなす（348条3項）。この判決ではもとの確定判決取消しの効力と新判決の主文内容にそった判決の本来的効力が生じることになる。

note51 第三者による再審の訴え

他人間の訴訟の判決効を受け自らの権利を害されるが，その訴訟の訴訟物については当事者適格を認められない者が，再審の訴えを提起することはできるか。

すでに見たように，判決の効力は原則として当事者間におよぶが（115条1項1号），例外的に訴訟担当の本人（同項2号），口頭弁論終結後の第三者（同項3号），請求の目的物の所持者（同項4号）にも及ぶ（Ap.18-2）。また，取立訴訟（民執157条3項），人事訴訟（人訴24条1項），会社の組織に関する訴訟（会838条。片面的対世効），行政処分等の取消訴訟の確定判決（行訴32条1項）なども，当事者以外の者に判決効が及ぶ。このような場合に，判決が第三者の権利を侵害するとすれば，その第三者に救済手段が与えられる必要があるだろう。

特に他人間の訴訟係属中に参加の機会が与えられなかった場合には，事後的に確定判決を取り消す手段として第三者に再審の訴えを認めることが考えられ，民事訴訟法や人事訴訟法以外では制度を持つ場合も一部ある（会社853条1項，行訴34条）。

判例③は，当事者から訴訟係属を知らされなかった第三者が，独立当事者参加（Ap.20-3）の申出とともに原被告双方を相手として再審の訴え提起した場合について，338条1項3号の類推適用を認めた。第三者は独立当事者参加をすることによって原告適格を取得し，もとの訴訟の被告に第三者に対する信義則上の義務違反があったという事情から338条1項3号を類推適用することを可能としたものである。

しかし，どのような範囲の第三者が再審の訴えを提起することができるのか，また，独立当事者参加の形式が必須なのか，共同訴訟的補助参加でも良いのか，あるいは，そもそも参加の形式は必要ないのか，そして，再審が認められた後の手続やその審理対象の範囲など，課題が多い。

〈参照判例〉
①最判平成4年9月10日民集46巻6号553頁・百選（5版）116事件
②最決平成19年3月20日民集61巻2号586頁・百選（5版）40事件
③最決平成25年11月21日民集67巻8号1686頁・百選（5版）118事件

〈ステップアップ〉
①井上治典「『控訴の利益』を考える」民事手続論171頁
②安西明子「上告理由」新・争点260頁
③杉山悦子「第三者による再審の訴え」一橋法学13巻3号981頁

Ⅷ 執行手続と倒産手続

Approach 22 | 民事執行の手続——民事執行
Approach 23 | 債務者の経済的破綻に対処する手続——倒産処理制度

民事執行の手続

1　判決後のプロセス——紛争再調整の場としての民事執行

設例①　*case1* において，知多さんは有馬さんを相手取って 1000 万円の貸金返還請求訴訟を提起し，第一審で勝訴して判決は確定した。ところが，有馬さんはお金に困った様子もないのにまったく支払わない。知多さんはどうすればいいのだろうか。

　また，第一審の判決に不満な有馬さんが控訴したとする。最終的に決着がつくまでには年月がかかりそうであるが，知多さんとしては事業の運転資金としてまとまった金銭が必要である。この場合，まだ確定していない第一審の判決で強制執行できるだろうか。

設例②　*case2* において，湯河原さんは下田さんを相手取って，伊東ビルの収去，甲土地の明渡しと，所有権移転登記抹消登記手続を求める訴えを提起して勝訴し，判決は確定した。しかし，下田さんは明渡しに任意に応じない。この場合，湯河原さんはどうすればよいか。

設例③　*case3* において，株式会社日奈久は白骨社と訴訟をした結果，新聞への謝罪広告の掲載と損害賠償 100 万円を命ずる判決を勝ち取り，確定した。ところが白骨社はまったく謝罪広告を掲載しないし，金銭も支払わない。この場合，謝罪広告の掲載を強制するにはどうすればよいのだろうか。

設例④ 　case4 において，桜子と梅助は離婚協議中であるが，梅助
　が紅葉は自分が育てると言って連れ去り，別居を開始した。桜子
　は梅助を相手取って子の監護権者指定および監護権に基づく子の
　引渡しの審判を申し立て，裁判所はこれを認めた。

🎼 民事執行とは

　たとえ勝訴判決を得て給付請求が認められたとしても，相手側が
実際に履行しなければ何も状況は変わらない。また，和解の場合も，
解決案について合意が成立したとしても，義務の履行がなされなけ
れば同様である。他方，判決や和解により義務を負った側にも，そ
れを実現できない，あるいはしない理由がある場合もある。

　民事執行法は，これらの場合に備えて，判決や和解において権利
を持つと認められた者が，国家機関に権利の事実的実現を求める手
続や，義務を負った者がその後の事情の変化を主張して，判決や和
解を失効させることを求める手続を定めている。

　後で見るように，判決や和解などの **債務名義**（後述 **2**）作成過程
においては，十分に両当事者間の調整を行ったとはいえない場合も
あり，執行手続は必ずしも「確定した権利の存在」のみを根拠とし
てその実現を図る手続だとは言いきれない。そうだとすると，民事
執行の場も，判決手続から続く両当事者の紛争処理過程の一環であ
り，判決など紛争「解決」後の再調整の場として捉えることが重要
となる。

🎼 金銭執行

　設例①で，有馬さんが判決で命じられた 1000 万円を支払わない
場合，国家機関が有馬さんの財産を強制的に金銭に換えて知多さん
に渡す手続がある。これを **金銭執行** という。この手続は，判決後，
自動的に始まるというものではないので，知多さんが申し立てをし
なければならない。

そこで知多さんはまず，有馬さんの有する財産に金銭的価値が高いものがないかを探索する。たとえば，知多さんが有馬さん名義の不動産を発見したならば，その不動産の所在地を管轄する地方裁判所に判決を根拠として執行を申し立てる。このように不動産を執行の対象とする金銭執行を不動産執行という。現在，最もよく使われるのは，有馬さんの預金や給料などの債権を執行の対象とする債権執行である。その他，有馬さんの家の中にある動産を執行の対象とする動産執行があるほか，有馬さんが自動車や船を所有する場合には自動車執行や船舶執行なども可能である。執行は，以下，(1)～(3)で見るように，知多さんが有馬さんのどのような財産を執行対象として特定するかによって手続が異なる。

執行を担当する国家機関は**執行機関**と呼ばれ，執行対象によって裁判所（**執行裁判所**という）の場合と，**執行官**（Ap. 2-2, Ap. 5-2）の場合がある（民執2条。例外として，少額訴訟〔Ap. 3-1〕において作成された債務名義に基づく債権執行〔少額訴訟債権執行という。民執167条の2以下〕の場合は，簡易裁判所書記官が執行機関となる）。不動産執行や債権執行の場合には，管轄のある裁判所に執行を申し立てる。動産執行の場合には，管轄のある執行官（地方裁判所に所属している）に執行を申し立てる。執行を申し立てる知多さんを執行債権者といい，申し立てられる有馬さんを執行債務者という。

執行債権者が執行を申し立てるには，確定した判決や和解調書など債務名義が必要であり，これが提出されれば執行機関は特別な調査をすることなく，すぐに執行に着手する。

(1) 債権執行（民執143条以下）

知多さんは，桃太郎銀行に有馬さんの預金があることを知り，それを対象として強制執行を申し立てた。この場合，執行裁判所は，預金の有無を調べずに，まず有馬さんと桃太郎銀行に対してそれぞれ差押命令を出す。この差押命令で，有馬さんは預金の引き出しや

譲渡が禁じられ（処分禁止），桃太郎銀行は有馬さんに求められたとしても預金を支払うことが禁じられる（弁済禁止。民執145条1項）。有馬さんが差押えを察知してATMで預金を引き出してしまうことがないように，この差押命令は有馬さんにも銀行にも事情を聞かずに出される（審尋不要。民執145条2項）。

有馬さんは差押命令が送達されてはじめて自分の預金が知多さんに差し押さえられたことを知ることになるが，手続上の不服があるならば1週間以内に**執行抗告**（民執10条。後述 **2**）を申立てることができる。有馬さんへの送達後1週間経てば，知多さんは執行裁判所の手を借りずに，桃太郎銀行に赴き，有馬さんの預金を取り立てることができる。

取立ての他にも執行裁判所による転付命令（民執159条。被差押債権を差押債権者に移転する命令。**平等主義**の例外）を受けることによって，預金の名義を有馬さんから知多さんに変更することもできる。

以上の手段は，有馬さんに知多さん以外の債権者がいない場合であり，この場合は取立てや，転付命令の確定により執行手続は終了する。しかし，他に競合する債権者がいる場合には，取立てや転付命令はできず，配当手続を経なければならない。配当手続においては，配当を受けるべき債権者について，実体法に即した配当順位及び配当額などを記した配当表が作成される。執行裁判所は配当期日を開き，配当表に基づいて配当が行われる。

(2)　不動産執行（民執43条以下）

不動産執行の場合，強制競売（不動産を売却する）による方法と，強制管理（不動産を一定期間管理し，賃料などの収益金を満足にあてる）による方法がある。執行債権者はどちらかを選ぶか，両者を併用することもできる（実際の件数としては強制競売の方が多い）。

知多さんが有馬さんの不動産に強制競売を申し立てた場合，執行

裁判所は，まず知多さんのために不動産を差し押えると宣言する競売開始決定を出す（差押え）。これによって有馬さんはその不動産を処分することが禁じられるため（差押えの処分禁止効），何も知らずに第三者がその不動産を買うことがないように，差押えの登記がなされる。

　次に，執行裁判所は売却の準備として，執行官に不動産の現況を調査させ，評価人に不動産の価額を評価させる。現況調査に際しては執行官が有馬さんの不動産に訪れ，不動産の外側や内側の状況および占有者の有無などを調査して，現況調査報告書を作成する。この時，評価人も同行して調査をし，評価書を作成する。執行裁判所はこれらを参考に，不動産を売却する基準となる価格（売却基準価額という）を設定し，書記官に物件明細書を作成させてこれらをインターネットなどで，一般に公開する。

　売却手続では，買受を希望する者は売却基準価額の8割以上で自分が希望する値段をつけて申し込み（入札），最も高い値段をつけた者が最高価買受申出人とされる。執行裁判所がこの者に売却許可決定を出すと買受人となる。買受人が執行裁判所に代金を支払うと，不動産の所有権が有馬さんから買受人に移る。そしてその代金を，執行裁判所が執行債権者を始めとする債権者等（担保権者がいる場合には担保権者を優先する）に配当する手続をし，不動産執行手続は終了する。

(3)　動産執行（民執122条以下）

　動産執行は，執行債権者が動産の所在地（有馬さんの自宅など）を特定して執行官に申し立てる。個々の動産（パソコン，テレビ，エアコンなど）を特定する必要はない。執行官は，有馬さんの家に赴き，たとえ留守であったとしても鍵を開けて留守宅に入り，家の中の動産を探索して差し押える。この時，差し押えられたことを示す標しを貼付するので，自宅にもどった有馬さんはそれを見て差押

えを知ることになる。

動産執行の機能

　　差し押えられた動産の換価は，売却によって行われる。しかし動産
をいちいち裁判所に運んでいてはコストがかかるため，債務者宅で競
り売りが行われる。しばしば見られたのは，専門業者が買受人となり
売却後すぐに債務者やその親族に動産を買い戻すことを要求する「軒
下競売」とよばれる現象である。このような執行の実態には競り売り
となっていないなどの批判が多いことや，動産執行の場合は債務者の
生活等を守るために細かく差押禁止動産が定められているため（民執
131条。たとえばパソコンは仕事や学校で使う場合には差し押さえら
れない〔同条6号・11号〕。また，実務では，たとえばテレビやエア
コンは生活必需品として1台めは差し押さえないという取扱いをして
いることが多い），現在では，交換価値の低い動産しかない場合には
執行不能と処理される傾向にある。その意味では，動産執行の金銭回
収手段としての意義は低下しているといえよう。

　　しかし，動産執行では多くの場合，執行官が債務者の住居に赴き，
執行官に同行した債権者が債務者と対面することもある。また，前述
のように留守でも自己の生活圏に執行官が立ち入るので，それまで債
権者に連絡すら取らなかった債務者も，これによりようやく対応の必
要性を感じて行動を起こす場合もある。要するに動産執行をきっかけ
に債権者と債務者に再交渉が始まることもあるのである。

　　このような動産執行の機能は，間接強制的機能と位置づけることが
できるが，これは動産執行に限ったことではない。執行過程に入った
ことをきっかけに，債権者と債務者の間で支払い方法等について交渉
することはよくあることである。この意味で，執行過程は債権者の権
利の実現過程ではあるが，それと同時に，債権者・債務者間の紛争の
再調整の場であると言えるのである。

債務者の財産状況の調査

　設例③で，100万円の損害賠償を勝ち取った株式会社日奈久は金
銭執行を検討しているが，白骨社本社ビルには桃太郎銀行の抵当権
が設定されていた。この場合，実体法の上で優先弁済権を有する抵

当権者が，債務名義を有する一般債権者に優先して配当を受けるので執行しても日奈久にはほとんど配当がない。白骨社は銀行との取引もありそうだから預金債権を対象として債権執行が可能であると考えられるが，どの銀行にどんな口座があるかは日奈久にははっきりとはわからない。どうすればよいか。

　金銭執行の場合，前述のように執行を求める債権者側が債務者の財産を特定しなければならない。債務者の財産を見つけることができないならば，債権者はせっかく判決をとっても執行過程に進むことができず，泣き寝入りするしかない（そのため，まずは訴訟に先駆けて債務者の財産を発見し，保全しておくことが重要である。Ap. 4）。

　これに対処するために，民事執行法に債務者の財産状況の調査手続が導入された。一つは債務者自身に自分の財産情報を開示させる手続であり（債務者の財産開示），もう一つは第三者が債務者の情報を開示する手続である。

(1)　財産開示手続（民執 196 条以下）

　たとえば，設例③の場合に株式会社日奈久が，白骨社本社ビルに不動産執行をしても抵当権者である桃太郎銀行が優先して配当を受けるので回収できないことを執行裁判所に疎明して，白骨社に対する財産開示手続の開始を申し立てることができる。執行裁判所が財産開示手続実施決定を出すと，白骨社は指定された財産開示期日に裁判所に出向き，自分の財産について陳述しなければならない。もしも白骨社が指定された財産開示期日に出席しなかったり，虚偽の陳述をしたりした場合には罰則が用意されている（民執 213 条 1 項 5 号・6 号）。

　財産開示期日は申立債権者も同席できるので，債権者と債務者が裁判官の面前で同席する場面となる。そこで財産開示手続も，単に債務者の財産情報獲得手段としてだけではなく，債権者と債務者の関係づけを行う再調整の契機となりうる。

(2) 第三者による情報開示

　日奈久は(1)の債務者自身による財産開示のほか，登記所に白骨社の不動産情報を開示させることや，金融機関に白骨社の預金口座情報を開示させることもできる。不動産情報の開示のためには(1)を経なければならないが，金融機関の情報は(1)を経ると預金等が隠匿されるかもしれないので，(1)を経ずに申し立てることができる。金融機関が白骨社の預金口座情報を開示すれば，日奈久はすぐに債権執行に着手可能である。債権執行は前述のように取立てや転付命令の場合には短期間で終了するので，差押命令によってはじめて執行の開始を知ることになる白骨社にとっては，防御の機会が十分でなく，また，このことは，両当事者による再調整の機会がないことを意味するので問題であろう。

　設例4の場合において，審判（(note2)）で桜子と梅助の離婚が認められ，同時に梅助が桜子に毎月紅葉の養育費を支払う旨が決定されたとしよう。養育費等の扶養料請求権が履行されないと，債権者側の日々の生活に直接的な影響がある。そのため，民事執行法は扶養料等の請求権に関しては特別の扱いをしている。たとえば，通常の債権と同様に債務者の財産開示や不動産・預貯金情報の開示を求めることができるほか，執行裁判所は桜子の申立てにより，市町村等に梅助の現在の職場の情報を提供することを命じることができる。離婚後，債務者の職場が変わった場合などにおいて，この手続は有用である。これにより，桜子は梅助の給料を対象として債権執行を申し立て，月々の養育費を得ることができる（なお，扶養料債権が定期金債権である場合には，一部に不履行があれば，次の期限が到来していなくても債権執行を開始できる）。また，一般に金銭執行の場合には間接強制（後述）をすることはできないが，扶養料債権に関しては特別に，間接強制（民執167条の16）の申立ても可能である。

非金銭執行

(1) 代替執行・間接強制

設例③で，判決で認められた新聞への謝罪広告掲載の執行は前述のような金銭の支払いを求めるものではないため，**非金銭執行** と呼ばれる。金銭の支払請求権の執行は金銭執行といい，前述の債権執行，不動産執行，動産執行などあるが，これらは**直接強制** と呼ばれる執行方法である。これに対して，白骨社が任意に謝罪広告（たとえば事態の真相を告白して陳謝の意を表明する程度のもの）を新聞に掲載しない場合，株式会社日奈久は代替執行か間接強制という執行の方法をとることができる（民執171条・172条・173条）。

代替執行 の場合，執行裁判所は白骨社以外の者（たとえば債権者である日奈久）に謝罪広告の掲載を命じ，その代金を白骨社に負担させる決定（授権決定）をすることができる。

間接強制 の場合，執行裁判所は白骨社に「○年○月○日までに義務を履行せよ，履行しない場合は1日につき○円（＝間接強制金）支払え」と命じ（間接強制決定），義務を履行しない限り白骨社は日奈久に間接強制金を支払い続けることになる。

これらの決定をする際には債務者に審尋しなければならず（171条3項・172条3項），この審尋の場も債権者・債務者間の再調整の場として機能する可能性を持つ。

代替執行，間接強制のいずれの場合も，白骨社が費用や間接強制金を任意に支払わないならば，設例①の場合と同様，白骨社の財産に対して金銭執行を行うことができる。

note53 請求の特定との関係

以前は，執行との関係で，訴訟における請求の趣旨は具体的義務を特定していなければならず，抽象的差止請求は許されないとの議論があった。当時は債務者に心理的圧迫をかける間接強制は，代替執行ができない場合の最後の手段として用いられるべきと考えられていたの

で（間接強制の補充性），抽象的差止めが認容された場合には代替執行をすると考えられていた。しかし，そもそも執行機関は判断機関ではないので判決手続で抽象的差止請求が認容されても代替執行の手続において具体的作為義務を特定した授権決定を出すことができないという理由から，抽象的差止請求が却下される傾向にあった。とはいえ，その時代であっても判例は間接強制が可能であるとして抽象的不作為請求を認めた（ note20 ）。

　現在では，間接強制を最後の手段であると考える「間接強制の補充性」は緩和され，非金銭執行についてはすべて間接強制を選択することが可能となっている（民執173条）。間接強制の場合，仮に抽象的差止めの内容で間接強制決定を出すとすれば，義務を負う被告側が具体的手段を自ら選択することができる。あるいは，原告が間接強制決定を申立て，審尋の場における債権者・債務者のやり取りの中で具体的措置を特定し，間接強制決定を出すことも可能であろう。

　そうだとすれば，たとえば騒音差止訴訟の場合も，訴え提起の段階で原告側が執行可能な騒音防止策まで特定する必要はなく，相手方の応訴を促す程度に特定できていれば足りると考えられる。

(2) 明渡執行

　設例②の判決では伊東ビルの収去が命じられているが，下田さんが判決確定後に建物買取請求権（借地借家13条）を行使した場合には（Ap.17-4），湯河原さんが下田さんに代金を支払い，建物を買い取って，下田さんには伊東ビルからの退去だけを求めることになる。下田さんが退去しない場合には，湯河原さんは，明渡執行か，間接強制を選ぶことができる。

　明渡執行も直接強制ではあるが，まず，執行官が下田さんに引渡期限（催告から1か月後）を定めて明渡しの催告をし，任意の履行を促す。しかし，その期限までに下田さんが明け渡さない場合には，執行官が強制的に下田さんを伊東ビルから排除した上で，伊東ビルの鍵を交換し，新しい鍵を湯河原さんに渡し執行が終了する。

伊東ビルの所有権移転登記の抹消登記をする手続に下田さんが応じない場合には，判決の確定によって下田さんの登記意思が擬制されるので（note54），湯河原さんは判決を登記所に提出することによって，単独で移転登記手続を行うことができる。

note54 意思表示の擬制

　　設例②の移転登記を求める場合など，意思表示を目的とする請求権については，法的擬制によって実現されるので，現実の執行手続は省略される。つまり，判決などの確定時や和解調書の成立時に債務者がその意思表示をしたものとみなされ（民執 177 条 1 項），それ以上，執行手続は存在しない。

　　ただし，債務者の意思表示が条件等にかかる場合には，書記官によって執行文（後述 2）が付された時に意思表示をしたものとみなされる。たとえば，債務者の意思表示が債権者の証明すべき事実の到来にかかるときや反対給付と引換えにすべき場合には，債権者がそれを証する文書を書記官に提出した時に執行文が付与される（同条 2 項）。

　　和解などに「支払いを怠れば，直ちに登記を移転する」というようないわゆる過怠条項が付されている場合は，債務者の意思表示（＝登記意思の表示）が，債務者の証明すべき事実（＝支払い）のないことに係っている。この場合には，裁判所書記官は，債務者に対し一定の期間を定めてその事実（＝支払い）を証明する文書を提出すべき旨を催告し，債務者がその期間内にその文書を提出しないときに限り執行文を付与する（同条 3 項）。民事執行法 27 条 1 項にはこのような手続はないが，それは意思表示の擬制の場合には，後続する執行手続がなく執行文の付与で手続が終了するため，事前に確実に確認する必要があるからである。

(3)　子の引渡執行

　設例④で，梅助が紅葉を引き渡さない場合には，桜子は，審判（note2）を債務名義として執行裁判所に子の引渡執行を申し立てることができる（家事 75 条）。執行裁判所は，執行官に子の引渡しを実施させる方法か，間接強制の方法によって，子の引渡しの強制執

行を実施する（民執174条1項）。

　前者の場合，執行官が梅助に対し紅葉を桜子に引き渡すよう説得を行うことができるほか，梅助の住居等に立ち入って紅葉の捜索をしたり，桜子と紅葉を面会させたりすることなどができる（民執175条1項）。このような場も，執行官による子の引渡しの実現というよりは，執行官を介して梅助と桜子の間での再調整の場として機能することが期待される。

　なお，子の引渡執行の規定は，もともと民事執行法には存在せず，執行官による直接強制（動産引渡執行の規定〔民執169条〕を準用）と間接強制のどちらによるべきかが議論されていた。しかし「国際的な子の奪取の民事上の側面に関する条約の実施に関する法律」（ハーグ条約実施法）が，子の引渡手続として間接強制前置および代替執行を規定した。ハーグ条約実施法は，国際結婚などで海外に居住している場合に，片方の親が離婚による子の処遇が決まる前に子を母国に連れ去るケースについて，子をもとの居住国に返還する手続を定めたものである。ハーグ条約実施法下の実務では，間接強制が実効的でないことが批判され，民事執行法に子の引渡執行を規定すると同時に，ハーグ条約実施法も間接強制前置を改正した。とはいえ間接強制によって，子の返還義務を負う親に熟考する機会を与えることが，このような類型の紛争では重要であろう。

2　執行の根拠としての債務名義と執行文

債務名義

　以上のような執行手続は，債権者が国家権力を使って債務者の生活圏に介入する強力な手続であるため，いつでも誰でも気軽に利用できるというわけではない。民事執行法は，かなり慎重に制度を組み立てている。

まず，執行手続を利用できるのは，**債務名義** と呼ばれる文書を有する者だけである（民執22条・25条）。

　これまで見てきた訴訟手続をはじめとする種々の手続は，それが給付を内容とする請求権をめぐるものである場合にはすべて，債務名義作成手続であるといえる。

　たとえば，設例①の貸金返還請求訴訟，設例②の建物収去土地明渡請求訴訟，設例③の謝罪広告の掲載と損害賠償請求訴訟は，いずれも給付訴訟（Ap.7）であり，これらの請求認容判決が確定すれば，確定判決（民執22条1号）として債務名義となる。設例①で，有馬さんが控訴し判決が確定していなくても，仮執行宣言が付されていれば，仮執行宣言付判決（同条2号）となり，知多さんは執行を申し立てることができる。なお，確認判決は権利または法律関係を確認するだけであるので，強制執行をすることはできない。

　また，たとえば設例①の訴訟で，「有馬さんは知多さんに500万円を月々50万円ずつ10回支払う，1回でも支払いを忘れば期限の利益を失う」といった内容の訴訟上の和解（Ap.16）が成立し，これが調書に記載されたとする。この場合，有馬さんが支払いを1回でも忘れば，知多さんはこの和解調書を債務名義として強制執行を申し立てることができる。和解調書は「確定判決と同一の効力を有する」と認められており（267条），「確定判決と同一の効力を有するもの」は債務名義となるからである（民執22条7号）。有馬さんが訴訟において争わず，知多さんの請求を認諾（Ap.16）した場合も同様である。

　そのほか，支払督促手続（Ap.3）を利用した場合には，仮執行宣言付支払督促（民執22条4号）が債務名義となるほか，仮執行宣言付支払督促に対し督促異議の申立てがないとき，又は督促異議の申立てを却下する決定が確定したときは，支払督促は，確定判決と同一の効力を有するので（396条），債務名義となる（民執22条7号）。

　債務名義とされる文書にはさまざまなものがある。手続に注目した場合，支払督促や執行証書のように，訴訟のような厳格な手続を経ずに作成されたものもあるし，訴訟において作成されたものについても，当事者双方が争った結果としての確定判決もあれば，いわゆる欠席判決（Ap.11-3）のように被告側が訴訟で全く争わないまま判決が出て確定したものもある。また，仮執行宣言付判決のようにまだ上訴審で係争中であり，逆の判断が出る恐れがあるものもある。

　それでもいずれも債務名義としては等しく扱われ，執行手続を開始，進行させ，停止・取消しの手続が取られない限り，終了まで至ることが許されているのであるから，執行手続は必ずしも確定した権利の存在のみを根拠としてその実現を図る手続だとは言いきれず，むしろ執行過程において再調整が図られることが期待される。

　執行の正当化根拠は，債務名義が，債権者と債務者とのかかわりを通じて作成され，その作成の過程に公の機関（裁判所や公証人）が関与し，手続的にも内容的にも確かさと公正さがある程度担保されていること，そして手続の差こそあれ，債権者が債務名義作成の負担を果たしたこと，そして，債務名義に対する不服申立方法としての請求異議の訴え（民執 35 条）等があることによると考えられる。債務者が不服申立てをしない限り，執行機関は機械的に執行プロセスを開始・進行させることができるのであり，債務名義の存在により，債務者側に起訴責任が転換していると考えられるのである。

執行文付与をめぐる手続と不服申立手続

　執行は債務名義の存在を手がかりに開始されるが，債務名義が存在するとしても，その執行力が執行を開始しようとする時点で存在しているかどうかが問題となる。たとえば，仮執行宣言付判決が出た後に，上訴審で覆されているような場合には，もはやその仮執行宣言付判決で強制執行をすることはできないはずである。そこで，原則として執行力の存在をあらかじめ **執行文** というかたちで公証させ，執行文のついた債務名義（＝執行正本）の提出によって執行が開始される。

執行文付与機関は，債務名義が執行証書の場合は公証人，それ以外の場合は **裁判所書記官** である（民執 26 条）。

執行文には，単に債務名義の内容通りの執行力を公証する単純執行文のほか，債務名義上の請求権が，債権者の証明すべき事実の到来にかかる場合に，債権者がそれを証明する文書を提出することによって付与される **条件成就執行文**（民執 27 条 1 項），また，債務名義に表示された当事者以外の者を執行当事者とする場合には，その者が，またはその者に対して強制執行できることが，書記官，公証人に明白であるか，あるいは債権者がそれを証する文書を提出した場合に限り付与される **承継執行文**（Ap.18-3，同条 2 項），そして明渡執行の場合で占有者が不明な時に利用される債務者不特定執行文（同条 3 項）がある。

たとえば，設例②において，判決が確定した後に下田さんが死亡し，相続人は下田さんの一人息子のみであったとする。この場合，湯河原さんが下田さんを被告とする判決を債務名義として下田さんの息子に対して強制執行を申し立てるには，裁判所書記官に戸籍謄本を提出し相続を証明し，承継執行文の付与を受けなければならない。なお，執行文付与機関の処分に不服がある場合は，**執行文付与に関する異議**（民執 32 条）を申し立てることができる。

条件成就執行文や承継執行文の付与を求める債権者が，書記官や公証人に所定の文書を提出できない場合や，執行文付与を拒絶された場合には，**執行文付与の訴え**（民執 33 条）を提起することができるし，執行文付与に異議がある債務者は **執行文付与に対する異議の訴え**（民執 34 条）を提起して判決手続によって執行文付与の要件を争うことができる。

note56 転換執行文

条文にはないが，学説が有力に主張しているものとして転換執行文がある。

これは債務名義に表示される以外の者についての強制執行が承継執行文を介して認められるならば，その許容根拠に相当する事由が存在する場合には，同一の執行当事者間においても執行債権を転換する執行文（これを「転換執行文」とよぶ）の付与が，承継執行文に準じて認められるべきとするものである。つまり債務名義上の当事者（主体）には変更がないが，請求（客体）に変更がある場合に付与されることを想定している。

　たとえば，一般に家屋収去土地明渡しを内容とする債務名義成立後に，債務者が建物買取請求権（借地借家法 13 条）を行使した場合，債権者は収去義務が表示された債務名義で退去の執行をすることが，実務上行われている。これは，収去義務が退去義務を内包していることや，これらの義務が請求権自体の問題ではなく執行の方法にすぎないということから可能であるように見える。

　しかし，執行の場面では，収去＝執行裁判所による代替執行，退去＝執行官による直接強制というように執行機関すら異なる。そこで退去明渡請求権への転化を明示する転換執行文の付与によって，執行方法が変化することを明らかにすべきであろう。

　このことは，不作為義務を内容とする債務名義の成立後に，債務者が侵害行為の態様を変更した場合により顕著となる。このような場合，債権者は新たな債務名義を取得しなければならないのだろうか。たとえば，「東鮨」の商号使用差止めを認める判決確定後，差し止められた「東鮨」の商号使用者（債務者）が「みその東鮨」に商号を変更した場合，「東鮨」の差止めを認める判決で「みその東鮨」の使用差止めを求めて間接強制をすることが可能かが争われた（判例①）。このケースでは執行機関は判断機関ではないため，「東鮨」と「みその東鮨」の同一性（＝実体法上請求権の同一性）を判断することはできないとして間接強制を認めなかった。しかしそうだとすると，債権者はもう一度，訴えを提起して「みその東鮨」の商号差止めを求めなければならないことになる。この後，債務者により「みその東鮨」が「みぞの東鮨」に変更されれば，この場合もやはり債権者がもう一度訴訟をしなければならないということになるだろう。このように債権者側に何度も債務名義作成の負担を負わせるのは酷であり，起訴責任が平

等に分配されているとはいえない。

そこで,「東鮨」の商号差止判決に,「みその東鮨」の商号差止めを可能とする執行文（転換執行文）を付与して執行を可能とし,債務者側が執行文付与に対する異議の訴えか,請求異議の訴えによって,商号が類似していないことを自ら主張すべきである。

執行文の付与により執行開始が可能となることによって,債務者側へ **起訴責任転換** の効果が生じるのであり,これにより両当事者間の起訴責任分配を衡平化することができる。債務者不特定執行文（民執27条3項）も,同様の発想から正当化される。

執行をめぐる不服申立手続

民事執行について不服がある場合については,実体法上の問題に不服がある場合（不当執行）は判決手続によって,執行手続に不服がある場合（違法執行）には執行法上の決定手続によって,不服を申し立てることができる。前者には,請求異議の訴え（民執35条）,第三者異議の訴え（同38条）があり,後者には執行抗告（同10条）,執行異議（同11条）がある。

これらの不服申立て制度も,再調整の場として機能する可能性がある。

(1) 請求異議の訴え

請求異議の訴えは,債務名義の執行力の消滅を目的とするので,執行開始前でも提起することができる。請求異議の訴えを起こすための異議事由としては,債務名義上の請求権の存在内容の記載と実体状態との不一致を生じさせる事由である。たとえば,設例①において,すでに有馬さんが1000万円を弁済した場合に,これを主張して請求異議の訴えを提起することができる。

債務名義が判決の場合には既判力（Ap.17）があるため,請求異議事由は判決の基準時後に生じた事由に限られる。これに対して裁判以外の債務名義のように既判力を持たない場合には,債務名義の

成立についての異議を提出することもできる。

　請求異議の訴えは，特に債務名義が確定判決である場合には，再審と同様，すでに確定した判決の効力を奪うものである。また，当事者間の争い直しとなるため，既判力が作用する後訴の典型例である（Ap.17-4）。

(2)　**第三者異議の訴え**

　執行対象財産となるのは債務者の財産に限られるが，執行機関は債務者の財産であるかどうかを判断せず，外観に基づいて執行に着手する（外観主義）。そのため第三者の財産が執行の対象となる場合が生ずる。そこで執行の目的物について「所有権その他目的物の譲渡又は引渡しを妨げる権利」を有する第三者は，債権者に対して第三者異議の訴え（民執38条）を提起することができ，これにより不当な執行が排除される。

　たとえば，権利能力のない社団（Ap.6-2）は社団名義で不動産登記をすることができないので，社団の有する不動産を代表者個人の名義で登記する場合がある。この時，代表者個人の債権者がその不動産を差し押えた場合，社団は社団の構成員の所有権を主張して債権者に対して第三者異議の訴えを提起し，執行を排除することができる。

(3)　**執行抗告・執行異議**

　違法執行の是正を主張するための手続が，執行抗告（民執10条），執行異議（同11条）であり，いずれも決定手続である。執行抗告は，その利用が条文で認められている場合にのみ提起することができる。たとえば，設例①で知多さんが有馬さんの預金債権を差し押えたが，それは有馬さんの退職手当が振り込まれたものであり差押禁止債権（同152条2項。4分の3の部分）であるという場合には，執行抗告をすることができる（同145条6項）。原審却下事由（同10条5項）に該当しなければ，高等裁判所において執行裁判所の判断

が正しいかどうかの審理を受けることができる。また，設例①で知多さんが申し立てた動産執行において，執行官が差押禁止動産（民執131条）を差し押えた場合には，執行官の執行処分であるので，有馬さんは執行抗告ではなく執行異議でその差押えの排除を申し立てることができる。

　執行異議や執行抗告において，裁判所で債権者・債務者間が差押禁止財産かどうかを争うことは，両者にとっては再調整の契機となるものであり，このような観点から執行法上の不服申立手続を見る必要がある。

　また，動産執行や債権執行において，一般的に定められている差押禁止の範囲（民執131条・152条）を変更する制度があるが（同132条・153条），これらにおいて執行裁判所は「債務者及び債権者の生活の状況その他の事情を考慮して」その範囲の拡大・縮小をすることができる。これらの規定によって，執行過程において具体的事情に即した調整を実現することが可能となる。

〈参照判例〉
①札幌高決昭和49年3月27日判時744号66頁

〈ステップアップ〉
①竹下守夫『民事執行法の論点』（1985年，有斐閣）
②中野貞一郎『民事執行・保全入門〔補訂版〕』（2013年，有斐閣）
③上原敏夫＝長谷部由起子＝山本和彦『民事執行・保全法〔第6版〕』（2020年，有斐閣）
④西川佳代「民事紛争処理過程における執行制度の機能——判断手続・執行手続峻別の相対化をめざして(1)(2・完)」民商法雑誌109巻3号444頁，4・5号759頁

Approach **23**

債務者の経済的破綻に対処する手続

倒産処理制度

> 設例① [case1]で，有馬さんは，知多さん以外にも多くの人に借金
> をしていて，もはや誰からいくら借りたかもわからず，手元にあ
> る財産では返すことができない。有馬さんはどうすれば良いか。
> 設例② [case3]で，株式会社日奈久は記事の影響もあってか業績が
> 落ち込み続け，このままでは経営破綻してしまいそうである。本
> 社ビルの建物は，桃太郎銀行から融資を受けて建てたものであり，
> 土地と建物に抵当権が設定されている。早期に会社を立て直すた
> めにはどうすればよいか。

1 倒産処理制度

🔖 **破産から再生へ**

　個人や企業が経済的に破綻した状態を **倒産** という。きびしい借
金の取立て，夜逃げ，自殺など，われわれが日々のニュースで見聞
きする不幸な現象には倒産に端を発していることも多い。

　歴史的には，このような倒産状態に陥る債務者を，経済秩序を破
壊する者とみなし，制裁の手続として破産手続を発展させてきた懲
戒主義の考え方（イタリアやドイツなど大陸法系諸国）と，債務者が
破綻したのは債務者自身の罪ではなく，むしろ債務者は，経済活動

1 倒産処理制度 　　　279

に翻弄された被害者であり，債務者に立ち直る機会を与えるものとしての破産手続という債務者更生主義の考え方（英米法系諸国）がある。

わが国の倒産法制

わが国の倒産法制は，当初は大陸法系の旧破産法，和議法の二本立てであったが，その後，会社整理と特別清算制度の導入，そして戦後は会社更生法制定と破産免責制度の導入というように，アメリカ法の影響も強く受けた。これら破産，和議，会社整理，特別清算，会社更生は「倒産5法」と呼ばれていたが，いわゆるバブル経済崩壊後の不良債権処理等に対する迅速な対応が求められるなか，より実効的で迅速な倒産処理手続をめざし抜本的な改革が開始された。具体的には中小企業の再建型手続としての民事再生法制定（2000年施行。和議法廃止），民事再生法における個人再生に関する特則（2001年），会社更生法改正（2003年），そして破産法改正（2004年）へと続く。現在では破産法，民事再生法，会社更生法，特別清算（会社法）の4法体制となり，倒産処理制度は大きく変容を遂げた。

2 債権者平等の原則と債権者間の調整

債務者に対して多数の債権者が競合する倒産の場面では，債権者間の利害を衡平かつ平等に調整することが指導理念となる。そのための大枠としての基準は，実体法で定められている。すなわち，債権の発生原因，発生時期の前後，債権額の多少にかかわらず，すべて平等に取り扱われるべきであって，とくにある債権者だけが優先的に弁済を受けることはできないのが原則である。そのため，債務者の財産の売却代金が，すべての債権者の債権額を満足させるに足りない場合には，各債権者の債権額の割合に応じて配分される（「按分配分」とよばれる）。例外として，債権を担保する物的担保

下請会社A
請負代金債権
1000万円

桃太郎銀行
融資5000万円
抵当権

国
租税債権
500万円

株式会社日奈久

従業員道後さんら
未払賃金債権1000万円

貸金業者B
貸金債権600万円

（抵当権，質権など）が設定されている場合には，物的担保を有する者（担保権者）は担保目的物から優先的に弁済を受けることができる。

　たとえば，設例②で株式会社日奈久が破産したとしよう。日奈久に対して，下請会社Aは請負代金債権1000万円を有している。桃太郎銀行は日奈久に5000万円を融資し，日奈久はこの5000万円の弁済を保証するため，自己の土地と建物に桃太郎銀行のために抵当権を設定した。従業員である道後さんらは未払賃金債権を計1000万円，貸金業者Bは貸金債権600万円，そして租税債権として国が500万円の債権を持っているとする。

　日奈久が破産したときにそれぞれの債権はどのように弁済されるか。まず，桃太郎銀行は土地・建物に抵当権を有しているので，抵当権実行という手続をすることによって優先的に弁済を受けることができるし（民369条。破産手続においては別除権として扱われる。破2条9項・65条），それで足りなければ，残額を破産債権者として届け出ることもできる（同108条。不足額責任主義）。また，国の租税債権も優遇されている（税徴8条）。

　従業員らの賃金債権も，通常の債権者（AやB）よりも優先して弁済を受ける地位が与えられている。AやBのような優先権のな

い通常の債権者（一般債権者という）の間では，債権額に応じて按分配分されることになる。たとえば日奈久の財産からAやBに優先する債権の弁済が行われた後の残額が150万円だとする時，AとBはそれぞれ1000万円と500万円の債権を有しているから，150万円を2：1の割合で配分することになり，Aは100万，Bは50万の配当を受ける。

　しかし，破産すれば実体法上このように扱われることになっているからといって，だまっていても当然に配当がくるわけではない。登記のある抵当権者や滞納が把握されている税の場合は別であるが，それ以外の場合には，定められた期間内に債権の届出という行動をしなければ配当を受けることはできない。

　また，これらの実体法上の枠組みは，個別事件の具体的事情を捨象したところに存在している。たとえば，Bとしては弁済されないと自分の会社も潰れそうなのに，自分が貸し付けた600万円はすべて桃太郎銀行への弁済に充てられているし，その桃太郎銀行はそもそも日奈久に弁済能力がないのがわかっていて担保目的物の価値に見合わない融資をしたのに，日奈久の土地や建物を売って受けた弁済では足りないといって債権の残額を破産手続で按分配分するように求めている。このような状況であったとすれば，いくら債権者平等が原則といってもBには納得できないだろう。Aとしても，日奈久が破産間際の状態なのにそれを知らされずに請負契約をし，手持ちの資材で工事を始めていたなど，按分配分では満足できない言い分があるだろう。

　そこで個別事件の実情に合わせた調整を図るために，制度においても運用においてもさまざまな試みがなされている。たとえば破産手続においては，破産管財人が債権届出までの段階で，債権者や担保権者と交渉や説得をすることが多いし，届出債権に対する異議や否認権を交渉促進のためのカードとして使うこともある。私的整理

の場面においては，よりいっそう弾力的に調整がなされている。問題は，具体的状況を反映させた調整を債権者間，債務者および利害関係者の間でどのような手続で行っていくかにあるといえよう。

3 倒産 ADR——裁判外での調整手続

1で見たように法的手続の整備が進んでいる倒産法分野であるが，他方でコストや迅速性の問題から，裁判外のより緩やかな手続による調整にも期待が高まっている。裁判外の手続である ADR（Ap. 1-2）の中には倒産を対象とするものもあり，**倒産 ADR** と呼ばれている。

以下では倒産 ADR のうち，私的整理，特定調停，クレジットカウンセリングについて説明する。

私的整理

私的整理とは，裁判所の関与なしに関係者の合意によって倒産に対応することである（これに対して，裁判所での倒産処理手続を法的整理と言う）。私的整理はコストや迅速性，柔軟性の面で法的整理に勝るが，反面，手続が不透明・不安定であり，強制力に欠けるので関係者の任意の協力が得られなければ成功しないし，整理屋などが介入するおそれもある。

そこで，私的整理を公正かつ迅速に進めるためのガイドラインとして金融界，産業界，学識経験者，弁護士，公認会計士などの合意によって「私的整理に関するガイドライン」が策定されるに至った。これはもっぱら再建型の私的整理であり，債務の減免によって再建が可能となる企業に限られる。

ガイドラインによればこの再建計画案の内容については，一定の基準を満たす必要があるが（たとえば3年以内の再建を目途とするなど），その基準が債権者に厳しすぎるとの声もあり，債権者全員の

同意が必要というところから，実効性については疑問の声があがっている。

note57 事業再生 ADR

事業再生 ADR は，2013（平成 25）年に制定された産業競争力強化法に基づくもので，債務が過剰になった事業者について，中立的立場にある専門家（事業再生の経験を持つ者など）のもとで，金融債権者を中心に債務の調整を行い資金の融資を円滑化する手続である。

債権者および債務者企業の双方の税負担を軽減し，債務者に対するつなぎ融資の円滑化等を図ることによって，取引先などの債権には影響をおよぼすことなく，事業を継続しながら再生をめざす手続である。

事業再生 ADR 機関は，法務大臣の認証を得た認証 ADR 機関（Ap. 1-2）のうち，事業再生の経験を有する手続実施者・手続実施方法を備えた機関を経済産業大臣が認定するものである（特定認証紛争解決事業者。現在認定されているのは，事業再生実務家協会のみである）。

手続としては，まず金融債権者に対し債権回収や民事再生の申立てなどをしないように通知することから始まる（一時停止）。その後，3 回の債権者会議を経て，債権者全員の同意が得られれば成立することになる。同意が得られない場合，特定調停や民事再生手続など法的整理に移行する。

事業再生 ADR 機関が行う手続には，その後に特定調停を申し立てた場合，裁判所は事業再生 ADR 機関による資産評定結果等を考慮して裁判官だけで調停を行うことができ迅速に解決することができるほか，事業再生 ADR 機関が関与することによって，手続期間中に発生した商取引債権や，債権者が合意した借入れ（いわゆるプレ DIP ファイナンス）については，後に法的整理に移行した場合に一定の優先的取扱いができるものとするなどの特則がある。

このように，事業再生 ADR は事業再生の専門家の関与のもとで，資金調達を容易にしつつ透明なルールにより迅速に再生を図ることができるという手続であり，従来の私的整理手続と裁判所の再生手続との間にあるものとして位置づけられよう。

問題は，その手続の中で真に活性化した債権者間あるいは債権者・

債務者のやりとりが行われるかであり，単に専門家の意見を押し付ける場になってはならないのはいうまでもない。

特定調停──司法型 ADR

特定調停手続 は民事調停法の特別法として定められた（「特定債務等の調整の促進のための特定調停に関する法律」2000 年 2 月施行）。それまでも **民事調停** は，経済的破綻の恐れのある債務者の債務調整の手法として，貸金業関係事件や信販関係事件などに数多く利用されていた（債務弁済協定調停）。このような実務を基礎として，特定調停手続が定められたのである。

特定調停手続の対象となる債務者は，典型的には設例①の知多さんのような多重債務者であり，支払不能に陥るおそれのある個人または法人，その事業の継続に支障をきたすことなく弁済期にある債務を弁済することが困難である事業者，債務超過に陥るおそれのある法人で，これらは「特定債務者」とよばれる。このような場合には複数の債権者が関わっているため，集団的処理が必要である。そこで管轄（Ap.8）の規定を緩やかにし，また，移送や併合が行えるようになっている。

当事者双方は，通常の民事調停（Ap.1-2）と異なり，特定調停の対象たる債務の発生原因および内容，弁済状況等の事実を明らかにすべき責務を負う。そして，特定債務者の経済的再生に資するとの観点から，当事者間に公正かつ妥当で経済的合理性を有する内容の調停条項での合意が成立しなければならず（調停委員会の提示する調停条項案もそのようなものでなければならない），そうでない場合には特定調停が成立しないものとして事件を終了させることができる。

クレジット・カウンセリング

消費者のための倒産 ADR としてもっとも期待されるのが，クレジット・カウンセリングであろう。そもそもはアメリカで発展し実績があるものだが，現在わが国でも民間団体によって導入されつつ

ある。裁判所内の手続とくらべて，アクセスが容易である点などから，消費者のニーズも高いと思われる。

たとえば公益財団法人日本クレジットカウンセリング協会は，多重債務者に対し，消費者保護の立場から公正・中立なカウンセリング等を行い，その生活再建と救済をはかること，およびクレジット（消費者信用）の健全な利用についての啓発を行い，多重債務者の発生の未然防止を図ることを目的としている。

弁護士と消費生活アドバイザー等有資格アドバイザーが2人1組でカウンセリングを行っており，法律上の助言だけではなく，生活，家計の相談など幅広いアドバイスを提供している。他のADRや法的手続にはない簡便さから，債務者にとっては早めに相談することによって破綻を予防するという機能や教育的な役割を果たすことが期待されよう。

4 支払超過・債務超過の清算——破産手続

破産手続とは

破産手続は，裁判所の監督下，破産管財人により債務者の総財産（個人債務者の場合には，自由財産をのぞく）を金銭に換え，それを債権者に配当する清算型手続である。この手続を通じて債権者その他の利害関係人の利害や，債務者と債権者との間の権利関係を適切に調整すること，また，免責許可決定によって債務者の経済生活の再生の機会を確保することを目的としている（破1条）。

(1) 破産手続の進行

破産手続開始原因は，支払能力が欠けているために弁済期にある債務を一般的かつ継続的に弁済することができない状態である「支払不能」の場合，また，法人債務者の場合に，支払不能のほか負担する債務のすべてを総財産をもって完済することができない状態に

あるという「債務超過」であり，この場合，債権者または債務者は，破産手続開始の申立てをすることができる。

　裁判所が破産手続開始原因があると判断すれば，破産手続開始決定をなすと同時に**破産管財人**を選任し，破産債権の届出期間，財産状況報告集会の期日，破産債権の調査をするための期間などを定める。

　破産管財人は破産した債務者に属する財産（**破産財団**）の管理処分権を有する。最終的には破産財団を債権者に公平に分配するため，破産管財人は破産者の資産を調べ上げ，それらを占有・管理し，換価して弁済のための金銭をつくる。破産者に属さない財産は，取戻権によって破産財団から取り戻される。他方，破産管財人は破産財団の回復のために否認権を行使する。

　債権者は破産手続によるのでなければ破産債権を行使できない。破産手続において破産債権は，債権の種類や発生原因・発生時期にかかわらない**債権者平等**をモットーとして取り扱われる。ただし，担保権は破産手続によらずに行使することができる別除権として扱われるほか，破産者に債務を負う破産債権者は相殺権を有し，破産手続によらずに相殺することができる。

　破産財団に属する財産について，確定した破産債権者への配当が完結すれば破産手続は終結となる。

(2)　自然人の破産と免責

　法人の場合は，破産手続開始決定により解散し，消滅するが，自然人は破産手続開始決定を受けたとしても生活していかなければならず，経済的再生が重要となる。

　設例①の知多さんが自ら破産を申し立てた場合（**自己破産**），特にめぼしい財産がない場合には，破産手続は開始決定と同時に終了するという同時廃止となることが多い。これは破産管財人を選任することでかかる費用や財産調査の時間をかけることなく破産手続を

終了することで，破産者の負担を少なくするものである。

　また，自然人の場合，破産手続開始の申立てをした場合は，同時に免責許可の申立てをしたとみなされ，引き続き免責許可決定の手続に入る。免責許可決定が出ると，破産者は債務を弁済する必要がなくなるため，経済的に再スタートを図ることができる。

　反面，この制度を前提に借金するなど悪用されることも考えられる。そこで破産法は，免責不許可事由を定め，これに該当しない場合にのみ免責許可決定を出すことになっている。たとえば知多さんの借金が，収入に見合わない過度な浪費や賭博による場合であるとか，完済できる見込みがないとわかっているのに支払いできるフリをして借金を重ねた場合などが免責不許可事由にあたる。

5　破産目前の債務者の再建手続——民事再生・会社更生

民事再生手続

　民事再生法は和議に代わる再建型倒産手続として，経済的に破綻するおそれのある中小企業向けに制定されたが，その対象を絞ってはいない。個人だけでなく法人を含む，あらゆる形態の債務者が利用できることとなっている。設例②の株式会社日奈久は民事再生か，会社更生（後述）を申し立てることができる。

　民事再生手続の開始原因は，「破産手続開始の原因となる事実の生ずるおそれがあるとき」にとどまらず，「債務者が事業の継続に著しい支障を来すことなく弁済期にある債務を弁済することができない」場合も認められることから（民再21条），早期の手続申立てにより再建の可能性を高めることが期待できる。

　民事再生手続の大きな特徴はDIP（debtor in possession　占有債務者）型と呼ばれる方式をとることができることである。これは，民事再生を申し立てても管理処分権を奪われないため，元の経営陣の

まま再建にあたることができるというものである。実務においては一般に，裁判所によって選任される監督委員（弁護士であることが多い）が後見的に関与するのみである。

設例②で民事再生を申し立てた株式会社日奈久は，これまで通り建築業を続け，財産の管理処分権を維持したまま再生計画案を作成することができる。また，抵当権者である桃太郎銀行は民事再生においては別除権者として扱われるので，民事再生手続と関係なく抵当権実行が可能である。とはいえ本社の土地・建物がなくなると日奈久の再建は難しくなる。そこで日奈久は桃太郎銀行と話し合って別除権協定を結ぶことで抵当権実行を避けたり，他の債権者の同意や裁判所の認可によって，債務の減免や期限の猶予等を受けるなど，債権者等の利害関係人の関与を確保して調整する。再生計画成立後も，事案によっては監督委員による監督や管財人による管理を継続することができ，再生計画で認められた権利については，債権者表の記載にもとづいて強制執行ができるなど，履行の確保についても定められている。

個人再生手続

個人再生手続は民事再生法の中に特則として設けられた。経済的破綻に際して個人債務者が破産することなく再生でき，債権者も破産の場合よりも多くの債権回収を図ることができるようにすることを目的とする，簡易で合理的な手続である。

設例①の知多さんも，借金の総額が3000万円を超えていなければ，個人再生手続を利用することができ，知多さんが個人事業主であれば小規模個人再生手続，給与所得者であれば給与所得者等再生手続を利用することができる。また，知多さんが住宅ローンを抱えている場合には「住宅資金貸付債権に関する特則」を利用し，住宅ローンの返済をリスケジュールすることによって住宅に設定された抵当権の実行を避け，住宅を手放すことなく債務の整理を行うとい

破産手続の流れと構造

破産申立て

債権者または債務者の申立て

強制執行中止命令,包括的禁止命令
管理命令等の保全処分

破産手続開始の決定

同時廃止

破産管財人選任
債権届出期間,債権者集会期日,債権調査期日の指定

破産債権確定

破産財団の形成

破産債権届出,調査,確定

破産財団の管理,
換価,否認権,
取戻権,別除権

財産状況報告集会(第1回債権者集会)

異時廃止

配 当

中間配当,最後配当(同意配当,簡易配当)

破産手続終結の決定

民事再生手続の流れと構造

再生申立て

債権者または債務者の申立て

保全処分による財産保全

再生手続開始決定

債務者

事業経営継続

監督委員による監督

調査委員による調査

再生債権届出・調査・確定

財産評定
再生計画案立案
再生計画案提出

管財人による管理
（この場合は管財人に管理処分権が移転）

再生計画案を決議に付する旨の決定

再生債権者による再生計画案決議

裁判所による再生計画認可

再生計画遂行

再生計画履行完了

うものである。

🌀 会社更生

　会社更生とは，比較的大規模な株式会社を対象とし，その事業の維持更生を目的とする再建型手続である。裁判所の監督下，更生管財人が会社の事業の経営および財産の管理処分にあたり更生計画の可決・認可およびその遂行を通じて事業の再建を図る。

　民事再生との違いは，会社の経営権は更生管財人に引き継がれ，旧経営陣は会社の経営から退くこととなる点である。また，会社の財産について存する担保権は，民事再生の場合は別除権となるため担保権が実行されれば再生手続の障害となるが，会社更生の場合には更生担保権として更生計画に組み入れられ，担保権実行をすることができない。

　設例②で株式会社日奈久が民事再生を選んだ場合，桃太郎銀行が別除権協定を結ぶことに応じなければ，抵当権実行により本社の土地・建物を失うことで再生が危うくなる。しかし，会社更生であれば桃太郎銀行も更生手続内での更生計画の中で処遇されることになる。もっともそれにより，会社更生の方が大掛かりになるので，時間と費用がかかるおそれがある。桃太郎銀行が株式会社日奈久の再建にどれほど理解があるかによって，日奈久がどちらの手続を選ぶべきかが決まる。

〈ステップアップ〉
①井上治典「債権者平等について」実践と理論261頁
②田頭章一『倒産法入門〔第2版〕』（2016年，日経文庫）
③松下淳一『民事再生法入門〔第2版〕』（2014年，有斐閣）
④松村和徳『倒産法概論』（2014年，法学書院）

Approach 24

訴訟の役割は何か

1　訴訟目的論のねらい

　訴訟の目的は何かは，法や裁判の根幹にかかわる問題であり，わが国でも古くから議論がなされてきた。これからも議論が展開されていくであろうが，しかし多分に価値観に左右される問題であるので，永遠に決着を見ない問題かもしれない。それだけに，司法試験などの資格試験には真正面から独立の問題としては出題しにくいテーマではある。けれども，民事訴訟法上のさまざまな具体的課題についての理論や手続の運用を考究するにあたっては，たえずこの根幹の問題に立ち返ったり，窮極的にはこの問題に行きつかざるをえないという場面が多い（たとえば，訴えの利益，審理のあり方，弁論主義の本質，既判力など）。その意味では，**民事訴訟目的論** はやはり，民事訴訟法理論のバックボーンであり，解釈や運用を生み出す源泉である。したがって民事訴訟法学の出発点として，また，一とおり具体的な個々の問題を見通した後に全体として筋道を通すために，一度はつきあわなければならない（立ち返らなければならない）テーマである。

　21 世紀を迎えて，司法が一つの曲り角を迎えようとしているとき，いわば使い古されたこのテーマにアプローチする際には，現時点では，少なくともつぎの 4 点に留意して，「古い皮袋に新しい酒

を盛る」必要があろう。

(1)　具体的な解釈や手続の運用（もっと大きくいえば，裁判制度を将来的にどのように運用していくか）に結びつかない単なる静止的，記述的な理念論，抽象論（書斎の議論）に終始する時代は，終わっていること。

(2)　紛争とはどういうものか，訴訟が実際の紛争にどのような「はたらき」（機能）を持っているのか，また，持つべきかを見つめながら議論をしなければならない状況を迎えていること。つまり，紛争の具体相や訴訟の現実の機能と切り離したところでの観念論を立てる時代ではなくなっていること。

(3)　訴訟を利用する具体的な顔を持った（等身大の）人間のまなざしにフィットする目的論が必要であり，それと制度としての裁判の目的にどう関係づけるか（利用者と制度の関係）に配慮すること。

(4)　以上の(1)〜(3)との関連で，訴訟の目的を考えるにあたっては，結果としての「裁判」（判決）のみを念頭に置いて議論をするだけでは不十分であり，判決に至るプロセス（訴訟手続そのもの）の果たすべき役割や，判決以外の終了原因（訴訟上の和解や訴えの取下げ）をも視野に入れて論じる必要があること。

2　これまでの議論——原初三説とその限界

そこで，この問題については，既述の(1)〜(4)を念頭に置いて，これまでの学説の展開をしっかりとふまえつつ，議論をすることは最低限の要請である。その際，既往のそれぞれの立場——カタログ的に列挙すれば，法秩序維持説，権利保護説，紛争解決説，多元説，包摂論，手続保障説など——の意味と問題点をどのように読み込み，これからの裁判のあり方を展望してどのような論をたてるかが問われる。既往の原初的三説はもとより，その統合版ともいうべき「多

元論」(新堂)，「包摂論」(三ケ月) も原初三説の枠を出ておらず，「かつての手続保障説」(井上〔治〕⑦⑥) もすでに20年以上も前の議論であり，めざましい時代の流れと法理論の進展のなかでは，もはや「古くなった皮袋」の一つかもしれないのである。現に，その後目的論の「棚上げ論」(高橋⑩) や憲法との関係を重視しつつ従来の権利保護論を再構築して「権利の保障」に求める立場 (竹下⑪)，さらには，「第三の波」とよばれる「手続保障説」をもう一歩進めて，訴訟手続を関係人が紛争行動の展開を通じて将来に向けての選択肢をつくり出していく場であるとみる「紛争経営論紛争——マネージメント」(水谷⑧) もあらわれており，議論は新たな展開をみせたのである。

原初三説とその問題点

つぎの三説が，目的論の原初形態である。

権利保護説——自力救済を禁止したことの代償として国家が私人の権利保護を引き受けることになり，これが民事訴訟の目的である，とする立場。

法秩序維持説——国家が自ら制定した民商法等の私法秩序を維持し，その実効性を確保するために民事訴訟がある，とする立場。

紛争解決説——権利や法が先にあって訴訟はそのための手段であるとするのは発想が逆であり，歴史的にも紛争解決の要請が先行し，訴訟を通じて権利が生まれ私法が整備されていった。したがって，民事訴訟の目的は端的に私的紛争の解決にある，とする立場。

三説それぞれ訴訟が果たしている機能のある側面をうつし出してはいるが，同時に問題点も内包している。

法秩序維持説

まず，法秩序維持説は，法化が進んだ近代法治国家の訴訟観を反映したものであり，ドイツでは古くから有力な立場とされてきているが，つぎの3点で根本的疑問がある。一は，実定私法は人びとが

互いに生き生きと公正にかかわっていくための手段であるはずなのに，その秩序維持と実効性確保を訴訟の目的とすることは，手段を自己目的化するという誤りをおかしているのではないいかという点。二は，この立場には，肝心の紛争当事者たる人間の顔がまったく見えない（航空写真で地上の人間の生活を見ているような理論）という点。三は，社会の秩序というのは，人びとが互いに自由にかつ多様にかかわっていくなかでおのずと形成されていくはずのものであるのに，この説は，まずはじめから普遍的・固定的秩序を想定し，それを維持，浸透させることが秩序形成であると考えている点（秩序観の感覚の古さ）。

権利保護説

　つぎに，権利保護説は，権利概念が確立されているところでは一般受けしやすいが，やはりつぎの諸点で疑問がある。一は，紛争は権利を主張する側と権利（それに対応する義務）を否定する側（あるいは別個の権利をかかげてそれに対抗する側）との争いであるのに，単純に権利を主張する側の権利を保護するのが訴訟であると見るのは，一面的にすぎること。債権の存在と取立権を主張する側（債権者）と，債務の存在を否定し，あるいは債務を負っていても平穏な生活権を侵害されてまでも取立てに応じる義務はないと主張する相手方（債務者）との紛争を考えてみられたい。債権者（と主張する者），債務者（とされる者），それぞれに「権利」があり，しかもそれぞれの「権利」は相容れない関係にあるのである。二は，これとの関連で，果たして「権利」は所与のものとしてすでに存在しているのか，むしろ訴訟手続のなかでの当事者や関係人（裁判官を含む）の相互作用を通じてつくり出されていくものではないのか。つまり，権利既存の観念への疑問である。いわゆる現代型訴訟では，この点が顕著にあらわれる。三は，そもそも「権利」は当事者の生活空間，取引空間にあって，保護・救済の目的となるような実体をともなっ

たものであるのかどうか。むしろ，権利・義務という概念は，人び
と（主として法律家）がそういう共通語を使って利害調整を行うた
めの媒介項ないし手段（メタファー〔記号〕としてのコトバ）であっ
て，権利保護説は本来はメタファーとしての媒介項にとどまるもの
をいつの間にか実体のあるものとしてシンボル化して自己目的化し，
それを保護・実現しさえすればあたかも紛争調整の役割が充たされ
るかのような錯覚に陥ってないか（権利概念になじみにくい地域〔た
とえば中国〕での訴訟の目的を念頭に置いて考えれば，よりはっきりす
るであろう）。

🎔 紛争解決説

　訴訟の目的を紛争解決と見る立場は，法秩序維持説や権利保護説
の上記のような難点を克服するために兼子一博士によって提唱され，
わが国では支配的見解とされてきた。訴訟手続の発展的・創造的性
質をあらわすものとして，すぐれた側面を持ち，いかにも常識に合
うようであるが，なおつぎのような問題点を内包している。一は，
訴訟によって果たして紛争は解決されるか，あるいは解決されなけ
ればならないのか，という点である。訴訟は解決への一里塚であり，
訴訟外，訴訟後の紛争調整過程のなかのひとコマにすぎないとすれ
ば，「紛争解決」というのは過大な役割を担わされていないか。二
は，この立場には，紛争を秩序を乱す「罪悪」，「異物」だと見る紛
争観がただよっており，国家が上からそれを取り除いてやることが
解決であって，それはいいことであり，必要なことであるという介
入主義的な訴訟観に結びつきやすい。しかし，紛争は決して悪でも
なければ異物でもない。社会や人間関係が活性化すればするほど，
紛争も生じやすくなり，それは必然のことである。そうして，ここ
でも，法秩序維持説と同じく，利用者としての当事者（人間）の顔
が見えない（あるいは，影がうすい）のである。三は，訴訟以外に
も多様な紛争処理の方式や制度があるなかで（ADR），紛争解決と

いうだけでは訴訟が訴訟であることの特質は何であるかがわかりにくい。四は、これとの関連で、訴訟における解決・調整のあり方はいかにあるべきかに道筋をつけるような目的論が必要なはずであるが、紛争解決であるというだけではあまりにも無色無内容であり、その要請には応えられない。解釈論、運用論に響かず、かえって解決さえすれば目的を達するような「結果至上主義」になりかねない。

3　近時の議論の展開

　既往三説のこのような問題点の指摘を受けて、近時つぎのような議論の展開が見られる。

(1)　多元論・包摂論

　既往の三つの目的はいずれも民事訴訟の目的と考えてよく、指導標としてのそれぞれの価値が対立・緊張することを認識し、個別の問題ごとにどの価値にウエイトを置くかの選択が解釈論・立法論の任務だとする立場が、新堂教授によって説かれたいわゆる多元論（ステップアップ①②）である。また、三ケ月博士は、紛争解決説は権利保護の要請も法秩序維持の目的をも包摂する関係にあるとされる（ステップアップ④）。根源的・本質的問題に深入りしたくないという世代には、「合わせて一本」のような柔軟なこの統合論は従来の議論を止揚するものとして歓迎されるかもしれないが、しかし包摂論はもとより、多元論にしても、窮極の着地点を提示する理論にはなりえていない。というのは、個別の問題ごとにあの理論をとったりこの理論をとったりするのは、あまりにも節操がないし、それぞれが対立・緊張するものをいずれも取り込むというのでは、かえって訴訟の目的は見えにくいことになり、各説の既述の難点にも応えられていないからである。

(2) 手続保障説

——当事者による対等公正で相互作用的な手続自体の保障

既往の三説（多元的・包摂論を含めて）はいずれも難点を持ち，具体的な顔を持った利用者のニーズとの接点も希薄であるとして，当事者および関係人が相互にかかわりあうプロセスとしての手続自体の価値に着目する理論。すなわち，「訴訟は，当事者及び関係人が対等かつ公正に，それぞれの役割の中で相互に主張・立証を中心にした手続を行うことを保障すること」が目的である，と説く（ステップアップ⑨⑥⑦）。あえて，何のために訴訟があるかという目的・機能を問われれば，当事者たちが訴訟から出た後に，裁判で行われたことおよびその結果をふまえて，自分たちの関係を調整して規律できるように筋道をつけることにある。しかし，この立場は，訴訟または手続を何かの目的を達成するための手段ととらえるのではなく（既往の所説を「手段志向」，「結果志向」と批判する），手続を行うことそのものが訴訟の目的であるとする（過程志向）ので，上記はあくまで目的ではなく，裁判が果たす機能にすぎない。それはあたかも，「学問をする」ことや「人生」の目的を，「学びかつ問うこと自体」，「生きることそのもの」が目的であるというに似ている。ポスト・モダンの思想に受けいれられやすい反面，近代合理主義の手段・目的の分化思想からは理解が得られにくい。また，制度は外在的固定的に存在するものではなく，当事者たちが自前の行動選択を展開して動かしていくものであるという制度観を背景にしている。さらに，法規範を含めて規範は当事者が状況関係的に活用していくものであり，多様な活用源の一つにすぎないとの見方をとる。

(3) 「権利の保障」説

民事訴訟の目的は，憲法上司法権に与えられた役割から出発すべきであるとして，この意味での司法の役割は，「実体法規範によって認められた『権利』に，必要とされる『救済』を与えることに

よって，『権利』の実質的内容である利益・価値を回復しあるいは侵害を防止して，権利を保障（保護）すること」にあるとする立場で，竹下教授によって提唱された訴訟目的論である（ステップアップ⑪）。既往の権利保護説の現代における改訂版といえる。訴訟制度の将来の設計のために目的論をたてるという目的論の目的を鮮明にしたうえで，憲法論とのつながりを密にし，実質権としての「権利」と，その救済の手段としての「請求権」を分離し，救済のあり方に具体的状況に応じての多様性を与える点で注目される。ただし，司法の役割を立法府が定めた枠組みに限定する「司法消極論」で司法が現代の社会的ニーズに応えられるかどうかをはじめ，権利と請求権とを機能として分離してみても，権利を所与のものと見てその保護が訴訟の目的であると見る限り，基本的に先に見た権利保護説に対すると同様の疑問（とくに問題点の二および三）が妥当しよう。

(4) 棚上げ論

訴訟目的論はまったく無意味ではないが，それぞれ連続的で重なりあう部分も多く，個別の具体的な立法論・解釈論の基準としてはそれほど有用ではないとして，自己の態度決定をあえて行うには及ばないとする議論であり，高橋教授の立場である（ステップアップ⑩）。しかし，「基準」になりうるかどうかはともかく，冒頭でも述べたように，個々の解釈論，運用論，立法論を導くための指針，源泉になりうることには変わりないと思われるので，目的論そのものの有用性を否定してしまうことについては，批判の眼が向けられよう（すでに⑪）。

4 利用者の顔の見える民事訴訟を展望して

以上により，原初三説からの理論の状況を概観してきた。これにより訴訟目的論も当初の「訴訟法理論の体系化ための哲学論の披

瀝」としての観念の世界の抽象的色彩から，徐々に手続実践や司法
政策のあり方を視野に入れた具体的関心に結びついた議論へと進展
してきていることを察知してもらえたかと思う。そうして，当初は
その存在すら認めにくかった具体的な利用者としての人間の顔が，
近時の議論では見えかくれするところまできていることに注目して
いただきたい。そこで，これからの展望としては，どのような利用
者を想定して訴訟法の理論や手続運用のあり方（立法論を含めて）
を考えるかの，利用者の具体的人間像が問われることになろう。紛
争当事者を実定法枠組の範囲で国家（裁判所）に保護・救済を求め
ている存在にすぎないとすれば，竹下教授の装いを新たにした「**権
利の保障」説** が支持を得られることになるであろうし（司法を国民
へのサービスと見る⑬の立場もこれに近い），紛争当事者が弱さとした
たかさをあわせ持った自律的人間として，法を自己流に使い専門家
の力を借りながらも，自分たちの手でかかわりをつくり出していく
ことをサポートするのが裁判の役割であるとする利用者の自覚とそ
れを支える社会状況が拡大していけば，「**手続保障説**」が息を吹き
かえすことになろう。パラダイム転換が求められている流動的な状
況のなかで，その指導標となりうるのはこの両論であると考える。
このほかに，その際，法とは何か，権利とは何か，法専門家の役割
はいかに，制度と利用者の関係はどうあるべきかなどの問題があら
ためて問われよう。いずれにせよ，「訴訟の目的」の議論の方向を
決めるのは，紛争主体（潜在的な者を含めて）としての利用者の行
動選択のあり方そのものである。この原点を抜きにした「専門家に
よる専門家のための議論」は，もはや過去のものになりつつある。

〈ステップアップ〉
①新堂幸司「民事訴訟の目的論からなにを学ぶか」『民事訴訟制度の役割』
（1993年，有斐閣）101頁

②新堂幸司・新民訴1頁

③三ケ月章「民事訴訟の機能的考察と現象的考察」『民事訴訟法研究1巻』（1962年，有斐閣）249頁

④三ケ月章「民事訴訟の目的と機能」争点（新版）6頁

⑤山木戸克己「訴訟法学における権利既存の観念」『民事訴訟理論の基礎的研究』（1961年，有斐閣）1頁

⑥井上治典「民事訴訟　対論手続としての観点から」長尾龍一＝田中成明編『現代法哲学3巻・実定法の基礎理論』（1983年，東京大学出版会）227頁

⑦井上治典「手続保障の第三の波」，「民事訴訟の役割」手続論29頁，1頁

⑧水谷暢「争点整理　和解的弁論・和解的判決」交渉と法研究会編『裁判内交渉の論理』（1993年，商事法務研究会）90頁

⑨井上正三「訴訟内における紛争当事者の役割分担」民雑27号185頁，199頁，205頁

⑩高橋宏志「民事訴訟の目的」重点講義（上）1頁

⑪竹下守夫「民事訴訟の目的と司法の役割」民雑40号1頁

⑫遠藤賢治「民事訴訟における手続保障の在り方」『民事訴訟にみる手続保障』（2004年，成文堂）1頁（その書評，井上治典・ジュリ1285号99頁）

⑬山本和彦「公的サービスとしての民事訴訟　民事訴訟の目的論」『民事訴訟審理構造論』（1995年，信山社）1頁

⑭上田竹志「民事訴訟の目的論に対する現代思想的考察」法政研究68巻3号729頁

民事訴訟を理解するために

Approach を振り返りながら，民事訴訟法の重要ポイントを下の問題で確認しよう。

実際に自分で書いて解答してみよう。

1 裁判外紛争処理にはどのようなものがあるか。具体的な制度を一つ取り上げ，そこで行われている紛争処理の仕組みとそれが果たしている役割を確認しなさい。

2 民事裁判の場にはどのような人びとが登場するか。裁判官を中心とした三極構造で整理した上で，それが流動化や重層化している場面をあげなさい。

3 簡易裁判所での通常手続と地方裁判所の手続，簡易裁判所の通常手続と少額訴訟手続を比較しなさい。簡易裁判所での訴訟手続だけで許される判決とはどのようなものか，それが許されるのはなぜか。

4 訴えを提起する前に，原告がとることのできる手続にどのようなものがあるか。この手続には，財産を処分できないようにしたり，紛争の現状を固定したりすることのほかに，どのような機能が期待されるか。

5 訴え提起前に裁判所を介して行う証拠収集の手段としてどのようなものがあげられるか。裁判所を介することなく当事者主導で行われる情報収集にはどのようなものがあり，情報提供を求められた側はそれに応じるか否かをいかに判断すべきか。

6 当事者能力と当事者適格は一般にどのように定義されているか。権利能力のない社団が当事者能力を持つための要件として，判例はどのようなものをあげているか。団体が当事者となるほかに，個々人が集団として当事者となるにはどのような方法があるか。

7 一般的な訴えの類型をあげなさい。それぞれの類型について訴えの利益はどのような場合に認められるか。

8 特別裁判籍にはどのようなものがあるか。合意管轄，応訴管轄とはどのようなルールか。事件を別の裁判所に移送するかどうかの判断ではどのような要素を考慮すべきか。

9 訴状に記載すべき事項をあげなさい。 case1〜4 のいずれかを使って，訴状作成の要点を具体的に書いて練習しなさい。

10 口頭弁論がその前提とする諸原則にはどのようなものがあるか。それらの原則が存在するのはなぜか。また，口頭弁論を必ずしも開かなくてもできる裁判にはどのようなものがあるか，具体例をいくつかあげなさい。

11 当事者が弁論の期日に欠席した場合にどのように取り扱われるか，一方当事者が欠席した場合と両当事者が欠席した場合にわけて整理しなさい。

12 争点整理手続には弁論準備手続のほかにどのような手続があるか。弁論準備手続と口頭弁論との相違点と共通点は何か。弁論準備手続での傍聴は，どのような者に認められるべきか。

13 弁論主義の三つの内容は何か。また民事訴訟において弁論主義がとられているのはなぜか。

14 証明責任とは一般にどのように定義されているか。証明責任を負わ

ない当事者にも立証を促し，証明責任を用いた判決を避ける方法には
どのようなものがあるか。具体例をあげていくつか説明しなさい。

⑮　文書提出義務が認められる場合として規定されている四つをあげな
さい。文書提出義務を認めることができない（除外事由）とされてい
るのはどのような場合か。

⑯　和解や取下げの効力はどのようなものか。和解や取下げがいったん
なされたのちに，それらを取り消して争い直すにはどのような方法が
あるか。

⑰　既判力の基準時にはどのような意味があるか。既判力はなぜ主文の
判断に限られているのか。一部請求後の残部請求は許されるか。後遺
症に基づく再請求はどうか。

⑱　既判力は誰に及ぶか。口頭弁論終結後の承継人に既判力が及ぶ根拠
を説明しなさい。

⑲　訴訟の係属中に請求が複数となる場合はどのようなものがあるか。
それぞれの要件をあげなさい。

⑳　訴訟の係属中に，始めの当事者にくわえて，あるいは当事者に代
わって利害関係人が関与する場合にはどのような場合があるか。

㉑　上訴にはどのような種類があるか。上訴の要件である上訴（控訴）
の利益について説明しなさい。また，再審事由にはどのようなものが
あるか。附帯控訴，異議・抗告とはそれぞれ何か。

㉒　民事執行において，債権者と債務者の再調整が行われる場面として
はどのようなものがあるか。また，再調整はなぜ必要なのか説明しな
さい。

㉓　倒産においては，誰と誰の間で，どのような再調整が行われるか考えなさい。その際，債権者平等原則はどのような意味を持つか。

㉔　紛争処理の手続として，訴訟は何のためにあり，どのような役割を果たせばその目的を達成するか。

事 項 索 引

〔あ〕

相対交渉 …………………………………10
IT 化 …………………………………… 130
あっせん ……………………………………5
異　議 …………………………………… 250
遺言無効確認の訴え ……………………68
違式の裁判 ……………………………… 252
意思表示の擬制 ………………………… 270
移審効 …………………………………… 241
移　送 …………85,99,114,119,219
一応の推定 ……………………………… 158
一期日審理の原則 ………………………24
一部請求 …………………………74,221
一部請求後の残部請求 …… 74,75,202
一部認容判決 …………………………… 187
イン・カメラ手続 ……………………… 174
引用文書 ………………………………… 173
訴　え ……………………………………63
　　──の類型 ……………………………64
訴え却下 ………………………………… 121
　　──判決 …………………71,98,119
訴え提起前の照会 ………………………42
訴え提起前の証拠収集処分
　……………………………43,165,170
訴え提起前の和解 …………… 28,185
訴えの取下げ …………………181,183
　　──の擬制 …………………122,182
訴えの併合
　　客観的併合 …………………217,218
　　主観的追加的併合 ………………… 232
　　主観的併合 ………………………… 229

訴えの変更 …………… 71,98,217,220
訴えの利益 ………………………… 66,119
営業秘密 ………………………………… 106
ＡＤＲ促進法 ……………………………6
応訴管轄 ……………………………84,120

〔か〕

回　避 ……………………………………88
会社更生 ………………………………… 292
確定遮断効 ……………………………… 240
確定判決 ………………………………… 192
　　──と同一の効力 ……28,181,185
　　──の変更を求める訴え ……… 203
確認の訴え ………………………………64
確認の利益 ………………………………67
家庭裁判所 …………………………77,84
　　──調査官 ……………………………20
仮執行宣言 ……………………… 25,211
仮差押え …………………………………32
仮処分 ……………………………… 33,73
簡易裁判所 ………………………………23
　　──の訴訟代理 ………………29,58
　　──の第一審手続 ……………………29
　　──への異議申立て ……………………26
換　価 …………………………………… 265
管　轄 ……………………………………77
管轄権 ……………………………77,119,218
間接強制 …………………… 95,265,268
間接事実 ……141,143,146,152,158
鑑　定 ……………………………164,167
鑑定人 ………………………………21,164
　　──質問 ……………………………… 168

関連裁判籍 ……………………82
期　日 ……………………… 111
　　——指定・変更 ……… 111,112,114
　　——指定申立て ……… **114**,122,190
期日外釈明 ……………………139
基準時後の形成権の行使 …………200
擬制自白 ……………………… **122**,145
擬制陳述 ……………………121
起訴責任転換説 …… 212,273,275
起訴負担の公平 ……………………69
既判力 ……………75,99,**192**,206,235
　　——の基準時 ……… 120,194,**195**
　　——の客観的範囲 …… **197**,200,202
　　——の主観的範囲 …………206
既判力の拡張 ……………………207
　　一般第三者への—— ……… 210,257
　　個別第三者への—— ……… 207,257
忌　避 ……………………88
義務履行地 ……………………81
求釈明（求問権）……………114,**139**
旧訴訟物理論 ……………73,219
給付の訴え ……………………64
　　——の利益 ……………………69
競合管轄 ……………………83
強制管理 ……………………263
強制競売 ……………………263
強制執行 ……………………95,**261**
共同訴訟 ……………… **229**,230,231
　　固有必要的—— …………232
　　通常—— …………230
　　類似必要的—— …………232
　　同時審判申出—— …………232
共同訴訟参加 ……………………236
共同訴訟人独立の原則 …………230
金銭執行 ……………………**261**

境界確定の訴え ……………………65
計画審理（審理の計画）‥ 109,**123**,124
形式説〔既判力の拡張〕…………208
形式的形成訴訟 ……………………65
刑事事件関係文書 ……………173
形成権 ……………………200
形成の訴え ……………… **64**,212
　　——の利益 ……………………70
形成判決 ……………………65
形成力 ……………………212
欠席判決 ……………………122
決定手続 ……… 35,85,**105**,172
現在の給付の訴え ……………………69
検　証 ……………………164
顕著な事実 ……………………150
限定承認 ……………………203
権利自白 ……………………146
権利主張参加 ……………………235
権利能力のない社団・財団
　　……………………**50**,61,228
「権利の保障」説〔民事訴訟目的論〕
　　……………………299,301
権利保護説〔民事訴訟目的論〕‥8,296
権利文書 ……………………173
合意管轄 ……………………83
後遺症にもとづく追加請求 …… 74,202
行為責任 ……………………17,161
合一確定 ……………………231,235
公開主義 ……………………106
攻撃防御方法 …………… **125**,131,136
　　——の提出期間 ……… 124,**126**,246
抗　告 ……………………173,**251**
　　——が許されない場合 …………253
　　許可—— ……………173,**252**
　　再—— ……………………252

即時—— ………………………173,**252**

通常—— …………………………252

特別—— …………………………252

交互尋問 ………………………**166**,169

交互面接方式 ……………………133,**188**

公示送達 ………………………27,**91**

交付送達 …………………………90

更新権 ……………………………246

控　訴 ……………………………241

　——の禁止 ………………………26

　——の取下げ ………………183,**246**

　——の提起 ………………………244

　——の利益 ………………242,243

　——不可分の原則 ……………245

控訴状 ……………………………245

　——の必要的記載事項 …………245

口頭主義 ………………………**104**,110

口頭弁論 ……………104,118,167

　——の一体性 ……………………125

抗　弁 ……………………97,99,**155**

　——事項 …………………………119

公務秘密文書 ……………………174

国際裁判管轄 ……………………82

個人再生手続 ……………………289

〔さ〕

債権者代位訴訟 …………………236

債権者平等 ………………………287

再　審 …………………………240,**254**

　——の訴え ………………………254

　——の手続 ………………………256

再審事由 …………………………254

再訴の禁止 …………………119,183

裁定和解 …………………………186

裁　判 ……………………………191

裁判外紛争処理（ADR） ………6,**73**

裁判官 …………………………19,88

裁判権 …………………………**77**,119

裁判所書記官

　………………**19**,27,88,90,94,139,274

裁判所調査官 ……………20,88,**132**

裁判籍 ……………………………80

債務名義 ………27,69,212,261,**271**

詐害防止参加 ……………………235

錯誤要件〔自白の撤回〕…………147

差置送達 …………………………**91**

差押え ……………………………264

参加承継 ………………209,232,**237**

参加的効力 …………………234,235

三極構造 …………………………18

参考人審尋 …………………21,144

三審制 …………………………**77**,241

残部請求 ……………………74,75,**202**

参与員 …………………………**19**,88

事案解明義務 ……………………160

時機に後れた攻撃防御方法

　………………………111,114,**126**

自己利用文書 ……………………174

事後審制 …………………………244

自己破産 …………………………287

実質説〔既判力の拡張〕…………208

事実上の推定 ……………………158

事実審 ……………………………241

　——の口頭弁論終結時〔既判力の

　基準時〕………………………69,**195**

執行異議 …………………………277

執行機関 …………………………262

　執行官 ……………………21,44,**262**

　執行裁判所 …………………**77**,262

執行抗告 ……………………263,277

執行文 ……………………………273
　——付与に関する異議 ………274
　——付与に対する異議の訴え
　　………………………………212,274
　——付与の訴え …………………274
執行力 ……………………………211
　判決の—— ………………………211
実体法上の法定代理人 ……………60
指定管轄 ……………………………84
事物管轄 ……………………………78
私的整理 …………………………283
自　白 ………117,137,144,154
　——の撤回 ………………………146
支払督促 ……………………………26
司法書士 ………………………29,58
事務担当者・補助者 ………20,49,140
釈明権 ……………………………139
釈明義務 …………………………139
釈明処分 ……………………20,111,140
遮断効 ……………………………193
自由心証主義 ……………………150
宗教団体の内部紛争 ………………66
集団拡散利益紛争 …………………54
集中証拠調べ ……109,126,131,135,169
集中審理主義 …………109,110,124
17条移送 ………………………86,99
受　継 ………………………………59
主尋問 ……………………………166
受訴裁判所 …………………………77
受託裁判官 ………………………108
手段説〔弁論主義の根拠〕………138
主　張 ……………………………142
　——自体失当 ……………………72
　——責任 ………………137,142,153
受命裁判官 ……………108,135,229

主要事実 ………96,141,142,146,151,153
準抗告 ……………………………251
準再審 ……………………………255
準当事者 ……………………………49
準備書面 ………………105,128,134
準備的口頭弁論 …………………129
少額訴訟 ……………………23,187
　——判決 …………………………25
承継執行文 ………………212,274
承継人 …………………59,208,237
　口頭弁論終結後の—— ……208,212
証言拒絶権 ………………106,166
条件成就執行文 …………………274
証　拠 ……………………………142
　——の採否 ………………………164
　——を取り込んだ主張 …………143
証拠共通の原則 …………………230
証拠収集処分 ………………………43
証拠調べ ………………142,163
証拠資料 ………………142,165
証拠方法 ………………150,164
証拠保全 ………………46,165
証書真否確認の訴え ………………67
証　人 ………………21,165
証人尋問 ……124,164,165,229
上　告 ………………241,247
　——の提起 ………………………249
上告受理の申立て ………………248
上告理由 ………………248,249
　絶対的—— ………………………248
上　訴 ……………………………240
　——の移審効 ……………………241
　——の確定遮断効 ………………240
　——不可分の原則 ………………245
　——の利益 ………………………242

証　明 ……………………151,152
証明責任 ……………… 152,154,156
　　——の転換 …………………… 157
　　——の分配 …………………… 154
　　客観的—— …………………… 152
　　行為責任としての—— ……… 161
　　主観的—— …………………… 153
証明度 …………………………… 152
　　——の引下げ ………………… 159
証明妨害 ………………………… 160
将来給付の訴え（の利益）……… 69
職分管轄 …………………………… 77
書　証 ……………………164,170
　　——の認否 …………………… 172
　　——の申出 …………………… 170
除　斥 ……………………………… 88
職権主義 ………………………… 110
職権証拠調べの禁止 ………… 138,163
職権進行主義 …………………… 111
職権探知主義 ………… 11,119,138,217
職権調査事項 …………… 86,119,193
処分権主義 ……… 11,65,**70**,111,137
書面による準備手続 …………… 130
書面和解 ………………………… 186
審級管轄 …………………………… 78
審級代理の原則 …………………… 58
審級の利益 ……………… 222,225,**241**
進行協議期日 …………………… 124
人事訴訟 ……… 57,**76**,82,84,138,217
心　証 …………………………… 150
人　証 …………………………… 164
審　尋 ……………… 27,35,**105**,173
真正（文書の成立の）………… 67,117
新訴訟物理論 ………………… 73,219
審判権の限界 ……………………… 66

新本質説〔弁論主義の根拠〕‥**139**,163
審理の計画（計画審理）
　　……………109,111,**123**,126,229
審理の現状にもとづく判決 ‥‥**122**,192
随時提出主義 …………………… 125
請　求 ……………………………… 78
　　——の基礎 ………… 221,224,226
　　——の原因 ……………………… 93
　　——の趣旨 …………………72,93
　　——の特定 ……… **93**,94,119,268
　　——の認諾 ……… 117,180,181
　　——の併合（訴えの客観的併合）
　　…………………………… 216,217
　　——の放棄 ……………… 180,181
　　——の目的物の所持者 ……… 209
請求異議の訴え ………… 69,212,**276**
請求棄却 ………………………… 121
制限的公開 ……………………… 133
責問権 …………………………… 114
　　——の喪失 ………………114,127
積極否認（理由付否認）……… **118**,154
先決問題 ………………………… 194
先行自白 ………………………… 145
専属管轄 …………………………… 83
選択的併合 ……………………218,220
選定当事者 ……… 20,53,207,**228**
専門委員 ……………… 19,88,**132**
専門家 ……………………………… 21
専門訴訟 ……………… 125,**132**,167
相殺の抗弁 ………… 99,193,199,224
送　達 …………………………… **90**,255
相　談 ……………………………… 4
争点効 …………………………… 200
争点整理手続 ‥‥109,124,**129**,131,142
相当な損害額の認定 …………… 159

訴　額 ………………… 23,**78**,91
続審制 ………………………… 244
訴　状 …………………………… 89
　──の審査 ……………………… 90
　──の補正の促し（補正の促し）
　…………………………… 90,94
訴訟委任 ………………………… 58
訴訟記録の閲覧 ………………… 107
訴訟係属 ……………………… 91,182
訴訟行為 ……………………… 57,111
訴訟告知 ……………………… 21,235
訴訟参加 …………………… 21,91,233
訴訟指揮権 …………………… 111,135
訴訟資料 ………………………… 142
訴訟承継 …………………… 59,**237**
訴訟上の救助 …………………… 92
訴訟上の請求 ………………… **63**,72
訴訟上の法定代理人 …………… 60
訴訟代理 ……………………… 29,58
訴訟代理権 ……………………… 59
訴訟代理人 ………… 20,**58**,228
訴訟脱退者 ……………………… 210
訴訟担当（第三者の訴訟担当）
　………………………… 52,236
　任意的── ………… **53**,207
　法定── ………………… 52,207
　──の場合の利益帰属主体 … 207
訴訟追行権 …………………… 53,236
訴訟能力 ……………………… 49,**56**
訴訟判決 ………………………… 120
訴訟費用 ……………………… **92**,120
訴訟物 ………………………… **72**,193
訴訟物理論 ……………… **73**,219,221
訴訟法上の特別代理人 ………… 60
訴訟要件 ………………………… 119

即決和解 ………………………… 29
疎　明 ……………………… 34,152

〔た〕

大規模訴訟 ………………… 124,**227**
　──の特則 …………………… 229
第三者異議の訴え ……………… 276
第三者の訴訟担当 …………… 52,207
対　質 …………………………… 169
代償請求 ………………………… 218
対世効 ……………………… 210,257
対　席 ………… 5,131,133,188
代替執行 ………………………… 268
「対等弁論」の保障〔手続保障説〕‥10
対論手続 …………………………… 8
多元説〔弁論主義の根拠〕……… 138
多元論〔民事訴訟目的論〕……… 298
棚上げ論〔民事訴訟目的論〕…… 300
断行の仮処分 …………………… 36
単純併合 ……………………… **218**,219
担保権実行 ……………………… 292
知的財産権関係訴訟 ………… 82,132
知的財産高等裁判所 …………… 82,89
中間確認の訴え …………… 198,225
仲　裁 ………………………… 5,120
仲裁法 ……………………………… 6
抽象的差止め ………………… 94,268
懲戒主義 ………………………… 279
調書判決 …………… 25,**122**,191
調　停 ……………………………… 5
調停前置（主義）…………… 84,106
重複訴訟禁止 ………………… 98,119
飛躍（飛越）上告 ……………… 241
直接強制 ………………………… 268
直接主義 ………………… **108**,109,191

直　送 ………………… 90,128
陳述書 ………………… 87,167
追加的選定 …………………54
追加的変更 ………… 221,226
通常共同訴訟 ………………230
定期金賠償判決 ……………203
提出責任 ………10,197,202,204
提訴予告通知 ………… 41,165
適時提出主義 …………125,163
手続保障説〔民事訴訟目的論〕
　………………… 10,299,301
テレビ会議 …………… 87,167
電話会議 ……………… 125,130
倒　産 ………………………279
　——ＡＤＲ …………283,285
当事者 …………………20,48
　——の欠席 ………… 121,122
　——の選択 …………………55
　——の死亡 …………………59
　職務上の—— ………………53
当事者間での情報収集 ………44
当事者公開 …………………133
当事者恒定 …………………237
当事者自治 ……… 9,110,138
当事者主義 ………… 110,137
当事者照会 ……… 43,44,129
当事者尋問 … 130,143,164,165,166,228
　——の補充性 …………166,169
当事者適格 ……… 49,51,119
当事者能力 ……… 49,119,228
同時審判申出共同訴訟 ………232
同席個別方式 ………………188
当然承継 ……………… 59,237
答弁書 ………………………116
督促異議 ………………………28

督促手続 ………………………27
特定承継 ……………………237
特定調停 ……………………285
特別裁判籍 ……………………81
特別の代理人 …………………60
独立当事者参加 ……… 209,235,257
土地管轄 ……………………80

〔な〕

内容証明郵便 …………………10
二重起訴禁止 …………………98
日本司法支援センター（法テラス）
　……………………………93
任意管轄 ………………………83
任意的口頭弁論 ……………105
任意的訴訟担当 ……… 53,207
認諾調書 ……………………181

〔は〕

配てん ……………………89
配　当 ……………………263
配当表 ……………………263
破棄差戻し ……………………249
破棄自判 ……………………250
破棄判決の拘束力 ……………250
破産管財人 ……………… 53,287
破産財団 ……………………287
破産手続 ……………………286
判　決 ……………………191
　——の名宛人 …………………48
　——の（即時）言渡し … 25,191
判決主文 ……………………198
判決手続 ……………………105
判決理由中の判断 ……… 198,225,234
反射効（反射的効力）…………213

反　証 ……………………………153
反証提出責任 …………………159
反真実要件〔自白の撤回〕………147
反　訴 ……74,98,100,217,**223**,224,225
反対尋問 ………………………166
引受承継 ……………209,232,**237**
非金銭執行 ……………………267,268
非　訟 ……………………………11
筆界特定制度 …………………65
必要的記載事項〔訴状〕…………90
必要的共同訴訟 ………………231
必要的口頭弁論の原則 ………**104**,191
否　認 ………………117,**154**,172
被保全権利 ……………………34
評価書 …………………………264
平等主義 ………………………263
覆審制 …………………………244
附帯控訴 ………………………246
負担分配による対論 ……………18
不　知 …………………………117
普通裁判籍 ……………………80
物　証 …………………………164
不熱心な訴訟追行 …………**121**,182
不法行為地 ……………………80
付郵便送達 ……………………91
プライバシー …………………106
不利益変更の禁止 ……………247
文書送付嘱託 …………………170
文書提出義務 ………172,**173**,174,175
文書提出命令 ……106,160,171,172,175
文書特定手続 …………………172
文書の成立の真正 …………67,**171**
紛　争 …………………………2
紛争解決説〔民事訴訟目的論〕‥8,297
紛争管理権 ……………………54

紛争主体たる地位 ……………208,237
紛争調整手続 …………………4
紛争調整方式 …………………4
紛争ネットワーク活性化 ………2,108
併合請求の裁判籍 ……………**82**,218
弁護士 …………………………58
弁護士会照会制度 ……………41
弁護士代理の原則 ……………53,58
弁　論 …………………………109
　――の更新 …………………109
　――の再開 …………59,111,**113**
　――の制限 …………111,**113**,219
　――の全趣旨 ………………143,151
　――の分離 …………111,**113**,219,230
　――の併合 ……99,100,111,**113**,233
弁論主義 ………………111,119,137
弁論準備手続 ‥84,107,112,**129**,131,135
　――の結果陳述 ………131,134,135
法規不適用の原則 ……………154
法人格のない団体 ……………**50**,61,228
包摂論〔民事訴訟目的論〕………298
法秩序維持説〔民事訴訟目的論〕
　…………………………………8,295
法定管轄 ………………………83
法定訴訟担当 …………………52,207
法律関係文書 …………………173
法律上の推定 …………………157
法律審 …………………195,241,252
法律扶助 ………………………93
法律要件分類説〔証明責任の分配〕
　…………………………………154
法令上の訴訟代理人 …………60
補充送達 ………………………91
補助参加 ………………………**233**,236
　――の利益 …………………234

　共同訴訟的—— ················· 236

補助参加人 ····················· 49,**233**

　——の従属性 ··············· 234

補助事実 ························· 141

補正の促し〔訴状〕 ··········· **90**,94

補正命令〔訴状〕 ················· 90

保全異議 ·························35

保全抗告 ·························36

保全執行 ·························36

保全取消し ·······················35

保全の必要性 ·····················34

保全命令 ·························34

本案判決 ····················· 52,**120**

本質説〔弁論主義の根拠〕 ········· 138

本　証 ·························· 153

本人訴訟 ·························24

本人訴訟主義 ·················· 58,92

〔ま〕

満足的仮処分 ····················36

民事調停 ····················· 30,285

民事再生 ························ 288

民事執行 ························ 261

民事訴訟目的論 ················ 8,293

民事保全 ·························31

申立て ·························71

申立権 ························· 114

申立事項 ····················· 71,187

〔や・ら・わ〕

要件事実 ············· 95,**96**,97,141,151

要件事実論 ········· 117,140,151,154,155

予備的併合 ····················218,219

利益考量説〔証明責任の分配〕···· 155

利益文書 ························ 173

利益変更の禁止 ·················· 247

立　証 ·························· 152

立証活動 ························ 163

立証の必要 ······················ 153

理由付否認（積極否認）·· 116,118,154

和　解 ····················134,**180**

　——的判決 ················ 25,187

　——に代わる決定 ············29

　——の解除 ··············· 189

　——の無効・取消し ··········· 189

　訴え提起前の—— ············28,185

　裁判上の—— ··············· 185

　訴訟上の—— ··············· 185

　民法上の—— ··············· 185

和解期日 ························ 187

和解兼弁論 ······················ 133

和解的判決 ···················· 25,187

〈編著紹介〉

井上治典（いのうえ・はるのり）元立教大学大学院法務研究科教授

〈著者紹介〉

安西明子（あんざい・あきこ）　上智大学法学部教授

仁木恒夫（にき・つねお）　大阪大学大学院法学研究科教授

西川佳代（にしかわ・かよ）　横浜国立大学大学院国際社会科学府教授

吉田純平（よしだ・じゅんぺい）日本大学法学部准教授

吉田直起（よしだ・なおき）　清和大学法学部専任講師

ブリッジブック民事訴訟法〔第3版〕〈ブリッジブックシリーズ〉

2006（平成18）年2月5日	第1版第1刷発行	2317-0101
2011（平成23）年4月25日	第2版第1刷発行	2337-0201
2022（令和4）年2月17日	第3版第1刷発行	2361-0301

編　者　　井　上　治　典
発行者　　今　井　　　貴
　　　　　今　井　　　守
発行所　　信山社出版株式会社

〒113-0033 東京都文京区本郷6-2-9-102
電　話　03（3818）1019
FAX　03（3818）0344

Printed in Japan.　　　印刷・製本／亜細亜印刷・牧製本

Ⓒ井上逸子，安西明子，仁木恒夫，西川佳代，吉田純平，吉田直起，2022.

ISBN978-4-7972-2361-3　C3332
NDC 327.201　民事訴訟法

JCOPY 〈(社)出版者著作権管理機構　委託出版物〉
本書の無断複写（コピー・スキャン等）は著作権法上での例外を除き禁じられています。複写される場合は，そのつど事前に，(社)出版者著作権管理機構（電話03-5244-5088，FAX03-5244-5089，e-mail:info@jcopy.or.jp）の許諾を得てください。

さあ，法律学を勉強しよう！

サッカーの基本。ボールを運ぶドリブル，送るパス，受け取るトラッピング，あやつるリフティング。これがうまくできるようになって，チームプレーとしてのスルーパス，センタリング，ヘディングシュート，フォーメーションプレーが可能になる。プロにはさらに高度な「戦略的」アイディアや「独創性」のあるプレーが要求される。頭脳プレーの世界である。

これからの社会のなかで職業人＝プロとして生きるためには基本の修得と応用能力の進化が常に要求される。高校までに学んできたことはサッカーの「基本の基本」のようなものだ。これから大学で学ぶ法律学は，プロの法律家や企業人からみればほんの「基本」にすぎない。しかし，この「基本」の修得が職業人の応用能力の基礎となる。応用能力の高さは基本能力の正確さに比例する。

これから法学部で学ぶのは「理論」である。これには2つある。ひとつは「基礎理論」。これは，政治・経済・社会・世界の見方を与えてくれる。もうひとつは「解釈理論」。これは，社会問題の実践的な解決の方法を教えてくれる。いずれも正確で緻密な「理論」の世界だ。この「理論」は法律の「ことば」で組み立てられている。この「ことば」はたいへん柔軟かつ精密につくられているハイテク機器の部品のようなものだ。しかしこの部品は設計図＝理論の体系がわからなければ組み立てられない。

この本は，法律の専門課程で学ぶ「理論」の基本部分を教えようとするものだ。いきなりスルーパスを修得はできない。努力が必要。高校までに学んだ「基本の基本」を法律学の「基本」に架橋（ブリッジ）しようというのがブリッジブックシリーズのねらいである。正確な基本技術を身につけた「周りがよく見える」プレーヤーになるための第一歩として，この本を読んでほしい。そして法律学のイメージをつかみとってほしい。

さあ，21世紀のプロを目指して，法律学を勉強しよう！

2002年9月

信山社『ブリッジブックシリーズ』編集室

訴訟手続の流れと構造

提訴予告通知
↓
訴えの提起
↓ 期日の指定・呼出
訴状審査 → 補正命令 → 訴状却下
↓
訴状の送達 ← 補正
↓ 期日の指定・呼出
第1回口頭弁論期日
↓
争点と証拠の整理 ← **弁論準備手続** → **和解手続**
（書証の提出）　　　　　　 ← 不成立 ←
↓
証人尋問
当事者尋問 ← **証拠調べ手続** → **和解手続**
鑑定　　　　　　　　 ← 不成立 ←
検証など
↓
弁論手続
弁論終結
↓
判決の言渡し　　　　　　 **和解成立**
↓ 確定
強制執行
仮執行宣言付の場合
↓
控　訴